长安大学中央高校基金基本科研业务费资金资助：
乡村振兴战略下农村基层党组织组织力研究（300102164606）

农村基层党组织组织力建设研究

Study on the Organizational Strength of Rural Grassroots Party Organizations

孙志程 著

社会科学文献出版社
SOCIAL SCIENCES ACADEMIC PRESS (CHINA)

目　录

绪 论

“办好农村的事情，实现乡村振兴，关键在党。”① 农村基层党组织是党在农村的战斗堡垒，发挥农村基层党组织在“三农”工作中的领导核心作用是全面推进乡村振兴的根本要求。“党的力量来自组织，组织能使力量倍增。”② 对此，党的十九大报告提出加强农村基层党组织建设应“以提升组织力为重点，突出政治功能”③。农村基层党组织组织力在全面推进乡村振兴、实现农业农村现代化过程中发挥着强大的引擎功能和强势的杠杆作用，引领着农业农村改革的方向、发展的方式，谋划着农民群众未来的幸福生活。可以说，农村基层党组织组织力的强弱影响着农业农村现代化的实现程度，影响着社会主义现代化强国的建设进程、影响着中华民族伟大复兴的历史进程。习近平总书记指出：“基层党组织是党执政大厦的地基，地基固则大厦坚，地基松则大厦倾。”④ 新时代新征程，要想真正发挥农村基层党组织的政治功能和组织功能以更好、更高质量地引领乡村全面振兴，必须不断深化对农村基层党组织组织力的规律性认识，这势必要求我们在深刻把握新时代新征程农村基层党组织组织力建设出现的新情况和新问题以及农村在经济、社会、文化等方面的深刻变革的基础上，思考全面推进乡村振兴背景下农村基层党组织组织力的话语内涵和实践指向等重大理论和实践问题。

---

① 《中共中央国务院关于实施乡村振兴战略的意见》，人民出版社，2018，第 61 页。

② 《习近平谈治国理政》，外文出版社，2014，第 395 页。

③ 《习近平谈治国理政》（第 3 卷），外文出版社，2020，第 51 页。

④ 《十九大以来重要文献选编》（上），中央文献出版社，2019，第 561 页。

一　研究缘起与研究意义

（一）研究缘起

在社会科学领域，组织化是国家治理的基本维度和中心主题，是提升国家治理水平的重要推动力，组织化程度是判断一个国家文明程度的重要指标。组织化的逻辑起点是组织的形成和发展。组织的诞生是人类自然演化的结果，即组织是人类为了克服种群的天然缺陷和抵抗外部的生存压力自然联结起来的结果。正如恩格斯所指出的，“为了在发展过程中脱离动物状态，实现自然界中的最伟大的进步，还需要一种因素：以群的联合力量和集体行动来弥补个体自卫能力的不足”[①]。这个“群”，就是我们所说的组织。正是通过组织，自然状态下的个体才脱离了动物形态、结成了群体，从而实现了人类历史上最伟大的进步。随着组织给人类的生产和生活带来越来越多的益处，组织这一行为逐渐由人类的自发行为变成了自觉行为，组织化的过程由此开启。伴随着组织化的发展，组织的种类越来越多、组织的结构越来越复杂、组织的范围越来越广、组织的领域越来越大、组织的方法越来越科学等。组织不仅成为人类对抗自然破坏力的一种有效的生存形式，也成为在扩大化的社会交往中解决社会矛盾的一种有效的交往形式。随着人类社会的发展，组织在社会交往中的地位越来越高、作用越来越大，成为人类社会交往的基本单元。

在人类的生产和生活实践中，人们按照一定的规则把具有共同目标的个体联结起来形成组织，从而汇聚起个体的智慧和力量，完成单个个体所不能完成的目标或者任务。在人类历史上，组织的出现极大地推动了人类社会的发展，可见组织之于人类的重要意义。由于人类活动的复杂性、环境的差异性，组织的种类和形态千差万别，组织的作用也各不相同。即使种类相同的组织，因其内部构成要素的排列组合的差异，它们能够发挥出来的力量呈现出迥然相异之态。

在人类社会组织的发展历史中，政党组织的诞生具有里程碑的意义，

---

① 《马克思恩格斯选集》（第4卷），人民出版社，2012，第42页。

标志着人类社会组织发展到了成熟阶段。政党组织的出现是国家政治发展到一定阶段的产物，其主要目的是参与国家政治活动。在现代政治生活中，政党发挥着整合和表达民众利益、组织和运行政府、动员和组织社会成员等功能，已经成为现代政治生活中不可或缺的参与主体。正如法国著名政治学家迪韦尔热所说，“当政党存在于一国之内时，早晚都会做成这样子的事实：即如果不加入政党和参与政党游戏的话，就无法对公共事务有效地进行干预；谁要是有志于公共事务就得通过政党。因此那些关心国事的人，要么放弃念头转做其他事物，要么就得接受政党的严峻考验”①。政党的重要作用决定了政党成为当前政治生活中的主导力量。当今世界，多数国家是由政党执掌政权的，政党政治成为国家政治的主要特征。政党组织在国家政治生活中的重要地位和特殊作用，驱使着世界各国的学者们对其展开不懈探索，力求得出关于政党组织的规律性的认识，使其能够发挥政党组织的强大组织力，实现国家发展。

中国共产党是按照马克思主义建党原则组建起来的政党组织，始终代表中国最广大人民的根本利益，始终代表中国先进生产力的发展要求，始终代表中国先进文化的前进方向。百余年来，中国实现了从站起来、富起来到强起来的伟大飞跃，根本原因在于中国共产党“能”。中国共产党之所以“能”，在于她拥有一种强大的力量，这一力量源于其严密和完备的组织体系。拥有覆盖面广、类型多样、功能协调、层级分明、数量庞大的基层组织，是中国共产党相较于世界上其他政党而言最大的组织优势。党的基层组织是中国共产党在社会基层组织中的战斗堡垒，是党领导的社会主义事业不断取得成功的基本保障。对此，党的十九大报告对基层党组织组织力建设提出了明确的要求，这为加强基层党组织建设、更好发挥基层党组织的作用以更好引领基层社会治理和发展指明了方向，提供了实践遵循。

改革开放以来，随着城市化进程的加速推进，越来越多的农村人口流入城市成为市民，但是中国农村人口基数大，国家统计局数据显示，2022

① 〔法〕莫里斯·迪韦尔热：《政党概论》，雷竞璇译，（香港）青文文化事业有限公司，1991，第227页。

年中国农村人口约为50978万人，占中国总人口比例约为36.11%[①]，可见中国是一个典型的农业大国。“三农”问题是党和国家长期以来一直重点关注的核心问题，党的十八大以来，中央连续出台12个指导“三农”工作的一号文件。特别是在全面建设社会主义现代化国家的新征程中，农业农村作为最薄弱和最关键的环节，决定了“三农”问题成为党和国家工作的重中之重。农村基层党组织作为党在农村全部工作的基础，是我国农村各项工作的领导核心，其组织力的强弱直接决定了农业的生产、农村的发展和农民的福祉。因为笔者自小生活于农村，熟悉农村的状况，并长期关注着“三农”问题以及农村基层党组织的建设情况，目睹了近几年来一些农村基层党组织的“三化”所导致的农村在改革和发展中的各种问题和矛盾，深感加强农村基层党组织组织力建设研究的紧迫性和使命感，这是选择本研究课题的初衷和缘由。

（二）研究意义

农村基层党组织是党在农村的战斗堡垒和领导核心，农村基层党组织组织力建设关乎农村社会的改革和发展，关乎党在农村社会的执政根基。在全面推进乡村振兴的背景下，不断提升农村基层党组织组织力是农村基层党组织崇高的政治使命，是实现农业农村现代化的必然要求，也是以党的自我革命引领社会革命在农村社会的创新实践。因此，关于农村基层党组织组织力建设的研究具有重要的理论意义和实践意义。

第一，有助于丰富和拓展马克思主义执政党建设理论的研究内容和研究视域。高度重视自身建设是马克思主义政党的光荣传统，展现了马克思主义政党与时俱进的理论品质和自我批判、自我超越的实践精神。作为马克思主义执政党，中国共产党继承了马克思主义政党关于注重加强自身建设的优良传统，在自身执政实践中，总结经验与开拓创新并重，不断开辟党的建设新境界。党的力量来自组织。严密的组织体系是我们党的优势所在、力量所在。其中，农村基层党组织是党在农村全部工作和战斗力的基础，是党执政大厦的重要根基。提升农村基层党组织组织力作为以党的自

① 《2020年第七次全国人口普查主要数据》，中国统计出版社，2021，第7页。

我革命引领社会革命在农村社会的创造性实践，既是从“大党建”的视域下推动农村基层党组织建设的重要内容，也是从党建力学的角度加强农村基层党组织建设的重要尝试。本书是在乡村振兴战略背景下对农村基层党组织组织力建设展开研究的，既包含组织力基本理论问题的探讨，也包含关于推动组织力建设以更好落实乡村振兴战略实践问题的对策建议；既有关于农村基层党组织组织力建设历史经验的总结，也有关于乡村振兴战略背景下建设农村基层党组织的基本遵循的阐释。本研究成果将进一步丰富组织力理论的内容，有助于丰富和拓展马克思主义执政党建设理论的研究内容和研究视域。

第二，有助于积极应对农村社会具有许多新的历史特点的伟大斗争。当前，农村社会改革和发展已经“进入战略机遇和风险挑战并存、不确定难预料因素增多的时期”①，对农村基层党组织提出了具有许多新的历史特点的挑战。从农村社会内部环境来看，部分农村地区存在发展和治理的薄弱环节，例如，集体经济发展滞后、大量青壮年人口外流、村民政治参与率低、多元文化入侵导致农村社会价值观多元化等问题长期存在。从农村基层党组织自身建设情况来看，部分农村基层党组织领导能力不强、联系村民的动力不足，甚至一些农村基层党组织弱化、腐化、边缘化的问题逐渐凸显。加强农村基层党组织组织力建设是积极应对农村社会出现的各种风险和挑战的突破口，也是提高农村基层党组织领导能力和领导水平、巩固其在农村社会领导地位的现实需要。农村基层党组织必须立足于农村社会改革和发展的现实需要，立足于自身建设的薄弱环节，通过提升其组织力，积极回应广大农民群众对美好生活的向往，积极推动农业农村现代化。总之，加强农村基层党组织组织力建设，是提升农村基层党组织领导能力和领导水平，确保农村基层党组织发挥战斗堡垒作用的重要举措，有助于积极应对新时代新征程农村社会改革和发展出现的具有许多新的历史特点的伟大斗争。

第三，有助于提升农村基层党组织的建设质量。“办好中国的事情，

---

① 习近平：《高举中国特色社会主义伟大旗帜 为全面建设社会主义现代化国家而团结奋斗——在中国共产党第二十次全国代表大会上的报告》，人民出版社，2022，第26页。

关键在党。”[①] 农村基层党组织是党在农村全部工作和战斗力的基础，要想推进农村社会各项工作的不断进步，需要充分发挥农村基层党组织的战斗堡垒作用。打铁必须自身硬。中国共产党自成立以来，就十分注重自身建设，致力于通过自我革命始终保持自身的先进性和纯洁性。农村基层党组织要想始终发挥战斗堡垒作用，必须注重加强自身建设。新时代，我们党树立了全面从严治党向基层延伸的鲜明导向，其目标就是不断提高基层党组织的建设质量。农村基层党组织组织力建设是我们党遵循全面从严治党向基层延伸的内在逻辑，是切实解决农村基层党组织存在的突出问题的重大理论创造，是新时代新征程提升农村基层党组织建设质量的重要举措。农村基层党组织组织力建设属于“大党建”的范畴，涉及农村基层党组织自身的建设以及农村基层党组织引领农村社会改革和发展能力的建设，是一项提升农村基层党组织建设质量的系统工程。组织力建设缺失意味着农村基层党组织加强自身建设的缺位、引领农村改革和发展的缺场。农村基层党组织要想发挥好党在农村社会的战斗堡垒作用，巩固好党在农村社会的执政根基，必须注重加强其组织力建设。可以说，组织力建设是农村基层党组织建设的逻辑起点和逻辑归宿。加强对农村基层党组织组织力建设的研究，尤其是深入研究农村基层党组织在加强自身建设过程中遇到的时代问题，有助于从组织力建设的视域下探索出提升农村基层党组织建设质量的实践进路，拓宽农村基层党组织建设的视野。加强对农村基层党组织组织力建设的研究，有助于将组织力建设贯彻到全面从严治党向基层延伸的基层治党逻辑中，提高农村基层党组织治理的现代化水平。总而言之，加强对农村基层党组织组织力建设的研究，有助于推动农村基层党组织建设与农村基层党组织领导功能的发挥相结合，以农村社会改革和发展对农村基层党组织领导能力提出的新要求为标准推动农村基层党组织的政治、思想、作风等方面的建设，以农村基层党组织各方面的建设确保其在农村社会充分发挥领导作用，在两者的良性互动中推动农村基层党组织建设质量的提升。

---

① 《习近平谈治国理政》（第 4 卷），外文出版社，2022，第 8 页。

二 国内外研究现状及评价

党的十九大报告提出，“加强基层组织建设”，“要以提升组织力为重点”。[①] 在这之后，组织力重新回归到学者们的研究视野，而对“农村基层党组织组织力”的研究也成为学者们重点关注的研究领域，并且涌现出研究视角多样、研究领域宽广的丰硕成果，对农村基层党组织组织力进行了较为全面的研究和相对系统的分析。

（一）国内研究现状及评价

1. 研究现状

农村基层党组织组织力理论是马克思主义执政党建设理论的一个重要组成部分，也是新时代农村基层党组织建设理论的重要创新成果。自党的十九大报告首次提出“基层党组织组织力”这一命题之后，“基层党组织组织力”成为学术界重点关注的议题，“农村基层党组织组织力”也成为学术界研究的重点。随着全面从严治党向基层延伸这一党建逻辑在农村社会的展开，围绕农村基层党组织组织力这一主题的研究成果层出不穷，相关主题的报纸文章、理论文章以及著作可谓数不胜数。本书对国内研究现状的梳理也集中在党的十九大之后我们党对农村基层党组织组织力的理论发展和实践探索以及学术界对农村基层党组织组织力的理论求证和实践探究。因此，本书以“结构议题”和“实践议题”为原则，把当前关于农村基层党组织组织力的研究分为两个层面，一是对农村基层党组织组织力基础性问题的探讨，主要包括“农村基层党组织组织力是什么”“为什么要加强农村基层党组织组织力建设”“农村基层党组织组织力建设的价值目标是什么”；二是对农村基层党组织组织力实践性问题的考察和研究，主要包括“农村基层党组织组织力建设的历史”“如何加强农村基层党组织组织力建设”等内容。

（1）关于农村基层党组织组织力内涵的研究。研究农村基层党组织组织力关键是说清楚农村基层党组织组织力是什么，回答这一问题就要给其

---

① 《十九大以来重要文献选编》（上），中央文献出版社，2019，第46页。

下一个具体的定义。但是要科学把握农村基层党组织组织力的内涵和外延，并不是一件容易的事情。不同学科背景、不同研究视域、不同研究层面、不同研究方法会产生不同的研究结论，因此，学术界对农村基层党组织组织力概念的界定并没有形成统一认识。目前，学术界对农村基层党组织组织力内涵的研究主要形成了以下几种观点。一是从研究视域角度来看，学术界主要从农村基层党组织的内部和外部对农村基层党组织组织力进行概念界定。就内部而言，将农村基层党组织组织力看作农村基层党组织为了实现其特定的目标任务，优化组合组织内的各种要素以提升其自身的整体合力。① 就外部而言，将农村基层党组织组织力看作影响农村社会的能力，认为农村基层党组织组织力是农村基层党组织依靠、动员和组织农民群众进行农村社会改革和发展的能力，具体包括组织能力、动员能力和贯彻能力等。② 二是从研究层面角度来看，学术界主要从农村基层党组织组织力的性质和目标出发，界定农村基层党组织组织力的概念。从性质角度出发，认为应当把农村基层党组织组织力上升到马克思主义政党的政治性、组织性和纪律性的高度进行审视，即农村基层党组织组织力的内涵是由马克思主义政党的政治性、组织性和纪律性决定的，同时提出应当把农村基层党组织组织力看作一个综合力，是整体与部分、个人与组织、对内与对外的统一体。从目标角度出发，认为应当根据农村基层党组织特定时期的具体任务来确定农村基层党组织组织力的具体内容，同时认为农村基层党组织组织力大致包括贯彻上级党的政策和决定以及带领和发动群众所焕发出的发展力、战斗力、凝聚力等形成的合力。三是从分析的方法角度来看，学术界采取了政治系统分析法和理论逻辑分析法对农村基层党组织组织力的内涵和外延进行分析和研究。从政治系统分析法角度来看，农村基层党组织组织力是由两个部分构成，即适应和动员外部环境的对外组织力与调整和整合内部构成要素的内在组织力。③ 从理论逻辑分析法的角

---

① 徐丙祥：《新时代提升基层党组织组织力的思考》，《中共福建省委党校学报》2018 年第 4 期。

② 郝宇青：《加强基层组织建设的政治逻辑》，《行政论坛》2018 年第 1 期。

③ 赵大朋、简皎洁：《论新时代基层党组织组织力的内涵与建设路径》，《社会主义研究》2019 年第 5 期。

度来看，农村基层党组织组织力是农村基层党组织为了完成自身的任务和职责所具有的内部有序运行、外部有效领导群众的能力。①

（2）关于农村基层党组织组织力构成要素的研究。在结构主义分析视角下，学者们认为农村基层党组织组织力建设要想达到理想的状态，必须具备一定的基本条件和关键要素。一是"八力说"，学者们认为农村基层党组织组织力是由八个要素组成。高振岗认为，农村基层党组织组织力在完成其目标任务、贯彻党的决定、领导群众中所表现出来的动员力、发展力、监督力、管理力、执行力、知识力、战斗力、凝聚力，构成了其主要内容。② 二是"六力说"，学者们认为农村基层党组织组织力是由六个要素组成。李毅弘、杨雅涵认为，农村基层党组织组织力由六种力构成，即政治领导力、组织覆盖力、自我革新力、群众凝聚力、社会号召力、发展推动力，其中政治领导力居于核心地位，统领着其他力；组织覆盖力和自我革新力是农村基层党组织组织力的内环力，其主要作用是提升农村基层党组织自我净化、自我完善、自我革新、自我提高的能力和水平；群众凝聚力、社会号召力、发展推动力是农村基层党组织组织力的外环力，其主要作用是提升农村基层党组织领导农村改革和发展的能力和水平。③ 王鹏认为，组织力是由六个子系统相互协作所最终呈现的整体效能，这六个子系统包括政治领导力、组织驾驭力、群众凝聚力、发展推动力、自我革新力、组织监督力。④ 三是"五力说"，学者们认为农村基层党组织组织力是由五个要素组成。项久雨、张晓骏认为，农村基层党组织组织力是由政治领导力、思想引领力、群众凝聚力、发展推动力和自我革新力相互协作所形成的综合力。⑤ 四是"两力说"，学者们认为农村基层党组织组织力是由

① 王同昌：《基层党组织组织力内涵与提升路径》，《理论学刊》2019 年第 6 期。

② 高振岗：《新时代党的基层组织提升组织力的理论探源与实践路向》，《探索》2018 年第 2 期。

③ 李毅弘、杨雅涵：《新时代村级党组织组织力的生成：理论探析与现实观照》，《探索》2019 年第 4 期。

④ 王鹏：《新时代中国共产党组织力结构要素、生成逻辑与提升路径》，《山东社会科学》2021 年第 7 期。

⑤ 项久雨、张晓骏：《新时代基层党组织组织力提升与政治功能的实现》，《学习与实践》2021 年第 9 期。

两个要素组成。王同昌认为，农村基层党组织组织力由外部力和内部力组成，其中外部力表现为农村基层党组织贯彻落实决策部署、引领农村发展和治理、动员和组织群众等能力，内部力表现为基层党组织对内开展活动的各种能力。[①] 李奇峰认为，农村基层党组织组织力是由内聚力和整合力构成，其中内聚力是农村基层党组织聚合党员和农民群众的能力，整合力是农村基层党组织引领外部事物的能力。[②]

（3）关于农村基层党组织组织力价值和意义的研究。对于农村基层党组织组织力的研究必须回答一个基本问题，即为什么需要农村基层党组织组织力。这不仅是党和国家提出加强农村基层党组织组织力建设这一系统工程的意义所在，也是学者们持续深入研究农村基层党组织组织力的价值所在。因此，学者们从不同角度对农村基层党组织组织力进行了价值考量。一是关于农村基层党组织组织力理论意义和价值的研究。国内学者的研究论证了农村基层党组织组织力不仅闪耀着马克思主义执政党建设理论的光辉，也彰显了党与时俱进的理论品质，其在理论方面的价值主要体现在以下几个方面。其一，深化了马克思主义政党建设理论。刘红凛认为，党的组织力是与党的性质、宗旨、使命、任务等密切相关的重要命题，其提出是从政治高度对马克思主义政党建设理论在新时代的深化。[③] 其二，升华了农村基层党组织组织力理论。陈家刚认为，基层党组织组织力的提出，继承了中国共产党注重基层党组织战斗力和组织功能的优良传统，深化了对基层党组织组织力建设的思考，提高了中国共产党对基层党组织组织力理论认识的高度。[④] 其三，开辟了党建研究的新领域和新视角。张玉宝认为，基层党组织组织力概念是我们党从“党建力学”的角度研究党建领域各种问题的积极尝试，拓展了党的建设研究视域。[⑤] 二是关于农村基层党组织组织力实践意义和价值的研究。国内学者主要从党长期执政、农

① 王同昌：《基层党组织组织力提升面临的挑战及路径选择》，《中州学刊》2018 年第 8 期。

② 李奇峰：《论提升民族地区基层党组织组织力的三重路径》，《贵州民族研究》2019 年第 5 期。

③ 刘红凛：《党的组织力的内外向度与政治意蕴》，《当代世界与社会主义》2019 年第 4 期。

④ 陈家刚：《基层党组织组织力建设：实践价值与提升路径》，《学海》2021 年第 6 期。

⑤ 张玉宝：《组织力：党建研究中的概念解析及学科应用》，《新视野》2021 年第 3 期。

村基层党组织建设、农村社会发展、国家现代化等层面对农村基层党组织组织力的实践价值进行考量。从实现中国共产党长期执政的角度，学者们普遍认为加强农村基层党组织建设巩固了党在农村地区执政的根基。郭华、文学禹认为，新时代加强组织力建设有利于巩固中国共产党执政的群众基础、阶级基础、社会基础和思想基础，对确保党的长期执政和国家长治久安意义重大。[①] 从农村基层党组织建设的角度看，学者们认为加强农村基层党组织组织力建设是提升农村基层党组织建设质量的重要途径。卢炜认为，加强农村基层党组织组织力建设是永葆农村基层党组织先进性、纯洁性的重要保障。[②] 从农村社会发展的角度看，学者们认为加强农村基层党组织组织力建设对推动农业农村现代化具有极其重要的意义。周德祥认为，农村基层党组织组织力为农村社会的自治、法治、德治提供了坚强的政治领导、可靠的组织保障和强大的力量源泉，农村社会的自治、法治、德治工作只有在农村基层党组织组织力的坚强领导下才能顺利开展。[③] 从国家现代化角度看，学者们认为加强农村基层党组织组织力建设对全面推进社会主义现代化强国建设意义重大。柯绍清、周家彬认为，加强基层党组织组织力建设是提升基层治理能力和治理水平，进而提升国家治理能力和治理水平的重要路径。[④]

（4）关于农村基层党组织组织力现实困境的研究。农村基层党组织组织力所面临的现实困境之所以成为学者们重点关注的对象之一，根本在于当前在农村基层党组织组织力建设领域出现的诸多风险和挑战制约着农村基层党组织组织力的提升。农村基层党组织组织力之于党的长期执政、农村基层党组织建设、农村社会发展、国家治国理政的重要性，必然吸引学者们开展研究，这是坚持“问题意识”的现实效应。一是从特定视角分析。杨润聪、洪向华以系统观念为分析视角，提出基层党组织组织力在

① 郭华、文学禹：《新时代党的群众组织力提升的现实困境与制度创新》，《江西社会科学》2018 年第 7 期。

② 卢炜：《推动基层党组织释放强大组织力》，《人民论坛》2018 年第 31 期。

③ 周德祥：《乡村“三治”建设中农村基层党组织组织力提升路径探析》，《中州学刊》2021 年第 8 期。

④ 柯绍清、周家彬：《论中国共产党基层组织力的强化逻辑》，《思想战线》2022 年第 1 期。

“要素—结构—功能”三个层面均面临困境，从要素层面看，不同地区的基层党组织在思维方式、价值观念和工作方法等方面存在差异，容易使不同区域的基层党组织产生分歧，从而影响基层党组织组织力的系统提升。[①] 二是从农村基层党组织建设的视角分析。朱海嘉、甘鸿认为，农村基层党组织组织力建设质量的高低与效果的好坏与农村基层党组织建设密切相关，部分农村基层党组织在政治领导上存在意识淡化、党建工作虚化、责任落实弱化，在教育引导上存在教育管理松散、党的创新理论武装不足，在组织功能上存在民主集中制贯彻不彻底、组织体系不完善、党员干部队伍素质不高等问题，降低了农村基层党组织组织力建设质量。[②] 三是从农村社会改革和发展的问题倒逼视角分析。尤琳、魏日盛认为，乡村振兴战略的提出及在农村社会的铺展，在政治领导力、内部管理力和外部功能力等方面对农村基层党组织组织力提出了许多新问题和新要求，倒逼着农村基层党组织组织力进行调适和转型。[③] 四是从组织视角分析。赵洁、陶忆连认为，正是农村基层党组织在组织的设置、组织的覆盖面、组织的结构三个方面存在不合理、不够广、不健全的问题，才限制了其组织力的提升。[④] 五是从环境视角分析。徐晨光、王小萍认为，当前农村基层党组织组织力外部环境的深刻变化对其内部环境造成了严峻挑战，如农村社会碎片化的发展倾向压缩了农村基层党组织的生存空间、农村党员群众的分散化倾向扰乱了农村基层党组织党内生活的秩序、农村社会利益结构的深刻调整弱化了农村基层党组织的政治功能。[⑤] 此外，有些学者通过田野调查对不同地域的农村基层党组织组织力建设面临的现实困境进行了调查研究，如王耀强和黄建国的《新时代西藏基层党组织的组织力建设研究》、许芷浩的

---

① 杨润聪、洪向华：《以系统观念提升基层党组织组织力》，《中国特色社会主义研究》2022年第3期。

② 朱海嘉、甘鸿：《新时代提升农村基层党组织组织力质量的实践路径探析》，《理论导刊》2022年第2期。

③ 尤琳、魏日盛：《乡村振兴战略背景下提升村级党组织组织力研究》，《社会主义研究》2022年第1期。

④ 赵洁、陶忆连：《乡村振兴中提升农村基层党组织组织力研究》，《北京航空航天大学学报》（社会科学版）2021年第1期。

⑤ 徐晨光、王小萍：《调适与发展：农村基层党组织组织力提升的政治逻辑》，《湖湘论坛》2021年第1期。

《新时代提升基层党组织组织力的有效路径探析——以河南省临颍县的探索为例》、肖健勋的《乡村振兴背景下农村基层党组织组织力建设研究——基于江西省G市的调查》等，通过实地调研、考察、问卷等方式对当地农村基层党组织组织力面临的具体问题进行了相应分析，尽管存在全面性的缺陷，但作为局部的抽样调查，具有很强的代表性。

（5）关于提升农村基层党组织组织力实践路径的研究。针对怎么办的问题，国内学者立足于现实、着眼于未来，围绕如何应对农村基层党组织组织力面临的内部和外部风险和挑战展开了深入研究，形成了众多论点明确、内容丰富的研究成果。这些研究成果集中概括为以下几个方面。一是以第一书记引领农村基层党组织组织力建设。王同昌认为，第一书记具备引领农村基层党组织组织力建设的能力和制度保障，针对当前农村基层党组织组织力建设存在的问题，第一书记应当着重做好以下四个方面工作：提高农村基层党组织建设的建设质量；提高宣传、贯彻党的方针政策的能力；提高引领农村社会“三治”的能力；提高引领农村经济改革和发展的能力。[①] 二是以“嵌入式”整合模式提升农村基层党组织组织力。胡柳娟认为，“嵌入式”发展模式是农村基层党组织推动实现农村社会多元化需求与农村社会整合相互融合的节点，也是提升农村基层党组织组织力的关键，农村基层党组织可以通过主流价值观嵌入、服务体系嵌入、组织嵌入等途径对农村社会方方面面施加影响，从而拓展农村基层党组织的生存空间，提升农村基层党组织组织力。[②] 三是以满足农村社会需求为导向提升农村基层党组织组织力。张瑜、倪素香认为，精准满足农村社会需求是提升农村基层党组织组织力的重要路径。在乡村振兴战略背景下，农村基层党组织应当以满足农民需求为导向，通过提升自身的服务能力、领导能力、治理能力以及优化自身的运行机制提升其组织力。[③] 四是以农村基层

① 王同昌：《第一书记引领村级党组织组织力提升的行动路径》，《中州学刊》2023年第3期。

② 胡柳娟：《新时代提升农村基层党组织组织力的若干思考》，《中共福建省委党校学报》2018年第11期。

③ 张瑜、倪素香：《乡村振兴中农村基层党组织的组织力提升路径研究》，《学习与实践》2018年第7期。

党组织组织力在动态运行中出现的矛盾和问题为突破口。王可园认为，从动态运行的角度看，农村基层党组织组织力总是受到自身结构、运转过程和自身文化的深刻影响，因此，提升农村基层党组织组织力应当从这三方面着手，通过优化组织结构、完善组织运行、构建积极健康的党内政治文化为组织力的提升提供良好的环境。① 五是以党内法规建设推动农村基层党组织组织力建设。陈家刚认为，党内法规为提升农村基层党组织组织力提供组织保障，这意味着建立健全党内法规是提升农村基层党组织组织力的前提和基础。我们可以通过完善组织法规、领导法规、农村基层党组织建设法规等为农村基层党组织组织力建设提供法规制度支撑。② 六是以发挥社会主义核心价值观引领作用提升农村基层党组织组织力。林星、王宏波认为，针对自身软弱涣散、凝聚力不强的问题，农村基层党组织可以在社会主义核心价值观的引领下，通过弘扬农村优秀的农耕文化、培养农民群众的集体意识增进农民群众对党的文化认同。③

2. 研究评析

通过梳理国内学者关于农村基层党组织组织力研究的现状我们可以发现，目前已经出现了相当数量的论文和专著，形成了较为完整的研究体系，尤其是党的十九大报告提出"组织力"这一命题之后，关于农村基层党组织组织力的论文迅速增多，彰显了学者对现实的关怀、对党中央决策部署的关注。通过分析这些研究成果我们可以发现，由于对农村基层党组织组织力这一命题的研究在党的十九大之后，可以说还处于研究的起步阶段，集中在对政策的解读、措施的提出等方面，对农村基层党组织组织力整体性研究稍显不足，尚未有学者建构出农村基层党组织组织力理论体系。随着乡村振兴战略的全面推进和农村基层党组织组织力建设实践的深入发展，关于农村基层党组织组织力理论的研究也应该走向系统化和学理化。基于已有的农村基层党组织组织力研究现状，今后还需在以下

---

① 王可园：《农村基层党组织组织力的困境及出路——基于"结构—过程—文化"视角的分析》，《江西师范大学学报》（哲学社会科学版）2020 年第 1 期。

② 陈家刚：《基层党组织组织力建设：实践价值与提升路径》，《学海》2021 年第 6 期。

③ 林星、王宏波：《乡村振兴背景下农村基层党组织的组织力：内涵、困境与出路》，《科学社会主义》2019 年第 5 期。

几个方面进行深入研究，推动建立科学系统的农村基层党组织组织力理论体系。

第一，关于农村基层党组织组织力概念的界定需要深入研究。国内学者对组织力、中国共产党组织力、基层党组织组织力、农村基层党组织组织力等概念的内涵都作了相关研究，但是没有触及它们之间的关系，同时对农村基层党组织组织力这一概念的界定也存在分歧。一方面，对农村基层党组织组织力概念的界定没有形成共识，对农村基层党组织组织力构成要素的分析也存在分歧，例如，有学者认为农村基层党组织组织力由六个力构成，有学者则认为农村基层党组织组织力由两个子系统构成。不同的分析框架形成了不同的概念界定，造成认识上的混乱。另一方面，存在概念使用上的普遍混淆。这既表现为内容和形式、过程和结果、精神和实践的混淆，也表现为相似概念的混用，例如，把农村基层党组织的政治领导力、群众组织力等同于农村基层党组织组织力，缩小了农村基层党组织组织力的内涵和外延；把中国共产党组织力或者基层党组织组织力等同于农村基层党组织组织力，放大了农村基层党组织组织力的内涵和外延。要想清晰界定农村基层党组织组织力是什么或者不是什么，应当在农村基层党组织组织力的理论边界、理论原则、理论标准和理论框架等方面进行更深入的研究。

第二，关于农村基层党组织组织力建设的历史梳理和经验总结需要深入研究。在进行综述时发现，国内学者甚少关注农村基层党组织组织力的建设历史及建设经验。事实上，基层党组织组织力虽然是党的十九大提出的一个命题，但“组织力”一词在新民主主义革命时期就出现在党的文件中。历史是最好的教科书。当前，应该深化对农村基层党组织组织力建设历史及建设经验的研究。一方面，我们要加强对百余年来农村基层党组织组织力建设历史的梳理。既要按照科学的党史分期对各个历史时期农村基层党组织组织力建设状况进行详细分析，也应该科学剖析党史上加强农村基层党组织组织力建设的典型事件或案例，切忌把农村基层党组织建设的历史或者中国共产党引领农村社会治理的历史当作农村基层党组织组织力的建设历史进行片面化分析。另一方面，我们要加强对百余年来农村基层党组织组织力建设历史经验的总结。在总结经验时，切忌把某一时期的具体实践当作经验看待，而应当充分挖掘这些具体实践背后规律性的东西，从而提升对农村基层党组织组织力建设规律的认识。

第三，关于农村基层党组织组织力建设的问题和对策需要深入研究。国内学者关于农村基层党组织组织力的研究基本上都涉及了农村基层党组织组织力建设面临的矛盾、问题、风险和挑战等问题，对破解这些问题的对策也进行了一定的探讨，论证的角度多样、视野宽广，提出的策略和路径也灵活、宽泛，但是在操作性、实践性等方面略显不足。一方面，在分析新时代农村基层党组织组织力建设面临的困境时，缺乏调研精神，没有深入农村地区调研实践，提出的问题多是文件上的重复语；缺乏批判精神，弱化现实问题，不敢说实话、说真话；缺乏自我革命精神，更多从外部环境着手探寻农村基层党组织组织力建设面临的问题。另一方面，在论证提升农村基层党组织组织力的实践路径时存在空洞、重复的论证，缺乏可操作性和实践性。这些问题归根结底是缺乏调查研究。今后在研究农村基层党组织组织力建设面临的矛盾和应对的策略时，应当在系统和全面的调查研究的基础上，分析不同地区农村基层党组织组织力建设的实际状况，并通过梳理、分析和总结相关数据，有针对性地提出可操作性强、针对性强的实践路径，从而深化对农村基层党组织组织力的理论研究。

第四，关于农村基层党组织组织力的研究视野需要拓展。国内学者对农村基层党组织组织力的研究主要集中在概念界定、问题分析、价值阐释和策略论证等方面，研究视域较为狭窄。今后可以拓宽研究视野，加强以下方面的研究，提升对农村基层党组织组织力建设规律的认识。一是加强对农村基层党组织组织力建设评价体系的研究。评价体系具有很强的导向作用，可以为农村基层党组织组织力建设指引方向、确定标准。我们应当在坚持党中央相关文件精神的基础上，构建以人民为中心的、可操作性强的农村基层党组织组织力建设的评价体系。二是加强比较研究。这既包括国内不同地区农村基层党组织组织力建设的比较分析，也包括国内与国外农村基层组织组织力建设的比较分析，提高研究的深度。三是加强交叉学科的研究。对农村基层党组织组织力的研究不仅局限于党建学科或者马克思主义理论学科，也可以从政治学、社会学、哲学等角度对其进行分析和论证。

（二）国外研究现状及评价

1. 研究现状

（1）关于组织力的理论研究。国外学者对组织力理论的探索始发于管理学，后面延伸到政治学和社会学，他们针对组织力的内涵、结构要素、意义价值等方面进行探讨，形成了丰富的研究成果。

第一，关于组织力内涵的研究。学者们从不同的认知角度对组织力作了不同的定义。从行政组织的角度认识组织力。马克斯·韦伯认为，组织力是确保组织管理的连续性的基础，其中组织力是以一定的权力为基础的，这种权力可以是法定权力，也可以是传统权力。① 从生理学角度认识组织力。赫伯特·西蒙认为，组织力是在组织决策过程中所展现出来的综合力，认为提高组织力需要通过不断的检验、调整、再检验、再调整的实践过程。② 从开放的角度认识组织力。W. 理查德·斯格特认为，组织作为一个开放系统，其构成要素经历了从简单到复杂的发展过程，在这一过程中组织的组织力也不断发生变化。③

第二，关于组织力构成要素的研究。在不同的分析视角下，国外学者对组织力构成要素作了不同层面的探究，形成了丰富的研究成果。赫伯特·西蒙认为，组织力应当包括三个关键要素，即信息加工、信息传递、信息控制，这是基于组织行为是组织由各种决策构成的复杂网络系统的认识得出的基本结论。④ 马克斯·韦伯认为，行政组织组织力是由一定的管辖权范围、等级制原则、规则体系等要素构成的，这些要素并不是独立运行的，而是相互结合，产生更为高效的行政组织组织力。⑤ 米歇尔认为，政党组织力由服从、个体间的和睦协作、等级关系、处置权和产权等要素

---

① 〔德〕马克斯·韦伯：《经济与社会》，阎克文译，上海人民出版社，2019，第160~162页。
② 〔美〕赫伯特·A. 西蒙：《管理行为》，詹正茂译，机械工业出版社，2013，第98页。
③ 〔美〕W. 理查德·斯格特：《组织理论：理性、自然和开放系统的视角》，黄洋等译，华夏出版社，2002，第23页。
④ 〔美〕赫伯特·A. 西蒙：《管理行为》，詹正茂译，机械工业出版社，2013，第198页。
⑤ 〔德〕马克斯·韦伯：《经济与社会》，阎克文译，上海人民出版社，2019，第415页。

构成，这些要素之间的相互协作是政党组织产生高效率的基础。[①]

第三，关于组织力意义价值的研究。荷曼斯认为，组织力对于社会科学具有重要的意义和价值。他认为“现代大型企事业（政府所有或者个人所有）组织都是建立在人类团体的意志上，不仅如此，组织更是这种意志的合理化反映”[②]。这说明了组织力为人类的实践提供了行动框架。马奇和西蒙认为，组织是由相同利益群体构成的团体，组织力是实现组织成员共同利益的根本力量和基本工具。[③] W. 理查德·斯格特认为，组织力具有维持和变革的功能，其维持功能是指组织力具有保持和维护组织的形态、结构和运转的作用，变革功能是指组织力具有提升组织适应外界环境能力的作用。[④]

（2）关于国外政党提升基层组织组织力举措的研究。基层组织是政党连结社会、发挥自身功能的组织基础，提升其组织力是世界各国政党都积极考虑的事情。随着冷战的结束，世界的政治、经济格局发生了深刻调整，世界各国的政治生态和社会环境也发生了深刻变化。例如，政党队伍壮大困难、社会问题对政党提出许多新要求等，这些问题使基层组织的发展和功能的发挥面临严峻挑战，降低了基层组织在社会中的影响力、凝聚力和号召力。为了改变这一困局，世界各国政党纷纷进行变革，致力于探寻激活基层组织活力的科学的方法和正确的途径，既取得了一定的成效，也积累了一定的经验。

第一，加强基层组织的建设。国外政党主要在以下几个方面提高基层组织建设的质量。其一，积极采取各种措施发展党员，扩大基层组织队伍规模。例如，日本自民党规定每名议员在任期内要发展至少 1000 名党员、巴西劳工党灵活采用不同的发展程序提升党员入党的便捷性。其二，在社

① 〔德〕罗伯特·米歇尔：《寡头统治铁律：现代民主体制中的政党社会学》，杨军、陈秋丰译，浙江人民出版社，2022，第 68~84 页。

② 〔美〕荷曼斯：《社会科学的本质》，（台湾）桂冠图书股份有限公司，1987，第 186 页。

③ 〔美〕詹姆·G. 马奇、赫伯特·A. 西蒙：《组织》，邵冲译，机械工业出版社，2013，第 47 页。

④ 〔美〕W. 理查德·斯格特：《组织理论：理性、自然和开放系统的视角》，黄洋等译，华夏出版社，2002，第 4 页。

会组织中建立基层组织，扩大基层组织的覆盖面。例如，越共、老挝人革党提出在私人企业、村庄、学校、民族地区加强基层组织建设，尽量扫清党组织的覆盖“盲区”。其三，创新基层组织开展活动的方式，提升基层组织与群众的联系。其四，灵活采用多种方法，提升对流动党员的管理。

第二，充分发挥基层组织的积极性。基层组织的积极性是其凝聚力和战斗力的前提。世界各国政党积极探索发挥基层组织积极性的新做法。一是大力推动基层组织的民主建设。民主是政党持续发展的动力，这是由于在政党内部民主是集中全党智慧、制定科学政策和纲领的重要保障，在政党外部民主是民众与政党连结的“黏合剂”。民主程度低下的政党必然是战斗力和凝聚力低下的政党，极容易在竞选中被对手打败。因此，国外许多政党十分注重加强民主建设。其一，注重发挥基层组织和基层党员在决策时的作用。例如，德国社民党通过调查问卷等形式向基层组织和基层党员征求意见和建议，提升其决策的科学性和民主性；新加坡人民行动党成立政策论坛，其目的在于为基层组织发言提供平台和保障机制。其二，建立和健全体制机制，保障基层组织的主体性和自主性。例如，德国基民盟和意大利民主党构建的“扁平型”政党组织结构，避免了党内层级过度复杂而造成基层组织主体性发挥不够的弊端。二是为基层组织开展活动积极创造条件。其一，大力倡导领导干部“到一线（基层）去”“到支部去”，破解基层组织专职干部无人领导的困局。其二，提供经费支持，确保基层组织活动的正常开展，为基层组织干部提供经济补助。

第三，注重提升基层组织干部队伍的素质和能力。基层组织干部的素质和能力直接影响着基层组织的活力。国外政党主要通过以下两个方面提升基层组织干部的素质和能力。一是通过信念教育提升党员干部的思想素养。如越共和古共注重通过集中的教育活动提升党员干部的精神追求。二是开展多种形式的活动和培训提升党员干部的业务素养。例如，西班牙工社党建立培训党的干部的基金会，其目的是提升党员干部演讲技能、获得群众支持的能力；法国社会党开办暑期大学，对基层党员干部进行竞选技能和实用专业知识的培训。此外，外国政党还注重其形象的建设。例如，通过开展多种形式的公益活动提升民众对其的认可度和支持度，通过建立考核、监察机制，改进基层组织不良作风，通过及时、严格处理违纪基层党员干部，树立良好的治党形象。

2. 研究评析

综上所述，国外学者关于组织力理论的研究以及关于国外政党提升基层组织组织力举措的研究都取得了较为丰富的成果。他山之石，可以攻玉。这些研究可以为新时代新征程农村基层党组织组织力建设提供一定的启示和思考。一是注重扩大农村基层党组织的影响力和凝聚力，巩固党长期执政的基础。二是注重灵活采用各种形式提升农村党员干部的素质和能力，推动农村党员干部队伍教育的专业化、长效化。三是注重基层党组织民主化建设，通过变革活动方式、管理方式和运行机制，确保农村基层党组织和党员干部正确行使权力，确保农村基层党组织真正成为农村社会各项工作的领导核心。四是注重农村基层党组织的作风建设，树立良好的形象，赢得农民群众的支持和信任。但是坚持理论自主性是吸收和借鉴国外研究经验的基本前提。对此，我们应当始终坚持以马克思主义为指导，始终坚持从我国农村基层党组织组织力建设的实践需要出发，在以开放的胸怀吸收国外研究经验的基础上，必须摒弃教条主义、破除迷信思想，把立足点放在乡村振兴战略下农村基层党组织组织力建设的实际上来，把一切外来经验与我国农村发展实际、农村基层党组织组织力建设实际结合起来，绝不能照抄照搬。

三　研究思路与研究方法

（一）研究思路

党的力量来自组织。注重发挥组织的力量是中国共产党的优良传统和宝贵经验。农村基层党组织组织力建设是在马克思主义执政党建设理论和革命理论的指导下、在中国共产党人高度自觉的使命担当和历史主动精神的指引下，立足新时代推动农业农村现代化的根本要求，是对百年来党勇于自我革命保持自身的先进性、纯洁性更好引领“三农”工作历史经验的总结和实践经验的升华，是对中国式现代化成果的综合和创新，是具有中国特色和中国风格的马克思主义执政党理论新形态的重要内容之一，是

“以伟大自我革命引领伟大社会革命”战略思想在农村层面的创造性转化和创新性发展。习近平总书记指出：“农业农村农民问题是关系国计民生的根本性问题，必须始终把解决好‘三农’问题作为全党工作重中之重。”① 农村基层党组织是党在农村全部工作和战斗力的基础，提升农村基层党组织组织力是推动乡村振兴战略在农村社会全面铺展从而破解“三农”问题的关键。党的二十大报告宣告当前乡村振兴已经进入全面推进阶段②，这意味着加强农村基层党组织组织力建设研究对推进乡村全面振兴意义重大。因此，本书以乡村振兴战略下农村基层党组织组织力为研究对象，着重对农村基层党组织组织力的六个维度进行分析研究，力图建构出农村基层党组织组织力的理论体系，升华对农村基层党组织组织力建设规律的认识，推动新时代新征程农村基层党组织组织力建设实践的深入发展，丰富马克思主义执政党建设理论。

第一章，农村基层党组织组织力的理论概述。本章的写作意图在于廓清关于农村基层党组织组织力的思想迷雾，建构出农村基层党组织组织力建设的理论框架，为本研究奠定理论基础。首先，对组织力的内涵、特征、类型进行分析论证，形成对组织力一般规定的总体认识。其次，对组织和组织力、政党组织和政党组织力、政党组织力与政党领导力和政党动员力、中国共产党组织力与农村基层党组织组织力等相关、相似概念进行辨析，明确农村基层党组织组织力的理论边界。最后，回答乡村振兴战略对农村基层党组织组织力提出了哪些新要求、新问题，提升农村基层党组织组织力对乡村振兴战略有何价值，乡村振兴战略下农村基层党组织组织力的基本内涵、生成机制、构成要素、根本原则、显著特征是什么，讲清楚农村基层党组织组织力“是什么”或者“不是什么”，从而明晰乡村振兴战略下农村基层党组织组织力的内涵和外延。

第二章，农村基层党组织组织力建设的理论渊源。本章的写作意图在于溯源农村基层党组织组织力建设的深厚理论渊源，夯实本书的立论根

① 《习近平著作选读》（第2卷），人民出版社，2023，第26页。

② 习近平：《高举中国特色社会主义伟大旗帜 为全面建设社会主义现代化国家而团结奋斗——在中国共产党第二十次全国代表大会上的报告》，人民出版社，2022，第30页。

基。首先，论证马克思列宁主义为农村基层党组织组织力建设提供了根本指导思想。具体从以下三个方面展开论证：一是马克思列宁主义的组织理论规定了农村基层党组织的性质、组织原则、组织体系、组织程序、组织目的等，为农村基层党组织组织力建设规定了基本框架；二是马克思列宁主义的领导理论规定了无产阶级政党的领导核心作用，这决定了提升农村基层党组织组织力的必然性和现实性；三是马克思列宁主义的基层党组织建设理论为农村基层党组织组织力建设的研究提供了基本原理，为农村基层党组织组织力建设提供了实践逻辑。其次，论证中国化马克思主义理论体系直接指导着农村基层党组织组织力的提升。本书认为农村基层党组织组织力建设是以党的自我革命引领社会革命在基层组织建设和基层社会治理层面的具体展开和创造性运用；中国共产党的组织力理论为农村基层党组织组织力建设提供了直接理论依据。最后，论证中国古代关于乡村基层组织建设的思想、乡村治理的思想为农村基层党组织组织力建设提供了丰厚的文化给养。

第三章，农村基层党组织组织力建设的历史考察。本章的写作意图在于回顾中国共产党加强农村基层党组织组织力建设的历史，总结凝练农村基层党组织组织力建设的历史经验，为本研究提供历史依据、寻找思想灵感。首先，对新民主主义革命时期、社会主义革命和建设时期、改革开放和社会主义现代化建设新时期农村基层党组织组织力建设进行考察和分析，形成对农村基层党组织组织力建设发展历程的整体认识。其中，新民主主义革命时期，农村基层党组织通过改革乡规民约、组织农民发展生产、开展革命文化教育、发动群众运动等途径提升其组织力。社会主义革命和建设时期，农村基层党组织通过政党整风运动、建立“政社合一”的人民公社等方式提升其组织力。改革开放和社会主义现代化建设新时期，农村基层党组织通过建立“三位一体”的治理主体、多元互促治理模式、“多予、少取、放活”的治理导向、农村大扶贫治理的格局提升其组织力。其次，坚持科学的方式方法，从农村基层党组织组织力建设的经验和教训中总结出加强农村基层党组织组织力建设的历史启示，从而提升关于农村基层党组织组织力建设的规律性认识。

第四章，新时代农村基层党组织组织力建设的实践考察。本章的写作意图在于考察新时代农村基层党组织组织力建设的实践及其经验。首先，梳理新时代农村基层党组织组织力建设的实践图景。新时代我们党通过创新组织生活方式、建强带头人队伍、落实党的基层民主制度、完善激励关怀帮扶机制、创新能进能出机制等举措推动农村基层党组织组织力建设开辟了新境界，确保了脱贫攻坚战的全面胜利和小康社会的全面建成。其次，从四个方面梳理新时代农村基层党组织组织力建设的实践成效，即从农村基层党组织建设的角度看，实现了农村基层党建质量的全面提升；从乡村社会的治理角度看，引领乡村社会发生了历史性变革；从群众路线角度看，找到了新时代走好党的群众路线的方法；从党长期执政的角度看，探索出夯实党执政根基的成功之道。最后，从五个方面总结新时代农村基层党组织组织力建设的经验，即强化政治功能是根基、坚持群众路线是根本工作方法、党建引领乡村治理是根本途径、创新组织设置是坚实基础、采取灵活的工作方法是重要途径。

第五章，乡村振兴战略下农村基层党组织组织力建设的态势分析。本章的写作意图在于准确分析乡村振兴战略下加强农村基层党组织组织力建设的优势和劣势，为更好推动农村基层党组织组织力建设找准方位、明确方向。首先，准确分析乡村振兴战略下深入推进农村基层党组织组织力建设所具有的以人民为中心的政治优势，与时俱进的理论优势，农村基层党组织统一领导的制度优势，严密组织体系、严明纪律的组织优势，勇于自我革命的精神优势，增强以强大的农村基层党组织组织力实现乡村全面振兴的信心和决心。其次，从全面推进乡村振兴视角对农村基层党组织组织力提出新要求，即要求提升经济发展能力、生态建设能力、价值引领能力、农村治理能力、群众凝聚能力。

第六章，乡村振兴战略下农村基层党组织组织力建设的路径探析。本章是本书的最终落脚点。锚定一定的价值目标、坚持一定的基本原则、开展有效的创新实践是新时代新征程提升农村基层党组织组织力的实践逻辑。首先，找准农村基层党组织组织力建设的价值目标，凸显农村基层党组织的政治功能、增强农村基层党组织的组织功能、完善农村基层党组织的服务功能，把农村基层党组织建设成有效贯彻落实党中央关于“三农”政策的坚强战斗堡垒，是新时代新征程加强农村基层党组织组织力建设的主要目标。其次，把准农村基层党组织组织力建设的基本原则，坚持顶层设计与实践探索相结合的系统性原则、战略与策略相结合的实践性原则、守正与创新相结合的方法论原则、效率与公平相结合的协调性原则、组织领导与自信自强相结合的主体性原则、政治性和人民性相统一的方向性原则，是新时代新征程加强农村基层党组织组织力建设所必须坚持的基本原则。最后，创新农村基层党组织组织力的建设路径，要充分调动各方面的积极因素，通过增强建设意识、提升建设能力、创新建设方法、完善制度体系、构建话语体系，推动实现乡村振兴战略下农村基层党组织组织力的建设目标。

基于以上阐述，本书主要解决以下问题。一是准确理解“农村基层党组织组织力”的科学内涵。农村基层党组织组织力该如何定义呢？目前学界并没有达成统一的共识，学者们根据不同的分析框架形成了不同的认识，有的学者把其要求定义为内涵，有的学者把其目标定义成内涵，有的学者把其特征定义成内涵，更有学者把基层党组织建设的内涵等同于农村基层党组织组织力的内涵。在农村基层党组织组织力的内涵不明确、核心要义模糊的情况下强行研究乡村振兴战略下农村基层党组织组织力建设的基本遵循和路径方法，显然不符合实事求是的基本原则，更不是学术研究的常理。农村基层党组织组织力的核心内核是统一不变的，还是根据党的中心任务的变化而变化？乡村振兴战略这一背景对农村基层党组织组织力意味着什么？如何理清组织力、政党组织力、中国共产党组织力、农村基层党组织组织力之间的关系？这些基本理论问题都将是本书要回答的关键问题。二是回答乡村振兴战略下农村基层党组织组织力理论研究中的几个问题。目前学界围绕乡村振兴战略下农村基层党组织组织力的理论基础和科学内涵进行了多视角的探讨，概括出了乡村振兴战略下提升农村基层党组织组织力的基本路径，但是仍然存在一些不足，还有以下几个问题没有得到很好解决。第一，农村基层党组织组织力与乡村振兴战略下农村基层党组织组织力在内涵、要求、特征等方面有哪些区别与联系？第二，农村基层党组织组织力在乡村振兴战略中的运行机制是什么？第三，农村基层党组织组织力建设到何种程度才是合适的，即农村基层党组织组织力的评价体系如何建构？要解决以上问题，本书坚持唯物辩证法和大历史观，把农村基层党组织组织力放在“历史—社会”分析框架下，深刻剖析乡村振兴战略下农村基层党组织组织力的历史延续性、现实创新性、未来指向性，从而形成对乡村振兴战略下农村基层党组织组织力完整准确的认识。三是探索乡村振兴战略下提升农村基层党组织组织力的规律性认识。第一，对农村基层党组织组织力提升的客观规律、作用发挥机理及实效性等进行研究。农村基层党组织组织力建设是党的自身建设与治国理政的结合，既要遵循党组织自身建设的客观规律，又要遵循党科学执政的基本规律，要把创新性同实效性结合起来，边推进边总结边调整完善，不能急于求成。第二，探索乡村振兴战略下提升农村基层党组织组织力的目标指向，构建农村基层党组织组织力的评价体系。第三，找准乡村振兴战略下提升农村基层党组织组织力应当坚持的基本原则。提升农村基层党组织组织力应该遵循“底线思维”，划定边界，明确哪些必须改、哪些不能改，确保科学、正确、健康、有序、有效地加强农村基层党组织组织力建设。

（二）研究方法

只有采用科学、合理的研究方法，才能够更为全面、深入地研究乡村振兴战略下农村基层党组织组织力相关问题，并对农村基层党组织组织力建设中取得的经验、存在的问题及规律等进行准确、科学的分析和总结。

第一，理论与实践相结合的研究方法。乡村振兴战略下农村基层党组织组织力研究不仅是一个理论问题，需要遵循理论的指导，在已有理论的基础上不断进行探索、尝试以及创新，更是一个实践的问题，要从实践中不断总结、归纳、升华提升农村基层党组织组织力的经验，并促进这一理论的进一步发展和完善。可以说，这一研究方法一方面可以使农村基层党组织组织力的相关理论更贴近实践，更富有指导意义；另一方面，可以使乡村振兴战略下提升农村基层党组织组织力的实践更加有序、科学及高效，能够更好地解决乡村振兴战略背景下在提升农村基层党组织组织力的实践中遇到的问题，提升工作效率及质量。

第二，文献研究法。之所以采用这一研究方法，主要基于以下几点考虑。首先，本着努力发掘、收集百余年历史进程中中国共产党加强农村基层党组织组织力建设的史料，并且按照忠于史料的原则，通过对史料进行分类、整理，进而探索乡村振兴战略下提升农村基层党组织组织力的路径。其次，当前已有一些学者对农村基层党组织组织力进行了研究，通过文献研究法，可以对已有研究的理论框架、研究范式、研究结果有一个总体性的认识，并掌握已有研究缺憾，进而对接续研究进行有重点的谋划。再次，不管是农村基层党组织建设还是乡村振兴，国家都出台了一系列的政策文件加以指导，通过文献研究法，能够帮助我们更为深入地了解乡村振兴战略和农村基层党组织建设的相关政策、举措及成效等信息，这有助于明确研究对象的基本情况、存在的问题，进而确定研究方向和研究内容。最后，可以帮助笔者剖析其他学者在农村基层党组织组织力这一研究领域中采取的研究方法、研究范式等，在此基础上形成自己的思路和分析方式，提高乡村振兴战略下农村基层党组织组织力研究的科学性和可靠性。

第三，逻辑与历史相统一的研究方法。乡村振兴具有阶段性特征，与之相呼应，农村基层党组织组织力建设在乡村振兴的不同阶段也应有不同的要求。逻辑与历史相统一的研究方法不仅对于明确研究范围、研究目标和研究突破具有重要意义，能使研究结果更加准确和具有说服力，而且能从历史、文化、制度等多个角度全面剖析农村基层党组织组织力建设这一问题，深度揭示问题的根源，以更好地提出乡村振兴战略下提升农村基层党组织组织力之策。同时，将逻辑性和历史性有机地结合起来，使得本研究的逻辑严密性和具有历史感的深度分析相辅相成，有利于提高研究的系统性、总体性，提升分析的深度和广度。

第一章

农村基层党组织组织力的理论概述

农村基层党组织组织力建设是在马克思主义执政党建设理论和革命理论的指导下、在中国共产党人高度自觉的使命担当和历史主动精神的指引下，立足新时代推动农业农村现代化的根本要求，是对百年来党勇于自我革命保持自身的先进性、纯洁性更好引领“三农”工作历史经验的总结和实践经验的升华，是对中国式现代化成果的综合和创新，是具有中国特色和中国风格的马克思主义执政党理论新形态的重要内容之一，是“以伟大自我革命引领伟大社会革命”战略思想在农村层面的创造性转化和创新性发展。习近平总书记指出，着力构建中国特色哲学社会科学，要“按照立足中国、借鉴国外，挖掘历史、把握当代，关怀人类、面向未来的思路”①。我们既应该坚持以马克思主义为指导，也应该继承和发扬千年来中华民族形成的知识智慧和思辨理性，还应该吸收和借鉴国外其他理论形态的合理内核，更应该在中国共产党百余年历史实践的基础上进行理论创新。自领导农村社会事业以来，在理论与实践、历史与现实、国内与国外的融通中，中国共产党始终坚守使命型政党的特质，根据农业农村发展的基本规律，不断推动农业农村现代化。一百多年来中国共产党领导“三农”工作的实践持续而深入地发展，但“正像马克思主义理论和政治发展史上多次出现的那样，最初清晰的理论术语即使没有被辩论家的政治需要和胡乱的偏

① 《习近平谈治国理政》（第2卷），外文出版社，2017，第338页。

见弄得面目全非，也会因枝节问题变得日益模糊”①，目前“农村基层党组织组织力具体指涉什么”在理论上的认识仍然是各成一派，没有形成统一认识，因此，迫切需要以更加科学、系统、简明的方式确证其基本内涵。

第一节　组织力的概念范畴

组织是人类行为的基本特征，伴随着人类历史的开始而发生；组织力是拥有特定目标的人们以某种形式结合在一起产生的整体力量，伴随着组织的出现而形成。中国共产党是由中央组织、地方组织和基层组织三个层次构成的特殊政治组织，中国共产党组织力是由各级党组织协同合作产生的凝聚合力。农村基层党组织是中国共产党基层党组织的重要组成部分，其组织力既具有普通组织组织力的一般特征，也具有政治组织组织力的本质性规定，更具有基层党组织组织力的特殊性。组织力是农村基层党组织的生命力，加强农村基层党组织建设必然以提升组织力为根本。系统梳理农村基层党组织组织力的基本内涵是提升农村基层党组织组织力的前提。然而，自党的十九大报告第一次提出“基层党组织组织力”这一概念以来，学界并没有对其形成统一的认识。因此，笔者以历史和逻辑相统一的研究方法分析了组织力的一般规定，进而分析马克思主义关于农村基层党组织组织力的思想和农村基层党组织组织力的内涵，掌握乡村振兴背景下农村基层党组织组织力的价值意蕴、根本要义和基本特征。

一　组织力的内涵

马克思主义认识论认为，人的主观能动性是人类认识世界的基本点和根本点，没有人的主观能动性就没有人类认识的回归性。然而受立场、方法、知识背景、实证过程等因素的影响，不同人群对同一事物会产生不同的认知，这些认知构成对该事物多面一体的认识。组织力是一个广泛存在于多个学科的重要概念。不同学科对组织力有不同的规定方式和界定原

① 〔比〕欧内斯特·曼德尔：《革命的马克思主义与20世纪社会现实》，颜岩译，中国人民大学出版社，2016，第115页。

则，从而形成不同视角的多维定义，这丰富和发展了组织力的内涵和外延。从本质上来看，组织力就是组织的合力，对这一合力基本内涵、构成要素、运行机制等的探讨将随着学科的发展和实践的深化而不断拓展。

（一）组织力的本质

组织力作为一种力量或能力，决定着组织的凝聚力和战斗力。在人类社会发展史上，各个组织特别是政治组织总是力求通过提升组织力来实现组织目标、完成组织使命、践行组织宗旨。那么，何谓组织力？如何提升组织力？不同时期、不同学科对这一问题有不同的认知，也进行了不同维度的规定，但对组织力之于人类社会活动的重要意义有着极大的共识。

在政治学中，政治组织的组织力产生于公民权利的转让和社会契约的形成之中。社会契约论的集大成者卢梭在《社会契约论》一书中从“自然人”的状态出发，设想人类在自然世界中受到威胁的力量远远超过人们在自然状态下维持自身生存的力量①，在这种情况下，人们只有“结合并运用已有的力量，集合起来形成一种力量的总和，去克服单个人的力量不能克服的阻力”②，才能获得继续生存的空间。同时卢梭提出要找到一种合适的联合形式，“使它能以全部共同的力量来卫护和保障每个结合者的人身和财富，并且由于这一结合而使得每一个与全体相联系的个人又只不过是在服从其本人，并且仍然像以往一样自由”③。这是问题的关键。卢梭在书中给出了答案：社会契约，即一切人把一切权利转让给一切人。笃而论之，人生而是自由平等的，当人们把自己的权利转让给共同体，那么每个成员的付出、回报和权利是一致的，同时这个共同体即组织在这一行为中也会获得统一、共识、生命和意志。这一过程就是卢梭所描绘的社会契约形成的过程，某种意义上也完整揭示了组织组织力的内在本质和产生过程。卢梭在《社会契约论》中继续指出，国家作为复杂而庞大的政治组织，也是自由的人民自由协议即社会契约的产物，当人民的权利受到威胁

① 〔法〕卢梭：《社会契约论》，何兆武译，商务印书馆，2003，第15页。
② 〔法〕卢梭：《社会契约论》，何兆武译，商务印书馆，2003，第18页。
③ 〔法〕卢梭：《社会契约论》，何兆武译，商务印书馆，2003，第83页。

时，人民有权通过各种方式完成自己的自由追求。从这个意义上说，国家产生以后便天然形成了一种由人民自发形成的强大的国家组织力。[①]

在组织学中，组织力是心理契约的产物。一般而言，心理契约是指存在于雇佣双方之间的一种不曾言明的、未书面化的、内隐的契约或者期望。在心理契约的语境下，企业组织的组织力产生于雇员初入企业时怀揣对未来工作、生活的美好期待以及对组织政策、文化、实践的理解和各组织代理人口头上作出的各种承诺的感知。如果雇员内在的和外显的贡献（如忠诚、上进、努力、能力等）与组织诱因（如晋升机会、工资报酬、工作保障等）相匹配，那么企业组织就会凝聚起强大的组织力；相反，如果企业代理人意识不到或者不能理解“雇员对其与组织之间的相互义务的一系列信念”[②]，那么就意味着心理契约遭到破坏，在这种情况下，雇员的忠诚度、满意度、工作绩效会下降，对企业的失望度、敌对行为会增加，从而造成核心员工频失、企业组织力衰落直至消失。由上可知，在雇员和组织之间构建良好的、和谐的心理契约，是提高企业组织力、实现企业目标的基本条件。心理契约之于企业组织力的重要性，决定了构建雇员和组织之间的心理契约是提高企业组织力、实现企业目标的重要途径。因此，企业组织要加强雇员的心理管理，建设健康向上的企业文化，使企业文化能够激发雇员的工作热情、开发雇员的潜力、巩固雇员和组织之间的承诺或契约。只有在良好企业文化氛围的影响下，雇员与企业才能同心同力，提高企业的组织力、落实企业的理念、实现企业的愿景、完成企业的使命。

在管理学中，组织力作为一种作用机制，是企业实现资源优化配置、形成自身竞争优势的基本方式。著名学者钱德勒从企业史的角度提出了一个著名论断，即“组织能力是企业的核心动力”[③]。企业组织能力是一种合力，包括企业内部的物资设备和人的技能等，但并不等于企业拥有了这些要素就拥有了组织力，只有当这些要素得到优化配置和整合协调时，企业

① 〔法〕卢梭：《社会契约论》，何兆武译，商务印书馆，2003，第 18 页。

② 魏峰、张文贤：《国外心理契约理论研究的新进展》，《外国经济与管理》2004 年第 2 期。

③ 〔美〕钱德勒：《规模与范围：工业资本主义的原动力》，张逸人等译，华夏出版社，2006，第 693 页。

才能拥有与国内国际市场竞争相匹配的范围经济和规模经济。① 随后钱德勒又从管理资本主义的逻辑视角和比较视野出发，提出以管理结构为核心的组织体系决定着企业的组织能力，即不是企业的大规模生产资料的投入和技术的创新决定着企业的经济效益，这两者只是企业产生经济效益的充分条件，管理层高效协调的组织才是企业产生经济效益的决定条件，只有当企业建立起以结构为基础的管理体系，该企业才具有在同类企业中保持领先的动力和源泉。

组织力是共产主义者同盟领导工人阶级的中心和核心。马克思、恩格斯没有明确提出“组织力”这一概念，但在其建设无产阶级政党的思想中蕴含着丰富的有关无产阶级政党组织力的思想。针对欧洲大革命中共产主义者同盟最终沦为资产阶级民主派的随声附和的合唱队这一教训，马克思、恩格斯指出，正是由于同盟内没有建立统一的领导，各个支部才结构涣散、纪律低下，同盟在大革命中才没有发挥领导作用，对此马克思、恩格斯提出“应该使自己的每一个支部都成为工人协会的中心和核心，在这种工人协会中，无产阶级的立场和利益问题应该能够进行独立讨论而不受资产阶级影响”②。马克思、恩格斯所指出的组织方式是革命组织正确领导革命运动的必然要求，对革命组织以强有力的组织力开展革命运动并取得胜利具有极大意义。

综上所述，受学科理论基础、思维方式、思维方法、认知结构等的影响，不同学科对组织力的本质作出了符合本学科特质和精神的认识和理解，虽然各个学科对组织力的丰富性、完整性的认识受到学科背景和学科思维的限制，但对组织力本质的理解具有以下相同的认知。

第一，组织力具有一定的价值取向性，不同组织具有不同价值取向的组织力。物理学中，“力”是指改变物体运动状态或者存在形态的根本原因，具有方向性和目标性。把物理学科的概念应用于社会科学中，既是扩展社会科学研究范围的必然要求，也是开拓社会科学思维的应然之举。

---

① 〔美〕钱德勒：《规模与范围：工业资本主义的原动力》，张逸人等译，华夏出版社，2006，第694页。

② 《马克思恩格斯选集》（第1卷），人民出版社，2012，第558页。

“组织力”就是把物理学中的方法和思维应用于社会科学之中的典范，既具有社会科学的逻辑演绎性，也具有自然科学的实证推导性。在自然科学逻辑下，“组织力”是指推动组织发展的力量，这一力量的获取或者发挥并不是杂乱无章的，而是具有一定的方向性和目的性，即这一力量必然有助于组织的发展壮大。在社会科学逻辑下，组织是由具有一定价值诉求的人们组成的集合体，这决定了组织一经产生就天然具有一定的目标和愿望，为了实现这一目标和愿望，组织内的每个个体必然朝着一定的方向共同发力。可见，作为一个复合概念，“组织力”天然具有一定的价值倾向，这一价值倾向是由推动组织发展的强大的天然力量决定的，也是由组织成员的共同意志决定的，同时由于不同组织的价值倾向不同，这决定了不同组织的组织力具有不同的价值取向。

第二，组织力是实现组织目标最根本的力量。进行任何一项社会活动或者社会工程，都必须借助组织力。这是因为我们的社会是一个组织化的社会，组织已经成为社会发展的最基本单元，组织力愈强，达成社会目标的可能性就会愈大。正如马克思、恩格斯所呼吁的：“全世界无产者，联合起来！”[①] 也就是说，无产阶级完成使命的极其重要的条件是无产阶级广泛联合起来、有效组织起来。“组织起来”是无产阶级完成其使命的必要条件，也是无产阶级实现其阶级目标的方式。随后列宁发展了这一思想，提出无产阶级的组织斗争“应当由那些以革命活动为职业的人‘完全按照艺术的规律’来组织”[②]。组织方式决定着组织力量的强弱，组织力是确保组织完成使命任务的根本力量。每个组织应当按照一定的规律有效调动成员的积极性和主动性，锚定组织目标，聚力攻坚克难，最终形成有纪律、有步骤、有规划朝着组织目标稳健前行的生动局面。

第三，组织力是一种合力，由组织内的各个成员的力量共同构成。从唯物史观角度看，历史的发展不是直线的简单运动，而是系统的非线性的，并且具有一定规律的发展变化，对此恩格斯指出：“历史是这样创造的：最终的结果总是从许多单个的意志的相互冲突中产生出来的，而其中

① 《马克思恩格斯选集》（第1卷），人民出版社，2012，第435页。
② 《列宁选集》（第1卷），人民出版社，2012，第392页。

每一个意志，又是由于许多特殊的生活条件，才成为它所成为的那样。这样就有无数互相交错的力量，有无数个力的平行四边形，由此就产生出一个合力，即历史结果。"① 组织作为推动社会发展的最基本单元，是由一群有意识、有意图的人们组成的集合体，在这一集合体内，每一个成员的愿望都受到组织内其他成员的影响，因而最后出现的结果是组织内所有成员的愿望融合为一个合力，其中组织内的每个人的愿望和意志都对这一合力有贡献。这个合力作为组织内的平均力量、整体力量，会不自主地推动组织的发展变化。

第四，组织力是一种具有内外向度的力，拥有立体化的结构模型。组织力不是扁平化的从上到下的单向作用力，而是通过内外维度展开的具有一定作用结构的力。从结构模型的角度来看，组织力包括三个要素，即发力领域、发生次序和实践。从发力领域来看，组织力既对内追求组织结构的合理性，也对外寻求组织的影响力，也就是说组织力不仅是作用于组织以外的群体，以期达到组织目标，也力求寻找最优的组织原则和组织结构，以期能实现组织结构严密、纪律严明、规模宏大、内聚力强等；从发生次序来看，组织力先有对内的发力，才有对外的结果，也就说优化的组织结构是组织实现领导力的基础，组织建设好了，组织才能实现对外的影响力和领导力，因此，提升组织力应先从优化组织结构着手；从实践角度来看，组织力形成以后，会有一套相匹配的架构、程序、规则和语言，这些是组织内的成员在提升组织力的过程中形成的共同认知和资源，能够促使组织高效处理内部和外部产生的问题。

（二）组织力的意义

从认知取向来看，"意义是真理性认识的前提"②，这是由于事物是客观存在于大系统环境之中的，其本质被掩盖于各种现象背后，这就需要对事物存在意义进行探究，以求得对事物意义的理解，进而厘清事物的本质。因此，渴求对事物本质的认识，必然要求探讨事物存在的意义。从认

① 《马克思恩格斯选集》（第4卷），人民出版社，2012，第605页。

② 孙晶：《后现代语境下意义理论的转向：从科学主义到人文主义》，辽宁人民出版社，2020，第105页。

知取向层面探讨意义时，认知的主体成为意义研究的本体，即通过分析意义主体，追寻意义的本源。基于此，组织是组织力的本体，探究组织力的意义，应以组织为指涉对象。从组织对内对外所要实现的功能来看，组织力之于组织具有以下三方面的意义。

其一，提升组织力，有助于严密组织结构、聚合组织力量。组织力并非单纯指涉组织对外的作用力和影响力，它首先追求组织内部结构的科学性和合理性。正如马克思所指出的："人们在自己生活的社会生产中发生一定的、必然的、不以他们的意志为转移的关系，即同他们的物质生产力的一定发展阶段相适合的生产关系。这些生产关系的总和构成社会的经济结构，即有法律的和政治的上层建筑竖立其上并有一定的社会意识形式与之相适应的现实基础。物质生活的生产方式制约着整个社会生活、政治生活和精神生活的过程。"① 组织是由"处于一定社会关系中的人"、一定的社会环境、一定的组织目标等要素组成的集合体，分析组织力，不能孤立地分析"力"的大小、强弱，必须首先分析"力"产生之前的内部逻辑，也就是必须首先分析组织内各要素相互的作用力和影响力。因此，提升组织力首先要合理选择发展模式，为组织内部的各个要素的优化组合提供适宜的发展空间，确保组织的整体功能大于组织各要素的功能，从而为实现组织目标提供不竭的力量源泉。

其二，提升组织力，有助于强化组织功能，实现组织目标。"任何系统都有自己的功能，而这种功能是多样的。"② 组织作为推动社会善治的重要主体，具有推动社会转型、解决社会矛盾、创新社会治理等功能。组织功能的实现要以提升组织力为前提。这是由组织发挥对外影响力的作用机制决定的。组织要想实现组织目标，必然力求影响外界，这就需要在汇聚组织内各要素力量的前提下，确保其力量沿着组织结构向外逐级扩散，影响周围的环境和特定人群，使环境的改变和特定人群的行动朝着有利于实现组织目标的方向转变。也就是说，汇聚整合组织内各要素，使其沿着组织结构脉络向周围环境和特定人群发力，从而影响环境的状态和特定人群

① 《马克思恩格斯文集》（第2卷），人民出版社，2009，第591页。

② 乌杰：《系统哲学》，人民出版社，2008，第53页。

的行为，使组织通过组织力发挥特定功能从而最终实现组织目标的基本模式。因此，提升组织力对发挥组织功能至关重要，组织组织力的特征、力度和状态等属性深刻影响着组织对外影响的范围、程度。具有强大组织力的组织必然能够科学有效调动组织内各要素朝着最适宜发挥组织整体合力的方向运转，必然能够对外发挥强有力的影响力和作用力。

其三，提升组织力，有助于组织在博弈中脱颖而出。“组织的结构并不是为了以最有效的方式完成工作的理性系统，而是控制和利润达到最大限度的权力系统。”① 组织是为了获取和维护权力的结构，是为了对外界产生影响力的结构。组织要想在维护权力和提升利润中取得优势，就需要进行博弈。在组织学中，学者通常认为，组织要想实现发展就一定要从不同层面、不同界面进行不同维度的博弈，这是由于组织一经产生就与外界产生各种各样的联系，这种联系包括能力、效益策略和方法等的比较，组织只有在这些关联中整体处于优势地位，才能取得发展，提升利益。可以说，博弈是各自组织天然存在的通常属性，各自组织要想在博弈中脱颖而出，必须优化影响组织博弈的各种要素。影响博弈的要素包括博弈的参加者、博弈的信息、博弈次序等，所有具有自组织能力的组织，在整个生命周期都在不断占有具有潜质的个人、选择最优的策略对外施加影响，从而取得尽可能高的收益。这些影响博弈的要素正是组织提高组织力的要素，因此，提高组织力可以提升组织的能力，确保组织在博弈中取得发展优势。

二　组织力的特征

抓住事物的特征，是构建事物形象的前提。要深刻理解组织力的概念范畴，必须全面理解组织力的独特性。从理性视角出发，组织行为是为了完成一定的组织目标以某种方式把组织内各要素优化组合起来对外界施加影响的一系列行为逻辑。作为具有理性系统的组织，其组织力也带有理性的基因。组织力目标的具象化、组织力价值导向的鲜明性和组织力结构的

---

① 于英香：《企业组织虚拟化现象——一种因果机制的研究》，上海大学出版社，2009，第113页。

形式化都蕴含着组织力的理性特质。

第一，目标的具象化。目标就是组织想要达到的目的和结果。恩格斯指出，“世界不是既成事物的集合体，而是过程的集合体”[①]。这就是说，不能把世界看成孤立事物的集合体，而要把世界看成过程的集合体。过程指的是事物产生、发展、消亡的演变。对由一定人构成的组织的认识也必然经历这一过程，这一过程是真理与谬误不断斗争的过程，是相对真理不断走向绝对真理的过程。同时，也需要运用这一辩证思维考察组织力的目标。组织力目标是动态的过程，在这一过程中，组织必然会在不断的满足中优化自身和外界的各种因素，从而突破已有的界限，提升自身生存的价值；同时也必然受到自然界和社会发展规律的约束。简而言之，组织力目标在不同发展阶段，呈现出阶段性特征，阶段目标不仅为组织组织力的作用力度、方向、方法提供了明确的标准，而且为如何组合组织内各要素从而提升组织力提供了行动指南。组织目标的具象化使组织力更加具体化，既明确了组织需要占有哪种类型资质的人，也指明了组织内各要素如何组合、组织资源在组织中如何分配。可以说，组织的阶段目标越清晰、具体，组织力就越容易发挥效力实现组织目标。相反，如果组织力的阶段目标不清晰或者模糊，则会造成组织力作用范围的模糊、作用力度的减弱、影响力的缩小，极有可能使组织力目标难以实现。只有坚持辩证思维，在具体实践和已具备的条件中明确阶段目标，才能为组织力的发力过程提供路线图，从而为实现组织的阶段目标奠定基础。

第二，价值导向的鲜明性。人类的活动既受到真理尺度的影响，也受到价值尺度的影响。[②] 从真理尺度层面来看，社会规范是社会主体为了实现价值理想而制定的具有约束性和限制性的且社会成员必须遵守的行为规范和行为标准。组织力作为组织对外交往的合力，必然受到社会规范的制约，不同地区的社会规范具有差异性，甚至价值理想相悖的两个地区，其社会规范会存在对立的可能，因此不同地区组织组织力呈现出鲜明的价值

---

① 《马克思恩格斯选集》（第4卷），人民出版社，1995，第244页。

② 王现东：《论价值观的文化功能》，《河北学刊》2012年第6期。

导向性。同时，随着经济政治社会的发展，同一地区在不同发展阶段在认知、价值取向、政治因素等方面会发生质的变化，这使该地区的社会规范也会发生深刻的变化，从而影响组织组织力的价值导向。从价值尺度层面来看，价值体系是主体尺度的集中表现。价值体系代表着社会主体的愿景、情感、利益和需求，是社会主体的价值取向和态度情感，对社会主体的思想和行为具有评价、导向等作用。组织力的主体是组织以及组织内的各个成员，组织是具有一定意图的成员组成的集合体，这意味着组织一经产生就具有自己的价值观，组织内的成员也深受这一价值观影响，组织力也必然维护、践行这一价值观，因此，组织力有了价值导向功能。在实践中，组织力的价值导向功能体现在评价、导向、规范和约束等方面，即对组织成员价值、思想、行为的评价，以及对组织成员行为的导向、规范和约束等。组织力的价值导向功能是组织区别于其他组织最鲜明的特征，也是影响组织发展走向的一个关键因素。

第三，结构的形式化。组织力作为一种合力，不是单向力，而是具有一定框架结构的综合力，具有立体化的结构模型。从哲学角度来看，“形式是材料自身的性质和材料结构的统一”①，形式化是指用形式化程序或者形式系统表示内容。结构的形式化是指用形式化的程序或者形式系统来表达结构的作用方式。强调结构的形式化，是由于形式理性对组织力具有特殊意义，组织内各要素优化组合、组织结构形式严密是提升组织力的一个基本的、起码的要求。组织力结构的形式化表现在三个方面。一是制度维度组织力结构的形式化。任何组织都有一定的规章制度约束组织内成员的行为，有一定的工作程序为组织内成员提供工作流程，有一定约定俗成的规则被组织内成员所践行，这些形式化的制度、程序和规则把组织前景的不确定性降到最低，并取得尽可能大的收益。二是结构维度组织力结构的形式化。组织力的一个核心构成要素——组织结构的形式化对提升组织力具有重要意义。组织结构是准确、清晰、系统地控制组织行为的规范，标准化、规范化、形式化的组织结构可以为组织成员稳定地预判其他组织成

---

① 许梅、刘永富：《“形式化”辨析——兼论逻辑的学科特点》，《河南师范大学学报》（哲学社会科学版）2009年第2期。

员的行为奠定基础，确保组织有序、稳定运行，同时形式化的组织结构可以在个别组织成员发生不连续行为时确保组织工作仍能平稳运行。三是思维方法及技术维度组织力结构的形式化。从认识论维度来看，组织力不能通过纯粹的行动或者实践来改变对象，而必须借助一定的思维和技术。也就是说，每个组织都会按照一定的规范逻辑形成一套自己的思考习惯和处理问题的方式，这对组织力起着决定性作用。

三 组织力的类型

西方学者麦克斯·缪勒提出，“一切真正的科学均以分类为基础”[①]。尽管关于组织力的研究已有很长的历史，研究成果也可谓汗牛充栋，但学术界尚未形成一个统一的组织力分类标准。本书有必要尝试对组织力的分类进行力所能及的研究。按照组织结构，组织力包括个人组织力和集体组织力；按照组织属性，组织力分为权威型组织力和服务型组织力；按照组织功能，组织力可以分为政治组织组织力、经济生产组织组织力、整合组织组织力、模式维持组织组织力。

中国共产党农村基层组织组织力属于政治组织组织力范畴，基于此，本书着重对政治组织组织力、经济生产组织组织力、整合组织组织力、模式维持组织组织力进行阐释。

美国著名社会学家、结构功能主义的代表人物帕森斯指出，政治组织力求实现有价值的目标，以及形成部署社会的权力。这类组织主要包括国家组织、政党组织和利益集团等。政治组织组织力是政治组织实现政治目标的根本力量，取得政权的政治组织总是力求通过建立严密的组织体系、施行严厉的组织纪律、树立鲜明的政治方向提升其组织力，从而扩大对整个国家的控制力。未取得国家政权的政治组织，如在野党、利益集团，相较于国家组织，其虽然没有极其严格的政治纪律，组织体系也比较松散，但其尝试执掌国家政权的野心极其鲜明，总是力求通过各种政治手段展示其政治影响力，这一手段和影响力就是这类政治组织展现出的组织力。

---

① 〔英〕麦克斯·缪勒：《宗教学导论》，陈观胜、李培茱译，上海人民出版社，2010，第68页。

实业公司是经济生产组织的典型。这一类型的组织以经济利益为价值取向，始终坚持以经济合理性为价值，力图用最小的投入得到最大的回报。经济生产组织组织力具有利益至上的价值追求，以追求利益为根本价值取向。在组织内部，依据组织成员享受的利益确定他们对组织的忠诚和义务；在组织结构方面，一般采取直线型组织结构，即从最高管理者到基层管理者形成一个纵向的权力线，每个层次的管理者任务明确、责任清晰；在组织决策方面，经济生产组织不同于政治组织的民主决策，决策权一般集中于顶层管理部门；在组织成员方面，组织内成员以“劳动合同”与经济生产组织产生联系，组织成员并不一定非得抱持与组织一样的价值理念，具有相对独立性。经济生产组织组织力的这些内在要求，决定了其与政治组织组织力在某些方面具有根本差异，两者不能混谈。

整合组织是致力于解决冲突和指导动机以实现制度期望的组织，与法律功能有关的实体都属于此类组织。模式维持组织是指具有文化、教育等功能的组织，如艺术表演单位等。这两类组织组织力区别于政治组织的政治性以及经济组织的利益性，更多以兴趣爱好、人生理想、社会服务等为目标，其组织力对内对外的发力对象较为稳定，组织力各要素的组合方式因各自组织的目标而呈现出鲜明的特色。

党的十八大报告鲜明提出，要“建设学习型、服务型、创新型的马克思主义执政党，确保党始终成为中国特色社会主义事业的坚强领导核心”①。服务型政党属性的确定，是坚持马克思主义建党原则，遵循立党为公、执政为民逻辑的必然结果。农村基层党组织作为中国共产党的坚强战斗堡垒，必然具备“服务”的属性。这意味着农村基层党组织组织力属于服务型组织力，这与权威型组织力有着本质区别。权威型组织力是政治组织将自己作为主体，将权力作为工具，为实现自身的政治野心，将人民作为自己行使权力的对象，并且总是倾向于通过垄断占有社会资源，其结果是损害了人民的公共利益。权威型组织组织力会导致组织系统成员之间缺

① 胡锦涛：《坚定不移沿着中国特色社会主义道路前进 为全面建成小康社会而奋斗——在中国共产党第十八次全国代表大会上的报告》，人民出版社，2012，第49页。

乏政治信任、组织结构不能得到人民的支持，致使组织影响力和号召力越来越小。服务型组织力坚持以服务人民为根本政治本色，以保持组织的先进性和纯洁性为组织建设的根本原则，以坚持以人为本为根本工作原则，始终践行群众路线，以人民的满意度为评判工作的标准。服务型组织力有助于推动形成组织内上级组织服务下级组织和组织服务组织成员、组织成员服务广大人民群众、组织内外共同促进科学发展的良好局面。服务型是中国共产党组织力的本质特征，也是中国共产党组织力不断追求的理想目标，百余年来中国共产党不断进行自我革命，推进全面从严治党，组织力建设水平不断提高，建设能力不断增强。农村基层党组织应以提升服务型组织力为目标方向，获得最广泛、最牢固、最可靠的群众基础，为实现农业农村现代化提供不竭的力量源泉。

第二节　农村基层党组织组织力相关概念辨析

综观学界关于“中国共产党组织力”或者“基层党组织组织力”已经取得的研究成果，笔者发现其始终存在着对组织与组织力，政党组织力与政党领导力、政党动员力，中国共产党组织力与农村基层党组织组织力的普遍混淆，这是由于在当前党建领域的研究中并没有理解和把握组织力的理论内涵，也没有形成一个统一的研究范式，从而在一定程度上造成思想上和理论上的混乱。鉴于组织力研究出现的分歧和争论，有必要对与其相似、相近或相关的概念进行辨析，通过讲明白“农村基层党组织组织力是什么”或“农村基层党组织组织力不是什么”来确定这一概念的内涵和外延，从而避免因概念太大而流于空泛，或因概念太小而不达其旨。

一　组织和组织力

1. 组织

当今社会已经成为一个组织化的社会，组织实质性地影响着现代社会生活的方方面面。组织的重要地位决定了我们必须对其进行了解或者研究，正如现代管理学之父德鲁克曾经这样评价组织：现在的年轻人必须了解组织，就如他们的先辈必须学习耕作一样。

关于“组织”命题的研究，古今中外都作过许多探索。从词源学的角度分析，在中国古代，“组织”一词最早可以追溯至战国时期，最开始“组”和“织”单独出现。例如，出自《诗经·郑风·大叔于田》中的“执辔如组，两骖如舞”，出自《后汉书·列女传·乐羊子妻》中的“此织生自蚕茧，成于机杼”。由于“组”和“织”都有绞丝旁，两者都表示编制之意，并且“组”和“织”在语义、结构、字形等方面具有相似之处，两个字逐渐连用，通常表示纺纱织布或指代布帛。在这一发展过程中，“组”和“织”都延伸出社会属性，如《后汉书·桓谭冯衍列传》中的“君长、敬通揭节垂组，自相署立”，“组”指代官吏；“织”也被引申为“组成”的含义。在西方，“组织”一词源于中世纪拉丁语 organizare，最初的意思是“装备器官以便形成生物并以此提供协调的结构”，后来英法等国社会学家借用“organize”这一词根，延伸出了建立、机构等含义。

作为研究主题的“组织”出现于 19 世纪的欧洲和美国，当时随着工业革命的发展，组织不仅在数量上突飞猛涨，在结构上也发生了巨大转变。大量组织的出现影响着社会生活的方方面面，不少社会学家、政治学家、思想家都开始把“组织”作为重要的研究课题并从多个维度对其进行阐释，代表人物有马克斯·韦伯、米歇尔、梅勒、西蒙等人。综观西方学者关于“组织”的研究，主要有三种视角。一是作为理性系统的组织。组织被认为是为了完成某种目的而设计的工具。这种视角以理性为组织活动的根本行为逻辑，但这里的理性是狭义的理性，特指技术或功能理性，而不是指思想理性。[①] 二是作为自然系统的组织。组织被认为是已经存在的集合体，这一集合体的本质并不是达成某种目标的工具，而是为了适应环境，为了不断扩大自身的生存空间，不断提高生存能力。[②] 三是作为开放系统的组织。所有系统都是由相互联系的要素构成的，组织也不例外，作

① 〔美〕W. 理查德·斯科特、杰拉尔德·F. 戴维斯：《组织理论：理性、自然与开放系统的视角》，高俊山译，中国人民大学出版社，2011，第 31 页。

② 〔美〕W. 理查德·斯科特、杰拉尔德·F. 戴维斯：《组织理论：理性、自然与开放系统的视角》，高俊山译，中国人民大学出版社，2011，第 54 页。

为开放系统的组织，决定了其不能自缚于自己的领域之中，需要对外交流。[①] 毋庸置疑，以上三种视角虽然都有自身的局限性，但其对组织特定方面的深刻阐释，对我们理解和认识组织都具有极大的借鉴和启发意义。在中国，研究组织必须坚持马克思主义组织观。马克思主义对于组织的探讨大多集中于政治组织，在其著作中对政治组织建立的原则、目标、程序等一系列重大问题作了深刻阐释，为无产阶级政党建设提供了指导思想。总结马克思主义关于政治组织的观点，主要包括四个层面的内涵：一是以共产主义原则建立无产阶级政党组织；二是建立的无产阶级政党要严明组织纪律；三是建立民主式的无产阶级政党组织形式；四是无产阶级政党组织的目标是消灭阶级。

组织在不同的语义中具有不同的含义，狭义的组织多是从组织所拥有的组织目标及与之相关的组织活动来理解和使用组织概念的，如工会、环境保护协会等，广义的组织还包括对组织深层次的剖析，如对组织机制、组织结构、组织环境、组织政策、组织过程的解读，这时组织是一个复合概念，不单指组织“干什么”，还指涉组织“是什么”“为什么”“怎么办”等问题。在关于组织的悠久且丰富的长河记忆中，我们发现，伴随着时间、环境、话语的改变，组织的内涵和外延不断拓展，价值和意蕴更为厚实。因此，要想准确认识组织的基本内涵，必须把其置于一定的社会环境、特定的时代背景和特殊的思维方式中去定位和剖析。那么，在全面建设社会主义现代化国家的时代背景下，脱贫攻坚战取得全面胜利的环境中，农村基层党组织就其现实意义而言，主要包括“自我革命和社会革命”两个维度，在自我革命之维，涉及农村基层党组织建设，在社会革命之维，涉及农村基层党组织以自身建设来引领乡村振兴，自我革命既是农村基层党组织强大的密钥也是引领乡村振兴的基本前提，实现乡村振兴是加强农村基层党组织建设的目标和归宿。

2. 组织力

在西方管理学中，组织力是一个与“组织”联系密切的概念，可以说

---

① 〔美〕W. 理查德·斯科特、杰拉尔德·F. 戴维斯：《组织理论：理性、自然与开放系统的视角》，高俊山译，中国人民大学出版社，2011，第77页。

组织力是伴随着“组织”这一概念的出现而产生的。“按照西方管理学的一般理论来理解，组织力就是组织高效协作以实现目标的一种能力或者力量。”① 例如，卢梭在《社会契约论》一书中指出，“结合并运用已有的力量，集合起来形成一种力量的综合，去克服单个人的力量不能克服的阻力”②，是历史发展过程中突破人类历史进步障碍的一种必然手段。那么组织力中的“力”到底表示“能力”还是指涉“力量”。在英文词汇中，指涉“能力”的单词有“ability”（本领、能力、才能）、“capacity”（能力、才能）、“competence”（能力、本领、胜任）、“capability”（能力、才能）。表示“力量”的单词有“force”（武力、暴力、力量）、“strength”（力量、强度、力气、体力）、“energy”（力量、精力、能量）、“power”（权力、能力、操纵力）。从上述内容可以看出，“能力”和“力量”的内涵和外延具有一定的差异性，“能力”指的是生命物体在认识或改造自然社会所持有的度量，例如，个人或者组织完成活动应具有的才能、禀赋或者潜能等，可见“能力”是“力”的一种静态表现形式。能力决定着生命物体在实践活动中的表现，能力越高者，表现得越优异，例如，管理学中的“锅盖原则”鲜明地展示了领导力有多大，成就就有多大，成就永远不会超过领导力。拿破仑也曾说过：“只有糟糕的将军，没有糟糕的士兵。”“力量”在英文中有三种解释：一是指“力气”或者说是“气力”，一般指生命物体所具有的力量，相当于英文中的“physical strength”；二是指非生命物体产生的力量，与英文“capacity”相对应，例如“军事力量”“国防力量”就属于这一类；三是指“强大的性质或程度，或产生某一效果的能力，或某一势力或影响的来源”③，例如经济力量、团结就是力量、知识就是力量，与英文中的“force”相对应。“力量”的三种含义表明其是“力”的一种动态表现形式。从上述关于“能力”和“力量”的分析中可以概括出：“能力”可以产生“力量”，但“力量”并不都由“能力”产生，

---

① 王久高：《组织力、政党组织力与中国共产党组织力内涵考辨》，《中国特色社会主义研究》2020 年第 2 期。

② 〔法〕卢梭：《社会契约论》，何兆武译，商务印书馆，2003，第 18 页。

③ 王久高：《组织力、政党组织力与中国共产党组织力内涵考辨》，《中国特色社会主义研究》2020 年第 2 期。

如地心引力；“能力”既可以是某一方面的才能、才华，也可以指个人或组织的综合度量，“力量”则是一种综合因素的体现；“能力”是“力量”的前提，“力量”是“能力”的结果。那么到底何谓“组织力”？组织力中的“力”是侧重静态力“能力”，还是侧重动态力“力量”。笔者认为组织力应当是“能力”和“力量”相互作用的综合力，即组织在实现组织目标过程中所展示出来的各种行动能力，以及各种行动能力与组织所从事的实践活动有机结合、相互促进、共同形成的综合实力。

在定义“组织力”的概念之后，很多学者对组织力的构成要素进行了界定。例如，有学者认为，组织力包括精神力、凝聚力、领导力、结构力、管理力、团队力、绩效力、设计力、激励力、文化力、变革力①；有学者认为，组织力包含经营力、执行力、凝聚力、创新力、文化力②；有学者认为，组织力涵括组织结构力和组织传播力③。不同学科的学者的学科视野和研究角度不同，因此，其对组织力的构成要素存在较大分歧，这是人文社会科学发展中存在的一种正常现象。因此，在讨论和阐述中国共产党组织力以及农村基层党组织组织力的构成要素时，我们既不能照抄照搬其他学科关于组织力构成要素的理解和阐释，更不能囫囵吞枣式地学习西方政党关于组织力构成要素的界定，而是应当在坚持马克思主义政党建设理论、马克思主义政党执政理论、以党的自我革命引领社会革命理论的基础上，在充分理解和吸收百年来中国共产党加强组织力建设经验的前提下，充分考量乡村振兴对农村基层党组织提出的新问题、新要求，来定义农村基层党组织组织力的基本内涵和构成要素。

二　政党组织与政党组织力

1. 政党组织

政党作为政治组织起源于西方，因此西方政治学家最先把政党作为研究对象，围绕政党是什么或者政党应当是什么等问题进行研究并取得了众

---

① 倪健民主编《组织力》，人民出版社，2009。
② 程涛、张韵轩：《组织力的构成要素与形成机制》，《企业改革与管理》2010 年第 10 期。
③ 王静、张霁：《组织结构与组织力的关系研究》，《商场现代化》2008 年第 6 期。

多研究成果。例如，埃德蒙·伯克认为，“政党是人们联合起来，根据一致认同的某种特定原则，通过共同努力来促进国家利益的一种团体”[①]；安东尼·唐斯认为，“在最广泛的意义上，一个政党就是通过合法手段控制国家机器的人组成的联盟”[②]；利昂·D. 爱泼斯坦认为，“政党意味着任何群体，不论这些群体的组织多么松散，只要它们在一个特定标签下参加竞选政府公职”[③]。虽然这些定义不尽相同，甚至有些观点存在分歧，然而他们论证和阐释自己观点的背后存在许多规范性论证，已经显现出他们关于什么是政党存在许多共识：一是政党是“把分裂的不同群体连接成一支统一的力量，为政府不同部门和层级提供必要的联系”[④]；二是“政党在民主的政府体制中起着独特和关键的作用”[⑤]；三是政党鼓励政治家参与政治，鼓励对重要政治议题进行辩论和在讨论中发挥重要作用[⑥]。作为政治组织的政党，与一般政治组织和社会团体相比，具有极其特殊性：一是政党是一个以执政为目标的政治组织，力图在国家、社会和民众的生活中产生最大影响；二是政党一般是一个拥有正式会员的较为稳定的组织；三是政党具有一定的共同政治偏好和一定的意识形态。从政党组织相比于其他组织的特殊性可知，政党组织力具有其他组织组织力不具有的特殊性。

同时，我们也应该看到，西方政治学家关于政党的理解与马克思主义政党理论具有本质区别。关于政党的起源，西方学者认为政党的出现与议会制有关。例如，1987 年出版的《布莱克维尔政治学百科全书》指出：现代世界中政党的出现与宪法和代议制政府的出现密切相关。马克思主义经典作家从人类历史发展的角度指出政党是在一定阶级基础上形成的政治组织，是阶级斗争发展到一定阶段的产物；政党是代表一定阶级、阶层利益

① 〔英〕艾伦·韦尔：《政党与政党制度》，谢峰译，北京大学出版社，2011，第 317 页。

② Antony Downs, *An Economic Theory of Democracy*, New York: Harper, 1957, p. 24.

③ Leon D. Epstein, *Political Parties in Western Democracies*, Transaction Books, New York: Harper, 1980, p. 9.

④ 〔美〕理查德·S. 卡茨、威廉·克罗蒂编《政党政治研究指南》（上册），吴辉译，2020，江苏人民出版社，第 18 页。

⑤ 〔美〕理查德·S. 卡茨、威廉·克罗蒂编《政党政治研究指南》（上册），吴辉译，2020，江苏人民出版社，第 18 页。

⑥ 〔美〕理查德·S. 卡茨、威廉·克罗蒂编《政党政治研究指南》（上册），吴辉译，2020，江苏人民出版社，第 18 页。

的，在政治上是最忠诚、最积极、最坚定的分子，为了取得国家权力和行使这一权力而按照一定原则结合起来的政治组织。[①] 由于受立场限制，西方政治学家总是力图避开阶级斗争来讨论政党的起源。关于政党的功能，西方政治学家之间存在巨大差异，但总是涉及利益表达、利益综合、政治录用、政治社会化等功能。马克思主义经典作家则认为无产阶级政党的目的是“使无产阶级形成为阶级，推翻资产阶级的统治，由无产阶级夺取政权”[②]。关于政党的本质，西方政治学者大多认为政党是“社会与政府之间核心的中介机构”。马克思主义经典作家则认为，“他们没有任何同整个无产阶级的利益不同的利益”，他们“始终代表整个运动的利益”。[③] 换句话说，他们认为政党本质上是特定阶级利益的集中代表，是特定阶级政治力量中的领导力量。总之，马克思主义政治家、理论家与西方的政治家、理论家关于政党的起源、功能、本质等问题的认识存在较大的认识差异，但是他们都普遍认识到政党在一个国家、社会中具有极其重要的作用，任何其他组织都无法代替，政党政治成为现代国家政治实践的主要特征。

2. 政党组织力

那么，政党组织力是什么？前面在定义组织力的含义时已然说明组织力是能力与力量在一定的实践场域中相互作用产生的综合实力，这一定义包含三个分析步骤。一是组织所具有的各种能力；二是组织的目标及应然的实践活动；三是组织所具有的各种能力在实现组织目标的各种实践活动中所产生的效果，也就是组织力最终呈现的效果。因此，我们依然可以遵循这一研究范式对“政党组织力是什么”或者“政党组织力应当是什么”这一问题展开分析和研究。众所周知，政党组织与其他组织相比，在组织目标上具有较大差异。“政党最主要的目标是参与或执掌国家政权以实现其政治纲领”[④]，这与任何其他组织的组织目标相比都具有巨大差异，任何一个其他组织都难以超越这一目标。政党的这一目标决定着政党必须进行

① 刘先江、韩景云：《马克思的政党观》，解放军出版社，2014，第 179 页。

② 《马克思恩格斯选集》（第 1 卷），人民出版社，2012，第 413 页。

③ 《马克思恩格斯选集》（第 1 卷），人民出版社，2012，第 413 页。

④ 王久高：《组织力、政党组织力与中国共产党组织力内涵考辨》，《中国特色社会主义研究》2020 年第 2 期。

一定的政治活动，如参与公共政治活动、执掌国家政权以及领导和治理整个国家。政党的政治目标和将要实践的政治活动对政党自身组织体系的科学建构能力、建设能力、领导能力和治理能力提出了更高要求，这一切都是其他一般组织不能与之相比的。因此，在阐释和研究政党组织力时，绝对不能把政党组织力与经济组织、社会组织和其他社会团体组织力进行类比研究，更不能把管理学中的组织力理论照搬到政党中使用，这是由于受到活动空间、社会场域的限制，其他组织与外界发生的联系和对接的对象具有一定的局限性。故组织力这一概念或许囊括了这一组织为实现组织目标而应具有的所有能力，但是，由于政党特别是执政党不仅要领导和管理党组织成员，还要带领全国人民一起管理国家政治生活和社会生活，因此我们可以从广义和狭义两个方面对政党组织力进行理解。广义的政党组织力，是从更为宽广、系统的层面对其进行理解和界定的，其组织力是政党所具有的领导力、执政力、管理力、自我革新力等能力在治国理政中相互协作发挥出的整体效能；狭义的政党组织力，是从更为具体的执政目标或者实践活动的角度进行理解和界定的，是政党具备特定的能力，在完成特定的执政目标的实践活动中，相互协作而产生的具体效能。因此，要理解政党组织力，必须基于特定的背景和要求，不能一概而论，更不能把政党组织力看成一种一成不变的固有力量，研究政党组织力必须在实践中不断拓展其内涵，这样才能推动理论随着实践的发展不断丰富。西方政治学者由于套用管理学中组织力的概念来阐释政党组织力，从而落于窠臼、落入俗套，不能真正阐释清楚政党组织力到底是什么。

三　政党组织力与政党领导力、政党动员力

对事物范畴的正确认识和把握，是准确理解和认识某一理论的前提。目前学术界存在着对政党领导力和政党动员力与政党组织力混用的情况，这不仅模糊了政党组织力的内涵，更模糊了其边界。因此，要想明确界定政党组织力是什么或者不是什么，还应当对与其相似、相近的概念进行区分，力图对政党组织力做出更为清晰的界定。从字面上看，政党领导力和政党动员力与政党组织力有两字之差，我们可以从这一差别中探寻政党组

织力与其他两力的差异和联系。

首先，政党领导力与政党组织力的关系。政党组织力与政党领导力有两字之差，这决定了不能把政党领导力等同于政党组织力，也不能完全割裂两者之间的关系。关于领导力的研究成果可谓汗牛充栋，目前学界关于何谓领导力已经形成比较一致的认知，即领导力实质上是“影响力”。影响力不是强制力，“而是一种政治号召力、说服力，也可‘视为合法意义上的权利’”①，因此可以说政党领导力的强弱是由人民的接受和认可程度决定的。为了提高领导力，政党不断提高其领导的科学性和艺术性，如明晰权力的边界、理顺多元主体之间的关系、优化领导机制、完善领导理论和政策等。作为政治学中的两个概念，政党领导力与政党组织力不仅在本义上的阐释方面表现出明显差别，而且由本义所衍生的其他方面也存在明显区别。一是能力与综合力的区别，政党领导力偏重强调政党所具有的领导能力，政党组织力则强调政党所具有的各种能力在治国理政中相互协作所迸发出的综合实力。二是强制与非强制的区别。组织力在政党治国理政中，既依靠影响力，也依靠强制力来实现其预设目标，强制性构成了政党组织力的一个重要特征；而领导力则依靠政党影响其他成员来完成特定任务的力，具有非强制性。三是在治国理政状态下政党组织力与政党领导力存在包含和被包含的关系。领导力作为政党的一种能力，在政党组织力中发挥着重要作用，即组织力的实现，依赖于领导力的发挥。不可否认政党组织力和政党领导力存在一定关系，即领导力是政党能力的重要构成要素，如果政党缺乏领导这一能力，则政党在执政的实践活动中就缺少影响力和凝聚力，其组织力就难以发挥，执政目标更难以实现。

其次，政党动员力与政党组织力的关系。政党动员力与政党组织力同样存在两字之差，也不可以把两者混为一谈，犯偷换概念的错误。政党动员力是政党主体基于政党的具体目标或者特定任务激发出成员行动参与的能力。从执政的视角审视政党动员力，它主要体现为政党通过集中物资、动员社会成员以及调动其他社会力量以实现政党的某一目标而积极行动的

---

① 张明军：《领导与执政：依法治国需要厘清的两个概念》，《政治学研究》2015 年第 5 期。

能力。政党动员力主要通过动员的规模、动员的广泛程度、集合的人力和物力等要素体现出来。毫无疑问，重视并提高动员力是世界各国政党都必须考量的重要问题。塞缪尔・P. 亨廷顿指出："一个处于现代化之中的社会，其政治共同体的建立，应当在'横向'上能将社会群体加以融合，在'纵向'上能把社会和经济阶级加以同化。"[①] 马克思、恩格斯也指出："联合的行动，至少是各文明国家的联合的行动，是无产阶级获得解放的首要条件之一。"[②] 马克思主义政党基于这一思想，十分重视对社会大众特别是无产阶级的号召和动员，希望通过动员实现"自由人的联合体"这一共产主义的伟大理想。从上述分析可知，政党动员力是强调政党动员这一能力，更多是以理想、价值观、理论进行动员，带有非强制性，这与政党组织力作为一种综合实力，带有强制性的特点具有差异性。但两者同时也存在紧密的联系。塞缪尔・P. 亨廷顿指出："没有组织的参与堕落为群众运动，而缺乏群众参与的组织就堕落为个人宗派。强大的政党要求有高水平的政治制度化和高水平的群众支持。"[③] 可见，从政党发展角度来看，"动员"和"组织"是增强政党力量的必由之路。不过需要明晰，这里的"组织"与"动员"具有同等含义，即组织群众、动员人力物力，与"政党组织"中的"组织"不是一个层面的概念，应当说"组织"和"动员"是政党组织的能力，对实现政党目标具有重要意义，同样也有利于提高政党组织力。

四　中国共产党组织力与农村基层党组织组织力

立足于党的十八大以来全面从严治党取得的重大成就与党的建设面临的新情况、新问题，习近平总书记在党的十九大报告中，从"全面加强党的建设"与"坚持与加强党的全面领导"相辅相成的高度，对新时代党的建设提出了新要求、作了重点任务部署，其中对基层党组织建设明确提出

---

① 〔美〕塞缪尔・P. 亨廷顿：《变化社会中的政治秩序》，王冠华等译，上海人民出版社，2021，第332页。

② 《马克思恩格斯选集》（第1卷），人民出版社，2012，第419页。

③ 〔美〕塞缪尔・P. 亨廷顿：《变化社会中的政治秩序》，王冠华等译，上海人民出版社，2021，第336页。

了“要以提升组织力为重点，突出政治功能”[①] 的新要求。“组织力”这一概念并不是第一次出现在党的文献中，早在1929年4月，毛泽东在《红军第四军前委给中央的信》中就使用过“组织力”这一概念，但并不常用。党的十九大报告重提“组织力”为各基层党组织加强自身建设提供了新思路和新方向，也为党建研究拓展了新领域、提供了新视角。但不能把组织力仅限于基层党组织，从组织系统的角度来看，组织力贯穿整个全党层面，例如，2018年习近平总书记在全国组织工作会议上强调：“党的力量来自组织。党的全面领导、党的全部工作要靠党的坚强组织体系去实现。”[②] 那么，什么是中国共产党组织力？什么是农村基层党组织组织力？这是研究本课题需要认识和理解的基本问题。要深刻解答这些问题，我们既不能“望文生义”，仅仅从字面意思把党的组织力理解为“管控力”“管理力”；也不能生搬硬套西方政党组织力理论，把政党组织力理解为组织的能力；更不能仅从党加强自身建设的角度把组织力局限于党组织体系的管理，而应该从政治高度进行理解和审视。

1. 中国共产党组织力

从一般意义上而言，政党组织力是政党所具有的各种能力在治国理政中相互协作发挥出的整体效能（前面已详细论证，这里不再赘述）。但世界各国政党，特别是执政党在性质、目标、运作模式等方面存在较大差异，那么，我们应当以什么标准区分世界各国政党组织力呢？我们都知道，政党属于政治组织，政治性是政党的第一属性，“在政党政治世界，不同国家、不同时期的政党功能与政治实践有所不同，人们对政党的观念与组织属性定位也有差异”[③]。例如，列宁从阶级斗争的视角出发，认为政党是特定阶级利益的集中代表，在阶级社会，“敌对阶级之间的斗争在一定的发展阶段上势必变成政治斗争。各阶级政治斗争的最严整、最完全和最明显的表现就是各政党的斗争”[④]；西方学者从西方民主政治的视角出

---

① 习近平：《决胜全面建成小康社会 夺取新时代中国特色社会主义伟大胜利——在中国共产党第十九次全国代表大会上的报告》，人民出版社，2017，第65页。

② 习近平：《在全国组织工作会议上的讲话》，人民出版社，2018，第11页。

③ 刘红凛：《党的组织力的内外向度与政治意蕴》，《当代世界与社会主义》2019年第4期。

④ 《列宁全集》（第12卷），人民出版社，2017，第127页。

发，认为政党是“选举”的工具。但是，不论从哪一视角出发，都存在一个不可否认的事实，即“政党是由具有一定政治倾向的人按照一定原则组织起来的政治团体，政党的基本属性从根本上决定了政党组织力的价值取向与基本特点”①。这决定了我们既要结合马克思主义政党的本质属性、组织体系、组织原则和主要功能等来理解中国共产党组织力的主要内涵和本质特征，还要坚持从“党的建设、党的领导、党的事业”有机统一的高度理解新时代中国共产党组织力的时代要求和丰富内涵。

自党的十九大报告提出“组织力”这一概念后，学界以此为理论热点展开了激烈的讨论，形成了许多研究成果。综观这些研究成果，学界关于中国共产党组织力大致形成了两种观点：一种是能力论，即认为组织力是党组织为了完成使命任务所展现出来的综合素质；一种是合力论，即认为组织力是党组织在完成任务过程中几个力相互协作的综合结果。但不论是能力论还是合力论，都需要坚持中国共产党是马克思主义政党这一根本政治属性。中国共产党作为马克思主义政党，先进性是其本质属性，也是其政治本色。要想深刻理解中国共产党组织力，必须首先结合党的先进性进行分析。从根本上来看，中国共产党的先进性是具体的而不是抽象的，具体表现在三个方面：在理论方面，中国共产党以马克思主义科学理论为指导，具有崇高的政治理想；在实践方面，中国共产党始终以推动人类社会发展和进步为自己的政治追求；在价值取向方面，中国共产党始终坚持以人民为中心，立党为公、执政为民是中国共产党崇高的政治品质和政治纪律。先进性决定了中国共产党与其他政党具有不一样的特征，决定了其组织力建设应当突出政治功能，决定了其组织力应当突出政治的先进性、组织活动的原则性和组织纪律的严明性等鲜明特征，这也是理解和把握中国共产党组织力的关键所在。在全面建设社会主义现代化国家新征程中，党的各项事业以及时代的发展变化对党组织提出了许多新要求，以习近平同志为核心的党中央逐渐架构出了中国共产党组织力的完整体系，其构成要素主要包括政治领导力、群众组织力、社会号召力、发展推动力、自我革新力等方面，为我们研究和阐释中国共产党组织力提供了理论基础。

---

① 刘红凛：《党的组织力的内外向度与政治意蕴》，《当代世界与社会主义》2019年第4期。

2. 农村基层党组织组织力

从组织结构来看，中国共产党是由中央组织、地方组织、基层组织构成的一个自上而下的严密组织体系，这决定了不仅作为有机统一整体的全党具有组织力，各级党组织也应当具有组织力，这是由于“一个内在层级较多、规模宏大的政党往往要求较强的内聚力和组织力”①。那么各级党组织组织力应该如何界定，其构成要素是什么，它们之间的关系是什么呢？从整体与部分的角度来看，党的中央组织组织力、党的地方组织组织力、党的基层组织组织力之间的相互协作可以构成全党的组织力。从组织功能来看，党的中央组织具有高度权威，其组织力主要体现为总揽全局、协调各方；党的地方组织是一方的领导核心，其组织力主要体现为落实党的方针政策，有令即行、有禁即止；党的基层组织是党在基层的战斗堡垒，其组织力主要体现为宣传党的政策、贯彻上级决定、领导基层治理、团结人民群众、推动社会发展。如果中央、地方、基层之间能够上下联动、有机协调，则能确保在全党形成强有力的组织力。

基础不牢、地动山摇。农村基层党组织作为基层党组织的一个重要组成部分，无论是在顺利实现精准脱贫中，还是在未来的乡村全面振兴实践中，始终是贯彻执行党和国家“三农”政策的主力军。因此，厘清农村基层党组织组织力是什么，找出农村基层党组织组织力建设面临哪些亟待化解的问题，并提出提升农村基层党组织组织力的可行路径具有十分重大的现实意义。

马克思主义政党建设理论为我们理解农村基层党组织组织力提供了研究视角。从政治视角来看，我们分析农村基层党组织组织力应当坚持马克思主义政党的本质属性，以马克思主义为指导思想，确保农村基层党组织组织力是为实现农业强农村美农民富，而不是为了其他个人的私利。从现实视角看，当前我国已开启全面建设社会主义现代化国家新征程，但“强国必先强农，农强方能国强”②，为此，中央作出了全面推进乡村振兴、加快建设农业强国的战略部署，农村基层党组织组织力应当以“全面推进乡

① 刘红凛：《党的组织力的内外向度与政治意蕴》，《当代世界与社会主义》2019 年第 4 期。

② 《锚定建设农业强国目标 切实抓好农业农村工作》，《人民日报》2022 年 12 月 25 日。

村振兴、加快建设农业强国”为聚焦点，为全面建成社会主义现代化强国而奋斗。从价值取向视角看，全面推进乡村振兴是实现农民农村共同富裕的必经之路，农村基层党组织组织力应当坚持以人民为中心的价值取向，做到一切为了农民、一切依靠农民、一切服务农民。关于农村基层党组织组织力的构成要素，我们既不能照抄照搬中央组织或者地方组织组织力的构成要素，也不能沿用以往学界形成的关于农村基层党组织组织力的构成要素，这是由于从功能定位角度来看，不同层级的党组织功能不一样，决定了不同层级党组织组织力的作用范围、规模、对象等不一致，也决定了不同层级党组织应当具备的各种能力及实践活动内容和范围的不一致，最终呈现的党组织组织力的整体效果也不一样。从历史变迁的角度来看，农村基层党组织的功能定位会随着不同时期党的战略部署有所调整，这决定了农村基层党组织组织力应当密切关注党中央重大部署和农业农村发展的现实需要，不断调整和优化自身的组织力。

第三节　乡村振兴战略下农村基层党组织组织力的要义解析

对于农村基层党组织组织力的概念界定，很多学者基于各种研究范式做了很多尝试，如基于“结构—过程—文化”的视角、基于“过程”与“主体”的视角、基于内外向度的视角等，也有很多学者选取某一个典型村庄进行实证案例研究，它们都有一定的可取之处，对本研究也具有很强的借鉴意义。但是由于选择视角的局限，以及农村基层党组织组织力的内涵过于丰富，目前学界对农村基层党组织组织力是什么没有形成一个完整清晰的认识，也没有触及核心和实质，因此有必要对农村基层党组织组织力作一个单刀直入、细致入微的剖析，特别是回应乡村振兴战略对农村基层党组织组织力提出了哪些新要求，提升农村基层党组织组织力对乡村振兴战略有何价值，乡村振兴战略下农村基层党组织组织力的基本内涵、生成机制、构成要素、根本原则、显著特征是什么，从而推动对农村基层党组织组织力的理论研究。

一　乡村振兴战略对农村基层党组织组织力的新要求

“力”作为物理学科中的一个核心概念，具有施力方、受力方之分，有方向和大小，其最终的呈现效果受到施力方与受力方以及力场环境的影响。农村基层党组织组织力作为党建“力学”中的一个重要概念，主要发生环境在农村社会，其主体是农村基层党组织及组织内各成员，农村基层党组织组织力的强弱受组织力所在社会环境的影响。党中央基于“现代化建设中最薄弱的环节仍然是农业农村”① 这一现状，作出了全面推进乡村振兴的战略部署，这成为农村基层党组织组织力的活动场域和发力对象，农村基层党组织应当在充分了解乡村振兴战略的基础上，准确把握乡村振兴战略对农村基层党组织组织力提出的新要求，从而做到精准发力、科学发力，为全面推进乡村振兴、实现农业农村现代化提供不竭的力量源泉。

1. 乡村振兴战略

“实施乡村振兴战略”是党的十九大基于对新时代党面临的重大历史任务的正确研判、对我国社会主要矛盾转化的清醒认识作出的新的重大战略抉择，意味着我们党对社会主义现代化建设规律、农业农村发展规律的认识提高到了一个新的高度，意味着在未来的很长一段时间党和国家事业的发展中心在空间上将进行新的战略调整和战略转移。宏观的战略转换成具体的实践，需要对宏观战略有一个清晰的认知，从理论层面廓清乡村振兴战略的丰富内核和本质要求，对从实践层面统筹推进和具体落实具有重大意义。从乡村历史变迁角度看，我国近现代百年史也是乡村建设史，在不同历史时期我们党提出了不同的农业农村政策，如“新农村建设”“建设强富美的新农村”等。我们党之所以始终重视“三农”问题，是由我们党对“农业农村农民问题是关系国计民生的根本性问题”② 这一规律的正确认识决定的，但每个时期经济政治文化社会发展水平不同，这决定了我们应当把“乡村振兴战略”放在新时代这一历史阶段进行考察。从经济层

① 《乡村振兴战略规划（2018—2022 年）》，人民出版社，2018，第 7 页。

② 习近平：《决胜全面建成小康社会 夺取新时代中国特色社会主义伟大胜利——在中国共产党第十九次全国代表大会上的报告》，人民出版社，2017，第 32 页。

面看，经过发展，在全面建成小康社会之际，乡村面临的经济矛盾已经从供给不足转变为供给不足和供过于求并存的结构性矛盾，这决定了不能仅仅通过增加产量来解决供给不足的问题，更应该通过农业供给侧结构性改革来提质增效。从生态建设层面看，进入新时代，农村经济发展实现质的提升，农民生活水平显著提高，对乡村生态环境提出了更高的标准。从文化建设层面看，乡村物质生活水平的提升和现代化价值观的影响以及市场经济逻辑下传统农耕文化的日渐式微，迫切要求对传统农耕文化进行创造性转化和创新性发展，迫切需要弘扬社会主义核心价值观，更好培植良好的家风。从社会建设层面看，提高生活水平、实现共同富裕成为农民的热切期盼。从政治建设层面看，乡村内部异常复杂社会关系的形成，使得建立多元乡村治理体系成为有效解决乡村内部矛盾的必然途径。因此，党的十九大报告提出："按照产业兴旺、生态宜居、乡风文明、治理有效、生活富裕的总要求，建立健全城乡融合发展体制机制和政策体系，加快推进农业农村现代化。"① 这是对乡村振兴战略的内涵和外延的集中概括。可以说，乡村振兴是包括产业振兴、人才振兴、文化振兴、生态振兴、组织振兴在内的全面振兴。

2. 乡村振兴战略与农村基层党组织组织力

马克思主义唯物史观指出，事物的发展都是历史的、具体的，农村基层党组织组织力也不例外。党的十八大以来，中国特色社会主义进入新时代，这是我国发展新的历史方位，也是农村基层党组织建设新的历史方位。对此，党的二十大报告提出，"坚持大抓基层的鲜明导向"②，明确要求大力抓农村基层党组织建设以更好促进乡村振兴。党的十八大以来，我们党修改的党章，在"党的基层组织"章节中也逐渐增加了"强化联系群众与服务、党的领导与基层治理"等方面的功能，这是我们党根据历史方位的新变化对基层党组织功能的新定位和新要求。我们把视野拉到农村基层党组织之中，前面我们分析了新时代新征程，"全面建设社会主义现代

① 习近平：《决胜全面建成小康社会 夺取新时代中国特色社会主义伟大胜利——在中国共产党第十九次全国代表大会上的报告》，人民出版社，2017，第32页。

② 习近平：《高举中国特色社会主义伟大旗帜 为全面建设社会主义现代化国家而团结奋斗——在中国共产党第二十次全国代表大会上的报告》，人民出版社，2022，第67页。

化国家，最艰巨最繁重的任务仍然在农村”①，以乡村振兴为抓手推动农业农村现代化是党中央对农村工作作出的重大战略部署。农村基层党组织是党在农村中的战斗堡垒，是农村工作的领导者和根本保障，乡村振兴是当前农村基层党组织面临的主要政治任务，全面推进乡村振兴必须首先加强农村基层党组织组织力建设。从比较视域看，乡村振兴战略对农村基层党组织组织力提出了许多新要求。一是在党内组织管理与党员教育管理方面，新时代新征程突出强调以政治功能来加强农村基层党组织组织力建设，例如，农村基层党组织的任务是“宣传党的主张、贯彻党的决定、领导基层治理、团结动员群众、推动改革发展”②；党支部担负着“直接教育党员、管理党员、监督党员和组织群众、宣传群众、凝聚群众、服务群众”③ 职责。二是在服务功能方面，新时代新征程要把农村基层党组织建设成服务型党组织，始终坚持服务改革、服务发展、服务民生、服务群众、服务党员。三是在领导责任方面，新时代新征程“要发挥党的领导的政治优势，压实责任，完善机制，强化考核，把党中央部署要求落实下去”④。四是在乡村治理方面，农村基层党组织要充分发挥其在乡村治理中的领导作用。通过乡村振兴战略对农村基层党组织组织力提出的新要求可以反映出，新时代新征程农村基层党组织组织力的施力对象、发力场域和发力环境发生了变化，农村基层党组织组织力要找准发力的着力点，克服惰性、消除外部阻力，确保乡村振兴目标如期实现。

二　乡村振兴战略下农村基层党组织组织力的五重内涵

乡村振兴战略下农村基层党组织组织力并不是一般意义上农村基层党组织组织力的简单复制，而是农村基层党组织所具备的各种能力在乡村振

① 习近平：《高举中国特色社会主义伟大旗帜 为全面建设社会主义现代化国家而团结奋斗——在中国共产党第二十次全国代表大会上的报告》，人民出版社，2022，第 30~31 页。

② 习近平：《决胜全面建成小康社会 夺取新时代中国特色社会主义伟大胜利——在中国共产党第十九次全国代表大会上的报告》，人民出版社，2017，第 65 页。

③ 习近平：《决胜全面建成小康社会 夺取新时代中国特色社会主义伟大胜利——在中国共产党第十九次全国代表大会上的报告》，人民出版社，2017，第 65 页。

④ 《中共中央国务院关于实施乡村振兴战略的意见》，人民出版社，2018，第 51 页。

兴这一活动场域中相互作用所呈现出的整体效果。党的十九大报告提出要“不断增强党的政治领导力、思想引领力、群众组织力、社会号召力”[①]，“四力”为中国共产党组织力的构成要素提供了理论基础。但是世界是客观的，事物是具体的，对于全面推进乡村振兴这一实践而言，我们绝不能把农村基层党组织组织力的构成要素与中国共产党组织力的构成要素混为一谈，应该具体问题具体分析。习近平总书记指出：“要抓住健全乡村组织体系这个关键，发挥好农村基层党组织在宣传党的主张、贯彻党的决定、领导基层治理、团结动员群众、推动改革发展等方面的战斗堡垒作用。”[②] 这为我们分析农村基层党组织组织力的构成要素奠定了理论基础。综合考量党的二十大和《中国共产党章程》对农村基层党组织规定的基本任务以及乡村振兴战略对农村基层党组织提出的新要求，我们可以概括出乡村振兴战略下农村基层党组织组织力具有以下构成要素。

第一，政治领导力，是农村基层党组织建设的根本，直接关系农村基层党组织的性质，直接影响农村基层党组织在农村各项工作中的领导核心地位，直接决定农村基层党组织在政治上是否成熟。根据党的性质和宗旨以及党的二十大和《中国共产党章程》对农村基层党组织规定的基本任务，农村基层党组织的政治领导力可以分为政治信仰、政治领导、政治能力、政治吸纳等四个方面。首先，乡村振兴战略下，提升农村基层党组织的政治领导力要认真学习马克思列宁主义，以习近平新时代中国特色社会主义思想武装头脑，学习党的路线、方针、政策，学习与业务相关的法律、科学、文化知识，夯实基层党组织的思想基础，确保引领乡村振兴的工作不走偏、不走样。其次，实现乡村振兴最大的优势就是党的领导的政治优势，通过完善党的农村工作领导体制机制、农村工作条例、党内法律法规，最终加强农村基层党组织对农村工作的全面领导，为实现乡村振兴提供根本保障。新时代新征程，“三农”工作是一项极端复杂的系统工程，涉及多层面、多主体和多领域，点多、面广、量大，只有不断提升村干部

① 习近平：《决胜全面建成小康社会 夺取新时代中国特色社会主义伟大胜利——在中国共产党第十九次全国代表大会上的报告》，人民出版社，2017，第16页。

② 《习近平关于“三农”工作论述摘编》，中央文献出版社，2019，第189页。

的政治本领、强化农村基层党组织的政治能力，才能确保乡村振兴正确的政治导向。最后，人才是乡村振兴的第一资源，农村基层党组织政治领导力的建设效果是由政治吸纳人数的多少、质量的高低、覆盖领域的大小来体现的。

第二，乡村治理力，是发挥农村基层党组织在乡村治理中领导核心作用的应有之义。随着乡村振兴战略的实施和农村治理形势的变化，党中央通过各种制度安排，将基层党组织下移，嵌入乡村治理体系之中，以实现对乡村治理的全面领导，从而实现乡村善治。与以往相比，新时代新征程，乡村治理从以往的资源汲取型转变为资源输出型，即这次是国家权力带着“资源”以全新的方式切入乡村社会之中，这意味着农村基层党组织必须强化其在乡村治理中的功能以提高资源分配的公正性和合理性。农村基层党组织乡村治理力主要是党建引领下的乡村治理制度体系的完善度和可行度，这种完善度主要体现在“两委”班子、村级党组织的组织结构、人员配置和后备干部等是否适应乡村治理的要求。

第三，群众凝聚力，是农村基层党组织营造乡村振兴良好氛围的力量源泉。农村基层党组织的群众凝聚力主要是农村基层党组织所得到的农民群众的认可度，这种认可度主要体现在农村基层党组织带头人服务农民群众发展、尊重农民群众多元化的利益诉求、走入群众中与农民群众沟通等方面。具体来说，农村基层党组织群众凝聚力是以服务农民发展、维护农民诉求、倾听农民声音的内容、方式和效能为测量指标的，农民群众对农村基层党组织的认同首先体现在农民对保障自身利益的公共政策的满意度以及农村基层党组织的服务水平上。

第四，发展推动力，是指农村基层党组织贯彻落实党中央决策部署以及农村基层党组织在推动乡村发展中的贡献度。农村党员干部在全面推进乡村振兴、实现农业农村现代化建设中发挥着先锋模范作用，农村党员干部在农业农村现代化建设中的贡献程度是由农村基层党组织对农村党员干部的动员和影响决定的，这是考量农村基层党组织发展推动力的重要原因。农村基层党组织发展推动力具体可以分解为服务党中央关于农村工作的决策部署、服务农村社会发展以及农民群众和农村党组织评价三个部分。服务党中央关于农村工作的决策部署和服务农村社会发展的具体内容、方式和绩效构成了农村基层党组织发展推动力的主要内容和测量指标。农民群众和党组织评价则是一个集客观与主观于一体的测量指标，不仅体现出其他各级党组织和全体社会对农村基层党组织工作的支援情况，还可以反映出农民群众对农村基层党组织工作的认可度和满意度。

第五，自我革新力，是农村基层党组织内在生命力的首要指标。农村基层党组织是农村各项工作的领导者，突出强调农村基层党组织的政治性是农村基层党组织革新力的首要指标，所以农村基层党组织自我革新力的首要任务就是强化自身的政治功能，其主要内容包括宣传及落实党中央关于农村的路线、方针、政策，农村基层党组织理论学习、科学文化学习以及农村党员教育学习是否坚持正确的政治方向。农村基层党组织工作方式和手段的创新则是农村基层党组织自我革新力的题中应有之义，主要包括村级组织体系的结构设置、运行方式和活动方式的创新。农村基层党组织干部队伍建设是农村基层党组织自我革新力的应然之举，主要包括农村党员干部的使命意识、责任意识、履职意识等。新时代新征程，坚持和加强党的全面领导作为农村基层党组织自我革新的政治背景，也是农村基层党组织自我革新的内容和目的，它包含增强农村基层党组织在乡村振兴这个大舞台的战斗力、保持农村基层党组织的先进性和提升农村党员干部的综合素质、全面从严治党等内容。

三 乡村振兴战略下农村基层党组织组织力的生成逻辑

农村基层党组织组织力建设是一项复杂的系统工程，因此应当从系统理论视域下考察和处理农村基层党组织组织力建设工作。农村基层党组织处在一个开放的不断发展变化的复杂环境中，这决定了其组织力的生成和发展既取决于内部的构成要素，也受制于所处外部环境的影响。这正是本书所研究的农村基层党组织组织力建设的逻辑起点。

1. 为农民谋幸福的初心和使命为农村基层党组织组织力建设提供了动力源泉

为中国人民谋幸福、为中华民族谋复兴，是中国共产党人的初心和使命。中国共产党人的初心和使命为农村基层党组织的建设和发展提供了方向指引和目标指向，推动农村基层党组织在不断进行自我建设、自我革新的过程中提升自身的组织力。马克思、恩格斯指出："共产党人为工人阶级的最近的目的和利益而斗争，但是他们在当前的运动中同时代表运动的未来。"① 因此，可以说农村基层党组织作为以马克思主义为指导的具有无产阶级性质的组织，一旦失去了为农民谋利益、为农民谋幸福的原动力，那么它就失去了其存在的意义和价值。从革命时期到社会主义建设时期，农村基层党组织所处的社会环境及地位几经变化，但是农村基层党组织为农民谋独立、谋幸福、谋发展的初心始终写在了历次党代会的文件中，始终是历次党代会的重要议题之一。从改革开放到新时代新征程，我们党在坚持马克思列宁主义、毛泽东思想、邓小平理论、"三个代表"重要思想、科学发展观和习近平新时代中国特色社会主义思想的指导，先后提出了"新农村""富强美新农村""乡村振兴"等战略，这彰显出我们党始终以人民为中心的鲜明本色和为农民求幸福的坚强决心。正因如此，面对复杂多变的社会环境，农村基层党组织作为党在农村工作中的领导者，唯有不断提高自身的组织力，方能守住党的初心、完成党的使命。

2. 社会主要矛盾的发展变化是农村基层党组织组织力建设的"助推器"

农村基层党组织作为中国共产党的一个基层组织，是在马克思主义的指导下建立的，也经过了革命战争的洗礼。新民主主义革命时期，要想取得革命胜利、实现民族独立和解放，亟须密切联系农民群众参与斗争，亟须让农民群众了解党的主张、目标，亟须吸纳农民群众中的有识之士参与到党组织中，从而实现全体中国人民的解放，这是农村基层党组织组织力建设的解放逻辑。社会主义革命和建设时期，我们国内的主要矛盾，已经是人民对于建立先进的工业国的要求同落后的农业国的现实之间的矛盾，已经是人民对于经济文化迅速发展的需要同当前经济文化不能满足人民需要的状况之间的矛盾。这一矛盾也鲜明地体现在农村，要求当时身处领导地位的农村基层党组织能够带领农民群众奋发图强、艰苦奋斗，在满足广大农民群众物质需求的同时，也不断满足农民群众的文化需求，从而建设

---

① 《马克思恩格斯选集》（第 1 卷），人民出版社，2012，第 434 页。

农民群众幸福的家园，这是农村基层党组织组织力建设的建设逻辑。改革开放和社会主义现代化建设新时期，人民日益增长的物质文化需要同落后的社会生产之间的矛盾成为社会主要矛盾，这一主要矛盾在农村社会体现为总量不足、生产不足，需要农村基层党组织带领亿万农民群众勇于创新，力破生产发展的瓶颈，不断优化农民群众的生存环境，这是农村基层党组织组织力建设的改革逻辑。中国特色社会主义新时代，人民日益增长的美好生活需要和不平衡不充分的发展之间的矛盾成为社会主要矛盾，基于这一转变，习近平总书记指出，“我国农业农村发展已进入新的历史阶段，农业的主要矛盾由总量不足转变为结构性矛盾”①。因此，农村基层党组织应带领农民群众，坚持以市场为导向，根据资源禀赋，着力改革农业生产结构和农产品供应结构，推动农业供给侧结构性改革，这是农村基层党组织组织力建设的复兴逻辑。

3. 农民群众的支持与拥护是农村基层党组织组织力生成的最广泛的社会基础

在革命战争时期，我们党找到了农村包围城市、武装夺取政权的正确道路，农村成为革命运动的主阵地，农民则是革命力量的重要来源。农民群众具有强烈的革命意愿，为农村基层党组织组织力得以发挥奠定社会基础。在社会主义建设时期，“不吸引更多的人民阶层参加社会建设，不激发一直沉睡的广大群众的积极性，就谈不上什么革命的改革”②。基于此，我国在农村地区开展了轰轰烈烈的建设运动，农村基层党组织组织力在这一时期发展到了一个新高度。改革开放以来，在党中央有关政策的支持下，家庭联产承包责任制在全国农村地区呈现“燎原之势”，土地承包得到广大农民群众的热烈拥护，农民的积极性、主动性重新被激活，农民群众在农村基层党组织的带领下提高了农业生产效率、建立和完善了农村市场经济，造就了农村发展的一个“黄金时期”，这开创了农村基层党组织组织力的新局面。新时代，我国打赢了脱贫攻坚战，全面建成小康社会，实现了第一个百年奋斗目标。在这一关键时期，农民群众万众一心、积极

---

① 《习近平关于“三农”工作论述摘编》，中央文献出版社，2019，第95页。

② 《列宁全集》(第34卷)，人民出版社，1985，第141~142页。

参与，是农村基层党组织组织力得以充分发挥，最终如期全面建成小康社会的力量之源。可以说，农民群众是推动农村基层党组织不断发展进步的原动力，离开广大农民群众的支持与拥护，农村基层党组织如空中楼阁，其组织力就更无从谈起。

4. 乡村振兴的大舞台是农村基层党组织组织力生成的环境要素

“任何政治系统都是在一定的环境之中的，并与外部环境进行互动。”① 具体而言，政治系统是在一定的具体的环境中进行政策输入与输出的，同时政治系统也会根据这一特定的环境不断进行调适，以实现和环境的耦合。乡村振兴战略是党的十九大提出的推动实现农业农村现代化的重大战略，在这一战略的影响下，在未来相当长的一段时期，党和政府在人、财、物等方面的投入上会逐渐向农村地区倾斜，这意味着国家权力将以资源投入型的“姿态”切入乡村。那么，大量资源的涌进，在为农村地区的发展提供有利条件的同时，也标志着乡村原有的发展格局、治理格局的改变。例如，在乡村发展格局方面，由原来的自主决定发展方向、无发展启动资金转变为项目制，如果农村基层党组织政治系统功能弱化，则会导致资源滥用、分配不合理等现象，不仅会影响乡村振兴的进度，而且会造成更为严重复杂的矛盾。因此，乡村振兴战略的实施对农村基层党组织组织力提出了新的要求。

四 乡村振兴战略下农村基层党组织组织力提升的根本原则

农村基层党组织组织力是一个开放的概念，需要根据实践的发展对其进行丰富和完善。但是，丰富和完善农村基层党组织组织力的内涵并不是随意扩充，而是要坚持一定的原则，这些原则既是中国共产党提升组织力的经验产物，也是农村基层党组织提升组织力的必然遵循，支撑着农村基层党组织组织力的持续提升。具体而言，有以下四方面的内容。

一是坚持先进性和群众性的统一。先进性统率群众性，群众性体现先进性，两者辩证统一、密不可分，共同彰显了农村基层党组织组织力的性

① 杨正喜：《基层党组织适应性：党建引领嵌入乡村治理逻辑分析》，《社会科学家》2022年第1期。

质和价值。一方面，先进性是农村基层党组织组织力的本质属性。中国共产党自成立起，在理论上，始终高举马克思列宁主义的旗帜，始终坚持把马克思主义作为自己的行动指南，以毛泽东思想、邓小平理论、“三个代表”重要思想、科学发展观和习近平新时代中国特色社会主义思想为中国特色社会主义事业的指导思想；在实践中，始终把实现中国特色社会主义共同理想和共产主义远大理想作为自己的奋斗目标，始终把为中国人民谋幸福、为中华民族谋复兴作为自己的初心和使命；在价值取向上，始终代表最广大人民的根本利益。可以说，先进性是中国共产党的政治基因，农村基层党组织作为党的一个组织构成，也天然具有先进性的政治基因，其以推进农业农村现代化、为农民谋幸福为目标，以习近平新时代中国特色社会主义思想等科学理论为指导。农村基层党组织的这一先进性贯穿农村基层党组织组织力发展过程始终。另一方面，群众性是农村基层党组织组织力的本质要求。纵观百余年党史，党只有不断满足广大人民群众日益增长的物质文化需求，才能得到人民的支持和拥护，只有联系群众、相信群众、依靠群众，才能获得不断发展的强大动力，只有发动、组织、领导群众才能立于不败之地。由此可见，坚持群众性就是把人民作为党的各项工作的出发点和落脚点。农村基层党组织作为党组织的重要组成部分，只有始终坚持群众性，才能提升其组织力，才具有强大的生命力。党的先进性为广大农民指引了前进方向，党的群众性体现出党是代表最广大人民群众的根本利益和人类社会发展方向这一先进性，两者相互作用，共同决定着农村基层党组织组织力的性质和价值。

二是坚持原则性和灵活性的统一。原则性是指南，灵活性是方向，原则性决定灵活性，灵活性服务原则性，两者相互促进、相得益彰，共同开创了农村基层党组织组织力建设新局面。一方面，坚持原则性是提升农村基层党组织组织力的根本原则。我们党历来重视组织活动的原则性，自党的一大制定活动纲领以来，在百余年的发展中，我们党始终根据新的实践经验来补充、完善党组织的原则和制度，具体表现在历次修改的《中国共产党章程》中。《中国共产党章程》是我们党的根本大法，它规定了党的组织结构、组织制度、党员的权利义务以及党的纪律等，是各级党组织和党员基本的行为依据。农村基层党组织组织力建设的原则、程序和形式等都是根据《中国共产党章程》的规定展开的，因此，提升农村基层党组织组织力必须坚持原则性。另一方面，坚持灵活性是提升农村基层党组织组织力的“方向盘”。对此，“要根据形势需要，把握时、度、效，及时调整斗争策略”①。把握“灵活性”就是要求农村基层党组织在面对形形色色的问题时，因人而异、因时而异、因事而异，运用灵活的方式方法最大限度地满足农民群众的合理需要，提升农村基层党组织组织力的实效性。坚持原则性和灵活性相统一，要把握好“度”，既不过分讲求原则，导致循规蹈矩、墨守成规，也不过分讲求灵活，导致偏离路线、脱离实际，而应当做到“有度”、不“过度”，这是提升农村基层党组织组织力的必由之路。

三是坚持守正和创新的统一。党的二十大报告提出“必须坚持守正创新”②。守正和创新作为一对辩证关系，鲜明地体现着马克思主义哲学的本质，“守正”是基础，“创新”是关键，“守正”为“创新”指明立场和方向，“创新”为“守正”提供源泉和动力，两者相互协作、相得益彰，共同提升农村基层党组织组织力。一方面，“守正”是提升农村基层党组织组织力的基础。如今，乡村振兴的画卷已经在全国农村地区徐徐展开，开弓没有回头箭，面对极端复杂的农村工作，只有坚定正确政治方向、保持战略定力、统一思想、凝聚力量，才能走好这一新的“赶考之路”，这要求提升农村基层党组织组织力必须坚定站稳政治立场、坚持以科学理论为指导、增强“四个意识”、坚定“四个自信”、做到“两个维护”，以走好这一新的“赶考之路”。另一方面，“创新”是提升农村基层党组织组织力的关键。当前，我国农村发展面临许多躲不开、绕不过的深层次矛盾，如农业供给质量不高、农民适应生产力发展和市场竞争的能力较低、农村基础设施和民生领域“欠账”较多等，过去行之有效的方法不一定现在有效，迫切需要农村基层党组织根据新情况、新问题和新矛盾，创新工作的方式、方法，这样才能反映时代、贴近现实，始终成为农村社会发展进步

① 《总体国家安全观学习纲要》，学习出版社、人民出版社，2022，第 38 页。

② 习近平：《高举中国特色社会主义伟大旗帜 为全面建设社会主义现代化国家而团结奋斗——在中国共产党第二十次全国代表大会上的报告》，人民出版社，2022，第 20 页。

的先导。

四是坚持系统观念和问题导向的统一。系统观念是解决问题的方法，问题导向是系统观念的任务，两者上下联动，共同提升农村基层党组织组织力。一方面，马克思主义矛盾学说认为，矛盾是普遍存在的，承认矛盾、分析矛盾、解决矛盾是推动事物发展的根本动力。习近平总书记指出："要有强烈的问题意识，以重大问题为导向，抓住重大问题、关键问题进一步研究思考，找出答案，着力推动解决我国发展面临的一系列突出矛盾和问题。"① 坚持问题导向就是站在农村发展的主阵地观察和思考问题；善于以小见大、见微知著；善于抓住关键、纲举目张，抓准农村基层党组织组织力的发力方向和发力范围。另一方面，唯物辩证法认为，事物是普遍联系的，具体表现为事物之间以及事物构成要素之间是互相联系的。事物的种种联系使得事物之间相互影响、相互制约、相互作用，共同构成一个统一的有机整体，这个有机体就是系统。坚持系统观念，就是把农村基层党组织组织力看作一个由各种要素组成的有机体，并站在推进农业农村现代化和全面建设社会主义现代化国家的全局高度，聚力补强农村基层党组织组织力建设的薄弱环节，并善于运用整体协同的思维方法，科学统筹、全局谋划、重点突破，从而提升农村基层党组织组织力。

五　乡村振兴战略下农村基层党组织组织力的显著特征

我们知道，中国共产党组织力具有突出的政治性、鲜明的价值导向性、组织活动的原则性以及守正创新的革命性等特征。那么农村基层党组织组织力的特征是什么，特别是在乡村振兴这一特殊背景下，农村基层党组织组织力在具备中国共产党组织力一般特征的基础上又表现出哪些特殊的特征呢？事物的特征是事物本质内涵的具体展现，我们要想深入了解乡村振兴战略下农村基层党组织组织力的科学内涵，有必要对其显著特征进行分析和研究。

一是政治的鲜明性。政党作为政治组织，政治性是其第一属性。中国共产党作为马克思主义政党，旗帜鲜明讲政治，始终坚持以科学理论为指

① 《习近平关于全面深化改革论述摘编》，中央文献出版社，2014，第 38 页。

导，始终坚持共产主义远大理想和中国特色社会主义共同理想相统一，始终把为中国人民谋幸福、为中华民族谋复兴作为自己的初心使命。农村基层党组织作为党在农村社会中的战斗堡垒，其组织力也必然带有鲜明的政治性，即始终以科学理论为指导，把为农民谋幸福和实现农业农村现代化作为自己的奋斗目标。但农村基层党组织是党组织体系中的最底层、最下游，是"贯彻落实党中央大政方针和决策部署的具体执行者，是实施乡村振兴战略的具体组织者"①，其政治功能的强弱直接决定着党中央关于农业农村政策落实的效果，也关系着乡村振兴战略的进度和成败，因此突出农村基层党组织组织力的政治功能有其现实必然性和理论必然性。

二是体系的开放性。农村基层党组织组织力不是一个单一力，而是包含多种构成要素的综合力，这一力既包括农村基层党组织所持有的各种能力，也包括各种能力在农村这一实践场域中所迸发出来的力量，即各种能力相互协作所呈现出的整体效果，这决定了农村基层党组织组织力的具体发力规模、发力对象和发力程度在不同历史时期、不同发展阶段的表现不同，决定了农村基层党组织组织力构成要素不是一成不变的，而是随着实践的发展而发展，是一个开放的体系，并且随着农村基层党组织实践的发展，其组织力理论也会随着对实践认识的深化和实践经验的升华而更加科学合理。实践发展永无止境，理论创新也永不停歇。农村基层党组织组织力将随着中国化马克思主义的发展和农村基层党组织在农村工作实践经验的丰富而更加丰富。因为为农民谋幸福是我们党的一项终身事业，所以农村基层党组织组织力作为一个开放的系统，也会在践行这一事业中不断丰富和发展。

三是价值的多元性。农村基层党组织组织力在乡村治理、农业发展、农村环境保护、乡村文化繁荣等方面都发挥着非常重要的作用，这些作用既对中国共产党自身建设和治国理政以及社会主义现代化建设具有重大意义，同样也对世界贫困治理具有很强的借鉴意义。首先，从个体层面看，农村基层党组织组织力是"党的建设—党的领导—党的治理"这一行动逻辑在理论层

① 刘立光：《乡村振兴视域下农村基层党组织政治功能探析》，《湖南社会科学》2022 年第 3 期。

面的集中概括，是“以党的自我革命引领社会革命”在农村层面的创造性发展，为党的其他各级组织或者其他基层组织如何以自身建设引领社会治理提供了案例和经验，其在实践中形成的理论、精神和意志也塑造了农村基层党组织的品格和形象。其次，从国家层面看，农村基层党组织组织力的作用场域在农村，农村是现代化建设中相对薄弱的环节，而提高农村基层党组织组织力是破解这一困局的关键。最后，从世界层面看，贫困是困扰世界各国发展的全球性问题，而贫困最为严重的地区多在农村，农村的贫困问题也是困扰其他国家的问题。党的二十大报告庄严宣告：“我们经过接续奋斗，实现了小康这个中华民族的千年梦想，我国发展站在了更高历史起点上。”① 中国的脱贫攻坚战是人类历史上规模最大的脱贫攻坚战，不仅历史性地解决了中国的绝对贫困难题，也为世界脱贫事业作出了突出贡献。同其他各国一样，中国的贫困问题也集中于中国农村地区，在决战决胜脱贫攻坚战中，农村基层党组织组织力发挥了极大作用，这对其他国家的减贫道路具有极强的借鉴意义。

---

① 习近平：《高举中国特色社会主义伟大旗帜 为全面建设社会主义现代化国家而团结奋斗——在中国共产党第二十次全国代表大会上的报告》，人民出版社，2022，第 7 页。

第二章

农村基层党组织组织力建设的理论渊源

唯物史观告诉我们，任何思想都不是凭空产生的，在其形成和发展的过程中，不仅直接受到其所处社会的思想、文化等时代因素的浸染和启发，也从历史文化中汲取智慧和力量。正如列宁所说的，研究社会科学问题有一个基本的办法，就是“不要忘记基本的历史联系，考察每个问题都要看某种现象在历史上怎样产生、在发展中经过了哪些主要阶段，并根据它的这种发展去考察这一事物现在是怎样的”①。因此，在研究农村基层党组织组织力问题时，我们应当充分挖掘其产生背后深厚的理论根源和文化渊源。农村基层党组织组织力建设的理论之源，主要有马克思主义理论、中国化马克思主义理论体系和中华优秀传统文化，农村基层党组织组织力正是三者相互结合、相互融合、相互作用的产物。

第一节　农村基层党组织组织力建设的理论基础

中国共产党自成立之日起，就高高举起马克思列宁主义的伟大旗帜，并把马克思列宁主义作为指导思想贯穿于党的理论和实践发展的全过程。中国共产党也正是通过在实践中灵活运用马克思列宁主义，才得以不断开创中国特色社会主义事业新境界。农村基层党组织组织力的发力主体是农村基层党组织，发力对象是广大中国农村地区及农民群众，而马克思列宁

① 《列宁全集》（第37卷），人民出版社，1996，第61页。

主义也必然是农村基层党组织组织力得以生成的一个重要前提。由此可说，马克思列宁主义指导着中国共产党领导的全部理论和实践活动，也必然指导着农村基层党组织组织力的提升，马克思列宁主义是农村基层党组织组织力建设的理论基础。具体而言体现在以下三方面：一是马克思列宁主义的组织理论规定了农村基层党组织的性质、组织构成、组织原则、组织制度等，为农村基层党组织组织力建设规定了基本框架；二是马克思列宁主义的领导理论规定了无产阶级政党的领导核心作用，这决定了农村基层党组织组织力建设的必然性和现实性；三是马克思列宁主义的基层党组织建设理论为农村基层党组织组织力理论的构建奠定基础，为农村基层党组织组织力建设提供了实践逻辑。

一　马克思列宁主义的组织理论

马克思、恩格斯毕其一生都在积极参加组织斗争，并在斗争中形成了内涵丰富的组织理论。在其卷帙浩繁的著述中，不难找到有关“组织”的论述，这些论述之间相互论证、相互支撑，最终形成了无产阶级政党的组织理论。马克思列宁主义的组织理论规定着无产阶级政党组织的性质、组织构成、组织原则和组织制度等，为农村基层党组织组织力建设提供了丰厚的理论给养。

1. 关于“组织”的必要性和价值性

虽然马克思、恩格斯在其著作中有较多关于组织的论述，但学术界很少把马克思、恩格斯的组织理论作为单独的研究对象进行深刻阐释，但不可否认，“组织”理论对马克思、恩格斯领导工人运动及无产阶级革命斗争实践均具有重大的理论意义和现实意义。

（1）“组织”是社会发展到一定阶段的必然产物。随着经济和社会的发展，旧的权威模式必将遭到破坏，却不一定能够自发地创造出新的权威模式。正如马克思所说：“革命需要被动因素，需要物质基础……光是思想力求成为现实是不够的，现实本身应当力求趋向思想。”① 这意味着思想力求成为现实需要物质载体，这个载体就是“组织”。马克思、恩格斯把视

① 《马克思恩格斯选集》（第1卷），人民出版社，2012，第11页。

野转向组织观，在于他们通过对工人运动的观察，发现历史“把我们文明社会的这些‘野蛮人’变成人类解放的实践因素”①，由此发现了无产阶级是一个革命阶级。马克思、恩格斯的这一发现，促使他们主张建立代表工人阶级力量的国际组织。第一国际的出现正是回应无产阶级组织化的时代诉求。

(2)“组织”是夺取政权的重要载体。马克思、恩格斯在《共产党宣言》中指出，“一切阶级斗争都是政治斗争”②。无产阶级反对资产阶级的斗争实质上就是推翻资产阶级统治，夺取政权。而无产阶级只有通过暴力革命才能推翻资产阶级统治。组织是取得革命胜利的载体和基础，无产阶级必须借助革命组织来实现和完成自己的革命任务。正如列宁所说：“无产阶级在争取政权的斗争中，除了组织，没有别的武器。”③ 革命组织发展到最高形式就是政党，无产阶级政党是无产阶级组织的最高形式。具体而言，共产主义学说虽发端于资本主义社会，产生于无产阶级与资产阶级的斗争实践中，但它并不是由大多数无产阶级所自发创造的，而是由作为无产阶级的思想家根据革命运动的实际、根据历史发展规律所总结和创造出来的，无产阶级并不能在很短的时间同时具有很高的政治觉悟，在没有“组织”的宣传和领导下，难以自发组织起来成为一个革命的阶级。在具有“权威”的无产阶级政党的宣传下，更多的力量得以联合参与到阶级斗争中，从而为实现远大理想提供源源不断的力量。

(3)“组织”是实现人的自由发展的重要形式。马克思主义认为，国家不是从来就有的，而是随着阶级社会的发展而产生的，国家是阶级社会发展到一定历史阶段的产物。这意味着，国家产生于社会，同时也会随着社会的继续发展而消亡，具体而言，国家自产生以后，就进入了逐渐回归社会的历史轨迹，随着阶级的消失、消亡，国家最终发展成“每个人的自由发展是一切人的自由发展的条件”④ 的“自由人的联合体”，这就是马克思、恩格斯为我们描绘的共产主义社会，在这里人类实现了彻底的解放。

① 《马克思恩格斯全集》（第 27 卷），人民出版社，1972，第 451 页。
② 《马克思恩格斯选集》（第 1 卷），人民出版社，2012，第 409 页。
③ 《列宁选集》（第 1 卷），人民出版社，1995，第 526 页。
④ 《马克思恩格斯选集》（第 1 卷），人民出版社，1995，第 294 页。

在这一伟大历史进程中，无产阶级政党民主集中制的组织形式和价值取向展现了“自由人的联合体”的发展走向，无产阶级政党成为实现人的自由全面发展的重要组织载体。一是无产阶级政党没有自己特殊的利益，始终代表着整个无产阶级的整体利益。二是无产阶级把推翻资产阶级统治、建立无产阶级政权作为最近目标；把消灭阶级差别，从而消灭阶级对立，实现自由人的联合体作为自己的远大目标。

2. 关于“组织”的制度思想

“组织”是无产阶级推翻资产阶级统治，夺取无产阶级政权，最终消灭阶级对立，实现共产主义的载体。关于应当如何建设“组织”，或者坚持什么样的制度原则才能更好地推动组织运行，最终确保实现组织的远大理想，马克思主义经典作家在其著作中给予了回答。

（1）坚持人民群众的主体地位。马克思主义认为，人民群众是历史的创造者，是社会变革的决定力量。具体表现在：在物质财富创造方面，人民群众追求物质利益的劳动，就是改造社会、推动历史发展、创造新的历史的过程；在精神财富的创造方面，人民群众在劳动过程中表现出来的勤劳、勇敢、奉献、无私等精神品质是社会精神文明的重要组成部分，同时知识分子和长期从事物质资料生产的劳动群众作为人民群众中觉悟最高的群体，他们在精神财富的创造方面发挥着引领作用。在不同时期，人民群众的构成内容不一样，其所代表的阶级和集团不一样。在资本主义时代，人民群众的主体构成就是从事生产劳动的无产阶级，他们在财富积累的过程中发挥着主体性作用。无产阶级政党作为无产阶级的集中代表，当然要坚持无产阶级的主体地位，代表最广大无产阶级的根本利益，为解放全世界无产阶级而奋斗。

（2）坚持共产主义原则。马克思、恩格斯在《共产党宣言》中分析指出，资产阶级私有制是“建立在一些人对另一些人的剥削上面的产品生产和占有的最后而又最完备的表现”①。具体而言，资产阶级对无产阶级的剥削以及资产阶级利益集团对资本的集中和对产品的垄断已经达到极致，也就是说，私有制财产关系的逻辑已经被发展到极高的水平。“组织”作为

① 《马克思恩格斯文集》（第2卷），人民出版社，2009，第45页。

无产阶级消灭私有制的载体和工具，天然应当坚持共产主义原则。在共产主义原则的指引下，无产阶级政党必须以消灭剥削、消灭阶级，从而最终消灭国家为己任，必须带领劳动人民解放和发展生产力，促进物质财富和精神财富的极大丰富，必须坚持发展经济，满足人民群众日益增长的物质和文化需求，必须逐渐消灭工农之间、城乡之间、脑力劳动和体力劳动之间的本质差别，让劳动不再成为人们谋生的手段，而是成为人民群众的第一需要。

（3）坚持集体讨论和个人负责相结合的原则。马克思主义认为，“现实的个人”是研究问题的出发点，这是由于“现实的个人”是社会生产中活生生的、有着丰富需要的个人，而把“现实的个人”联系起来的纽带就是需要和私利。对此，马克思指出，“需要”是人的本性，也是人类从事一切活动的根本动力，但是人“不仅是一种合群的动物，而且是只有在社会中才能独立的动物”①。这意味着人不是离群索居的飘忽不定的个体，而是处于一定社会联系中的从事生产活动的个人，个人的生产生活必将受到社会关系的影响和制约。马克思、恩格斯指出，“利益把市民社会的成员彼此连接起来”②，这决定了个人的发展、个人利益的实现不能脱离集体，即“只有在集体中，个人才能获得全面发展其才能的手段，也就是说，只有在集体中才可能有个人自由”③。个人和集体的这种辩证关系决定了个人离不开集体，也就是个人离不开“组织”，“组织”的发展壮大需要个人的参与。对此，列宁指出：“苏维埃机关中的一切管理问题应该通过集体讨论来决定，同时要极明确地规定每个担任苏维埃职务的人对执行一定的任务和实际工作所担负的责任。”④“组织”决策更加科学合理，不仅需要集体的智慧，也需要个人的负责，只有两者相互作用，才能确保“组织”成长壮大，这是具有现代性的“组织”的必然发展趋势。

3. 关于“组织”的设置原则

马克思、恩格斯关于“组织”的设置原则包含组织设置的主体、方式

① 《马克思恩格斯选集》（第2卷），人民出版社，1995，第2页。
② 《马克思恩格斯全集》（第2卷），人民出版社，1957，第154页。
③ 《马克思恩格斯全集》（第3卷），人民出版社，1960，第84页。
④ 《列宁全集》（第28卷），人民出版社，1956，第329页。

以及目的等一系列重大问题，这些内容集中体现在《法兰西内战》等著作中，主要包括以下几个方面内容。

（1）“组织”的主体。《法兰西内战》是马克思在总结巴黎公社经验的基础上完成的一部经典著作，因此这里的“组织”是国家组织，是由无产阶级政党领导的国家组织。马克思关于国家组织的探讨始于对国家、社会和个人三者关系的揭示。在《黑格尔法哲学批判》中，马克思鲜明指出，“家庭和市民社会都是国家的前提，它们才是真正活动着的”①。这一揭示表明家庭和市民是国家存在的基础和前提，家庭和市民社会是国家产生和发展的必要条件和原动力。这意味着国家是抽象的、具体的，其只有反映和呈现人民的意志才有存在的价值。正如马克思对巴黎公社的评价那样：“公社的伟大社会措施就是它本身的存在和工作。它所采取的各项具体措施，只能显示出走向属于人民、由人民掌权的政府的趋势。”② 这意味着与以往旧的国家相比，巴黎公社把人民作为主体，人民是国家的主人。

（2）“组织”的方式。巴黎公社作为世界上第一个无产阶级政权，其在政治制度的设计中处处体现着“真正的民主制的萌芽”。一是实施普选制，公社内的所有公职人员都由人民选举产生，对人民负责、接受人民监督，人民有权利对违背公社原则的公职人员进行罢免和撤换。二是实行议行合一的政权组织形式。行政权力和立法权力是统一的，都属于巴黎公社所有。马克思主义认为，资本主义国家机器是“以其无处不在的复杂的军事、官僚、宗教和司法机构像蟒蛇似的把活生生的市民社会从四面八方缠绕起来（网罗起来）的中央集权国家机器”③，实行议行合一的政权组织形式可以有效规避资产阶级议会制的官僚主义作风以及议而不决、决而不行的不作为风气，议行合一的政权组织形式既可以实现对人民负责，也可以提高工作效率。三是机构设置原则为“精简、统一和效能”。组织机构应当严格控制组织经费，例如，控制公职人员的工资，从而以最少的支出获

① 《马克思恩格斯全集》（第3卷），人民出版社，2002，第10页。
② 《马克思恩格斯文集》（第3卷），人民出版社，2009，第163页。
③ 《马克思恩格斯文集》（第3卷），人民出版社，2009，第191页。

得最大的社会效益。列宁也指出，苏维埃最迫切的任务就是缩减开支，精简人员以改进组织。[①] 四是合理设置组织机构。马克思主义认为，中央政府的为数不多的几项职能，应处在公社的监督之下[②]，应当实行“小政府”“大社会”，社会主义应当是“劳动者的自由联合体”，应当实行自下而上的治理模式。

(3)“组织”的目的。马克思主义认为，“国家无非是一个阶级镇压另一个阶级的机器”[③]，“政治统治到处都是以执行某种社会职能为基础，而且政治统治只有在它执行了它的这种社会职能时才能持续下去”[④]，即国家具有双重职能，即政治统治和社会治理，这两种职能相互作用、相辅相成，在不同社会发展阶段中的地位、作用和表现方式也不同。在阶级社会，政治统治是占主导地位的国家职能，即国家通过暴力等强制手段，镇压反动者和被统治阶级，国家的政治统治职能的性质是由国家性质决定的，无产阶级的政治统治是消灭剥削和压迫，资产阶级的政治统治则是维护自己的统治地位。在社会主义社会，社会治理则成为占主导地位的国家职能，这是由于在无产阶级取得国家政权以后最主要的任务是解放和发展生产力以不断满足人民群众对物质文化的需求。在共产主义阶段，政治统治职能将不复存在，这是由于共产主义社会是自由人的联合体，到那时阶级将消失、国家将消亡。但不论是政治统治还是社会治理，在社会主义阶段，国家的最终目的都是保障人民的利益，因为与以往的旧的体制不同，社会主义国家是人民民主专政的国家，决定了保障、维护人民群众的根本利益是其最终的价值旨归。

二 马克思列宁主义的领导理论

马克思列宁主义的领导理论是不同历史时期马克思主义经典作家在总结不同国家领导实践经验的基础上产生和发展起来的。马克思、恩格斯率先从唯物史观的角度提出了领导的目标是实现无产阶级解放、实现共产主

① 《列宁全集》(第33卷)，人民出版社，1957，第402页。
② 《马克思恩格斯选集》(第3卷)，人民出版社，1995，第121页。
③ 《马克思恩格斯全集》(第29卷)，人民出版社，2020，第238页。
④ 《马克思恩格斯选集》(第3卷)，人民出版社，2012，第560页。

义，从而最终实现自由人的联合体。列宁根据革命实际，主张通过建立具有先锋队性质的无产阶级政党来领导无产阶级革命斗争，其领导的方式包括宣传、发动和组织群众，通过这些领导方式确保革命的最终胜利并逐渐实现马克思恩格斯所描绘的共产主义理想。中国共产党人在继承马克思、恩格斯和列宁领导理论的同时，也根据中国革命、建设、改革、复兴的实际，丰富和发展了马克思列宁主义的领导理论，这一部分内容将在本章第二节作详细阐述。马克思列宁主义的领导理论确定了无产阶级政党的地位、作用和功能，为农村基层党组织组织力的建设逻辑提供了理论支撑。

马克思主义经典作家的领导理论内涵极其丰富，在其卷帙浩繁的著作中都能找到“无产阶级政党领导权”的相关论述。具体包括领导的本质、领导的职能、领导的方法和领导的制度等一系列重大问题。

（1）领导的本质。马克思、恩格斯在《共产党宣言》中指出：“过去的一切运动都是少数人的，或者为少数人谋利益的运动。”① 而由广大工人阶级构成的无产阶级的运动则是绝大多数人的、为绝大多数人谋利益的运动。无产阶级的运动只有由无产阶级中最有觉悟的先锋队即无产阶级政党来领导，才能真正实现领导无产阶级发展前进、为绝大多数人谋利益的目的。无产阶级政党在无产阶级运动中担任组织者、教育者、引导者，无产阶级政党及其领导对无产阶级运动取得胜利发挥着关键作用。那么，什么是无产阶级的领导，或者说什么是无产阶级的领导的本质？列宁指出，“现象是本质的显现”②。无产阶级领导的本质显现在无产阶级的实践以及目标方向中。解放全人类进而解放无产阶级，最终实现人的自由全面发展是无产阶级的远大目标，这也表现出无产阶级领导的本质。为了实现这一解放全人类的伟大目标，无产阶级不仅要领导广大人民解放生产力、发展生产力；而且要服务群众，做广大人民群众的“公仆”和“勤务兵”。因此可以说，领导者的本质既是组织者、引导者，也是“公仆”和“勤务兵”。换句话说，社会主义的领导者应当是服务人民群众的“公仆”，政府应当是“廉价政府”，政府公务人员应该跟其他工人阶级一样，按照按劳

---

① 《马克思恩格斯文选》（第2卷），人民出版社，2009，第42页。

② 《列宁全集》（第38卷），人民出版社，1959，第184页。

分配的原则获取报酬。

（2）领导的职能。党的领导职能是对无产阶级政党领导职责和领导功能的定位，即规定党可以做哪些工作、不可以做哪些工作。关于党领导的职能，不同时期的马克思主义经典作家根据党领导实践的发展，不断对其进行丰富和完善。马克思、恩格斯认为，无产阶级政党有两种类型的领导职能，一是一般领导职能，即在社会生产生活中，发挥着组织、指导、协调和引导的作用。二是特殊领导职能，这一职能是由特殊的社会关系的性质所决定的，例如在资产阶级统治的国家中，“无产阶级将利用自己的政治统治，一步一步地夺取资产阶级的全部资本，把一切生产工具集中在国家即组织成为统治阶级的无产阶级手里，并且尽可能快地增加生产力的总量”①。列宁在《国家与革命》一书中指出，党在社会主义事业中，“规划并组织新制度，成为所有被剥削劳动者在没有资产阶级参加并反对资产阶级而建设自己社会生活的事业中的导师、领导者和领袖”②，党的领导应当是“总的领导”。伴随着国内外复杂局势的逐渐稳定，原来由党直接领导全国经济、政治、军事等各方面工作的领导方式已经不适应大规模的社会主义建设，这种事无巨细的领导和干预各领域的工作方法直接违背了工作规律、破坏了工作效率。正如列宁所指出的，“甚至最琐碎、最枯燥、一连讨论几个小时简直叫人想去跳水自杀的这么一些问题都经常提交中央全会”③。对此，列宁提出党“总的领导”的思想，即党中央的领导是间接领导，各级地方政府或者社会组织可以在苏维埃宪法的范围内决定自己的工作，不再由苏维埃中央讨论和规定。

（3）领导的方法。现实情况复杂多变，无产阶级政党根据实际情况采取灵活多样的策略是保证领导工作取得成功的重要保证。对此，马克思主义经典作家不断总结党领导革命斗争的实践经验，提出了以下党领导的方法。一是抓眼前和管长远相统一。基于当时欧洲很多国家的资产阶级民主革命尚未完成、无产阶级政党不够成熟的现实，马克思、恩格斯提出了无

① 《马克思恩格斯选集》（第1卷），人民出版社，2012，第421页。
② 《列宁选集》（第3卷），人民出版社，1972，第192页。
③ 《列宁全集》（第43卷），人民出版社，2017，第167页。

产阶级革命运动的目标可以分为近期目标和长远目标，其近期目标就是为工人阶级的利益而奋斗，“但是他们在当前的运动中同时代表运动的未来”①，无产阶级政党领导的第一步就是使无产阶级上升为统治阶级，建立无产阶级政权，同时也要围绕实现全人类共同解放这一目标不懈奋斗。可见，坚持抓眼前与管长远相结合的方法，就是把眼前利益和长远利益、局部利益和整体利益结合起来，避免因急功近利或者停滞不前而损害党和人民的事业。二是坚持讲联合与讲斗争相统一。马克思、恩格斯认为，“无产阶级只有在世界历史意义上才能存在”②，这是由于当前资产阶级仍处于上升期和发展期，无产阶级政党只有广泛团结世界无产者，才能建立起最广泛的统一战线，以孤立和打击资产阶级，这就是在最大范围内讲联合；同时，讲联合不是否定差异，各国无产阶级政党绝不能放弃本国具体的情况无原则、无条件讲联合，而应当保持自身的独立性和批判态度。三是坚持原则性和灵活性相统一。马克思、恩格斯认为，无产阶级政党在领导无产阶级运动时，既要始终坚持革命斗争这一原则性的方式，同时也应该根据本国本地区革命斗争的实际情况采取灵活的方式，避免照猫画虎。一言以蔽之，无产阶级政党的领导要把原则性和灵活性在革命斗争中结合起来，以争取更大的利益和更多的主动，从而推动革命事业不断发展。

（4）领导的制度。民主集中制是无产阶级政党最根本的领导制度。马克思、恩格斯在其著作中并没有明确使用过“民主集中制”这一概念，但其领导改组共产主义者同盟的实践，是按照民主集中制的原则进行的。列宁是“民主集中制”的创立者，其关于“民主集中制”思想的阐发集中体现在《进一步，退两步（我们党内的危机）》与《进一步，退两步（尼·列宁给罗莎·卢森堡的答复）》等文章中，主要思想包括以下三个方面。一是少数服从多数，下级服从上级，维护全党统一。无产阶级政党作为革命斗争的领导者，在党员人数较多、成分复杂、知识背景参差不齐的背景下，必须强调“服从”，即少数人服从多数人的意见、下级机关服从上级机关、地方党组织服从党中央，从而维护党组织的团结统一，确保

① 《马克思恩格斯选集》（第1卷），人民出版社，2012，第434页。

② 《马克思恩格斯选集》（第1卷），人民出版社，2012，第166页。

党领导革命取得胜利。二是发扬党内民主，保障党员权利。集中的前提是民主，面对党员人数众多的现状，应当由全体党员选举出自己利益的代表，让代表行使管理党内事务的权力，从而维护党员自身利益。三是集体领导与党内监督相结合。列宁认为，集体领导既可以集中全党智慧，也可以避免党内一家独大、独断专权，同时也需要加强对党领导的监督，确保党领导始终沿着正确方向前进。

三　马克思列宁主义的基层党组织建设理论

马克思列宁主义的基层党组织建设理论是指马克思主义经典作家关于无产阶级政党建设思想中对基层党组织建设的经典论述，其中包括马克思、恩格斯和列宁的基层党组织建设理论。

1. 马克思、恩格斯的基层党组织建设理论

由于时代发展的不同，马克思主义经典作家对“基层党组织”的定义也不同，因此，我们应当历史地考察和研究以前关于基层党组织建设的理论和实践。马克思主义的著作并没有明确提出“基层党组织”这一概念，但是马克思、恩格斯关于基层党组织建设的论述体现在《法德农民问题》《法兰西内战》等诸多文本中，这些论述相互支撑、相互论证，构成了马克思、恩格斯基层党组织建设理论，为我国农村基层党组织组织力建设提供了理论支持。

（1）马克思、恩格斯关于基层党组织建设理论的发展历程。根据马克思、恩格斯领导无产阶级政党建设的实践历程，我们可以把马克思、恩格斯关于基层党组织建设理论的发展过程分为三个阶段。

第一，共产主义者同盟建设时期，基层党组织就是同盟的支部和小组。同盟的各支部是党存在的基础，是党的战斗力的保证，发挥着宣传党的主张、联系基层工人群众、促进无产阶级革命斗争的作用。作为革命家，马克思、恩格斯在无产阶级革命的实践中，始终致力于推动基层党组织建设。1847 年，在改组共产主义者同盟的过程中，马克思、恩格斯主张把一个通讯委员会改建为同盟的一个支部，马克思担任这一支部的主席，随后马克思、恩格斯在为共产主义者同盟起草的章程中，明确提

出支部是同盟的一个组织机构，并规定了支部在同盟中的地位、作用和任务等。但是，经过1848~1849年欧洲资产阶级革命的清洗，没有科学理论指导的共产主义者同盟遭到了重创，同盟的各支部遭到资产阶级的严厉打击，同时又由于没有统一的领导而沦为资产阶级“随声附和的合唱队”。这时，马克思、恩格斯认识到，必须建立无产阶级政党，并且使“应该使自己的每一个支部都成为工人协会的中心和核心，在这种工人协会中，无产阶级的立场和利益问题应该能够进行独立讨论而不受资产阶级影响”①。这规定了同盟各支部任务是密切联系工人阶级，并成为其“中心和核心”，影响和联系包括农民阶级在内的其他群众组织，以壮大共产主义者同盟的力量。但是由于反革命势力的庞大，共产主义者同盟逐渐分崩离析，同盟的支部也随之解散。

第二，第一国际时期，基层党组织就是指“国际工人协会的各支部、小组和委员会”②。1864年，第一国际成立。马克思、恩格斯在为第一国际起草的《国际工人协会的共同章程和组织条例》中，对协会支部的任务、目的和组建程序等一系列问题作了详细规定。此后，在同其他社会主义流派的论战中，马克思对协会各支部的任务作了详细阐释，即第一国际“所有支部的专门任务，毫无疑问是不仅要成为工人阶级的组织中心，而且要支持各国的任何一种有助于达到我们的最终目标——工人阶级的经济解放——的政治运动”③，同时规定了协会各支部的组织原则，即各支部要坚持协会的统一领导，服从协会的组织纪律。由于世界各国工人运动的蓬勃发展，第一国际的组织方式已经不足以满足世界各国工人运动的需求了，第一国际于1876年解散，但是协会的支部在马克思、恩格斯的指导下，在宣传共产主义思想等方面继续发挥着极大的作用。

第三，第二国际时期，基层党组织特指各国的无产阶级政党。④ 第一

---

① 《马克思恩格斯选集》（第1卷），人民出版社，2012，第558页。

② 柳李华、赵亚男：《马克思、恩格斯、列宁关于基层服务型党组织建设的思想》，《湖北社会科学》2015年第2期。

③ 《马克思恩格斯全集》（第16卷），人民出版社，1964，第483页。

④ 柳李华、赵亚男：《马克思、恩格斯、列宁关于基层服务型党组织建设的思想》，《湖北社会科学》2015年第2期。

国际解散后，世界各国无产阶级运动如火如荼地开展，世界各国无产阶级在马克思、恩格斯的帮助和马克思主义的指导下，陆续建立了自己独立的无产阶级政党。世界各国无产阶级在马克思主义的指导下推动着本国无产阶级运动不断发展，但是由于世界各国无产阶级运动的特殊性，为了更好地指导各国的工人运动，在 1889 年，马克思、恩格斯指导建立了第二国际。此后，随着帝国主义的不断发展，为了寻求更多的原材料，资本开始入侵农业，造成越来越多的农民破产，许多农民开始反抗。此时，马克思、恩格斯继续看到了农民阶级的革命性，强调要在农村地区建立党的组织，以此来建立、巩固工农联盟，并且通过一系列措施维护农民的利益。虽然后来第二国际的很多领导人退化堕落，造成第二国际的失败，但是世界各国无产阶级政党仍在其国家发挥着极大作用。

（2）马克思、恩格斯关于基层党组织建设理论的经典论述。虽然马克思、恩格斯在指导基层党组织建设的过程中困难重重，但其在实践中发展的基层党组织建设理论为以后基层党组织建设奠定了思想基础，更成为我国农村基层党组织组织力建设的指导思想。具体而言。一是基层党组织是人民的“公仆”，应当致力于服务人民群众。这是由于，无产阶级政党与其他性质的政党相比，始终代表着广大人民的利益，其目标是消灭剥削、消灭阶级，最终解放全人类。“人民公仆”思想是马克思、恩格斯基于无产阶级政党性质提出来的，意在强调无产阶级为人民服务的根本性质。基层党组织作为无产阶级政党的构成部分，必然天然带有为人民服务的属性，基层党组织在为人民群众服务的过程中，接受人民群众的监督，人民群众有权开除违背无产阶级政党性质的公职人员。二是基层党组织的主要任务是向广大人民群众宣传党的思想理论，因此可以说基层党组织是党在基层的理论宣传阵地。同时在革命斗争时期，基层党组织还应把自己建设成党在基层地区的战斗堡垒。三是基层党组织是党同人民群众联系的桥梁和纽带。唯物史观指出，人民群众是历史的创造者。因此，党要时刻联系群众、依靠群众、服务群众，同群众保持密切联系。基层党组织是党在人民群众中的基层单位，基层党组织应当加强理论宣传，提高人民群众的觉悟，引导人民群众加入无产阶级革命运动，以壮大革命队伍，提高队伍的战斗力。

2. 列宁的基层党组织建设理论

作为一位伟大的理论家和卓越的革命家，列宁在继承马克思、恩格斯基层党组织建设理论的基础上，根据基层党组织建设的具体实践，提出了富有特色的基层党组织建设理论，不仅丰富了马克思主义基层党组织建设理论的思想宝库，还在基层党组织建设理论的引领下，开展了基层的革命运动和社会建设。

（1）列宁关于基层党组织建设理论的发展历程。1898 年，社会民主党成立，但由于没有制定出统一的马克思主义政党的纲领和章程，社会民主党的基层组织——地方组织，软弱涣散，不能履行基层党组织的职责，迫切需要整顿。列宁为改变基层党组织现状，在实践探索和理论研究的基础上，提出“社会民主党地方组织的活动是党的全部活动的基础”①，党应当在地方建立自己的组织网络，地方组织不仅要服务于无产阶级运动，更重要的是宣传党的主张，提高工人阶级的觉悟。在随后的理论研究中，如在《关于俄国社会民主工党各委员会和团体向全党代表大会的报告的问题》中，列宁继续对地方组织的结构、任务、作用等系列问题作了更为详细、可操作的论述。正是在列宁孜孜不倦的实践探索和潜心的理论研究下，1903 年，一个纪律严明、结构严密、集中统一领导的无产阶级政党在俄国建立，为十月革命的胜利奠定了坚强的组织基础。随着无产阶级革命运动的深入发展，列宁继续提出应当成立党的支部。党支部的组织原则是民主集中制，是党的基层组织。对此，列宁号召全党，应当“使基层组织真正成为而不是在口头上成为党的基本组织细胞”②，让党的基层组织在宣传党的理论、密切联系群众、推动革命运动中发挥真正作用。

布尔什维克党执掌全国政权后，党的基层组织又迎来了一个新的发展高峰期。这一时期，列宁对党的基层组织的职能、任务和目的作了补充阐释，他认为，基层党组织不仅要密切联系群众，服务群众；为了反抗外国的武装干涉和国内反革命势力，还应当主动参与到革命斗争中，

① 《列宁全集》（第 4 卷），人民出版社，1984，第 167~168 页。

② 《列宁全集》（第 13 卷），人民出版社，2017，第 59 页。

并通过理论宣传，调动广大人民参与革命运动的积极性，提高党组织的力量。[①] 与此同时，列宁提出，“在每一个部队中成立共产党支部”[②]，在农村地区建立农村党支部。

新经济政策时期，党的主要任务转变为领导广大人民群众进行经济建设，对此，列宁指出，“党或各级苏维埃机关中的共产党党团的首要任务，就是仔细地收集和十分细心地研究地方上的实际经验”[③]，并依靠人民群众的力量继续在基层地区发挥作用，创造性地开展本地区的工作。在这一思想的指导下，布尔什维克党的基层组织建设在这一时期又开辟了新境界，不仅继续发挥着密切联系群众的传统优势，而且以服务群众生产生活为着力点，调动了广大人民群众的生产热情、激发了人民群众的创造力，巩固了新生的苏维埃政权，推动了苏维埃社会主义建设的极大发展。

（2）列宁关于基层党组织建设理论的经典论述。生发于实践基础上的理论总是丰富的、多彩的。作为致力于推动理论与实践完美结合的思想家，列宁在长期的无产阶级政党建设的实践探索中形成的基层党组织建设理论也必然是丰富的、多彩的，其具体内容包括以下几个方面。一是基层党组织作为党的组成部分，在完成党的任务、执行党的决议时具有极其重要的作用。但是现实证明，党的基层组织不足以担负起党的历史使命，必须组建无产阶级政党，地方党组织要在政党的领导下开展工作。二是基层党组织既是宣传党的思想理论的主阵地，也是联系群众、发动群众、组织群众的主力军，党必须在军队、学校、农村、工厂等各地区构建自己的组织网络，从而团结一切可以团结的力量，为党提供新动力，从而提升党的战斗力。三是服务群众是基层党组织获得新动能的基础。唯物史观告诉我们，人民群众是历史的创造者，联系群众、依靠群众、组织群众党就获得了不断取得新胜利的力量源泉。四是基层党员要倾听群众的声音、解答群众的疑惑，满足群众的愿望，这是由于“先锋队只有当它不脱离自己领导的群众并真正引导全体群众前进时，才能完成其先锋队的任务”[④]。五是群

① 《列宁全集》（第12卷），人民出版社，2017，第83~84页。
② 《列宁全集》（第36卷），人民出版社，1985，第410页。
③ 《列宁全集》（第43卷），人民出版社，2017，第134页。
④ 《列宁选集》（第4卷），人民出版社，2012，第646页。

众性组织在联系、宣传、发动群众等方面发挥着重要作用，基层党组织应当善于团结群众性组织，以增强党组织的凝聚力和战斗力。六是民主集中制是党的根本组织原则和领导制度，基层党组织要想发挥作用，必须始终坚持用民主集中制的原则完善组织体系和组织领导机制。

第二节　农村基层党组织组织力建设的理论来源

在百年来的历史实践中，中国共产党形成了自己丰富的具有中国特色的思想宝库，这成为农村基层党组织组织力建设的直接理论来源。

一　以党的自我革命引领社会革命理论

以党的自我革命引领社会革命理论，内涵丰富、逻辑严密，这一理论属于无产阶级政党政治理论范畴，是我们党立足于党的建设、党的领导、党的治理之间的协调统一，立足于党改造主观世界与改造客观世界的有机统一，实现以党的自我革命推动社会革命以及用社会革命助推党的自我革命。从这个意义上说，以党的自我革命引领社会革命是新时代中国共产党总结出来的党之所以能够不断创造伟大成就的方法论要义。新时代中国共产党提出要加强农村基层党组织组织力建设实际上是以党的自我革命引领社会革命在基层党组织建设和基层社会治理层面的具体展开和创造性运用。

首先，以党的自我革命引领社会革命理论代表最广大人民的利益和意志，规定了农村基层党组织组织力建设的政治性和人民性。党的十九届六中全会指出："全党要牢记中国共产党是什么、要干什么这个根本问题。"①党对这个问题的回答，鲜明体现在党的百年奋斗历程中，也昭示于党的章程中。"中国共产党是什么"这个问题是关于党的根本性质的问题。政党作为代表一定阶级利益的政治组织，其"是什么"的问题，集中体现于它所代表的阶级及这个阶级的政治主张，也就是说，要想回答"政党是什么的问题"，必须首先了解这一政党代表了什么阶级的利益以及这一阶级的

① 《中共中央关于党的百年奋斗重大成就和历史经验的决议》，人民出版社，2021，第72页。

指导思想是什么，这两个问题从根本上决定了政党“是什么”的问题，对这两个问题的回答就代表着对“政党是什么”问题的回答。对于中国共产党而言，要想回答其“是什么”的问题，必须首先回到中国共产党的百年历史中去探寻。《中共中央关于党的百年奋斗重大成就和历史经验的决议》鲜明指出：“在马克思列宁主义同中国工人运动的紧密结合中，一九二一年七月中国共产党应运而生。”[①] 这是我们党关于自身如何产生的重要论述。19 世纪六七十年代，受洋务运动的诱导和外商企业的刺激，中国民族资产阶级诞生并逐渐发展，在第一次世界大战期间，中国的民族资产阶级利用有利的国际和国内环境快速发展，同时也刺激了中国工人阶级的迅速发展，到五四运动前夕，中国的产业工人已有 200 万人左右，这时中国工人阶级已经成为一支不容小觑的社会力量，他们既代表着中国的先进生产力，也是近代中国最先进的阶级。1917 年，俄国十月革命爆发并取得胜利，使得当时中国的先进知识分子找到了解决中国问题的科学理论，即马克思列宁主义。1919 年，五四运动爆发，五四运动促进了马克思列宁主义在中国的传播，也促进了马克思列宁主义与中国工人阶级的结合，为中国共产党成立做了思想上、干部上的准备，也决定了中国共产党的阶级基础和指导思想“是什么”。正如毛泽东所指出的，“中国无产阶级的政党——中国共产党”[②]，“我们的党从它一开始，就是一个以马克思列宁主义的理论为基础的党”[③]。无产阶级政党的使命是解放全人类，实现自由人的联合体。这决定了“中国共产党干什么”的问题，即解放和发展生产力，实现共产主义。中国共产党“是什么”“干什么”的问题决定了中国共产党的无产阶级先锋队性质，即代表最广大人民的根本利益。以党的自我革命引领社会革命理论是马克思主义政党理论的组成部分，决定了其必然代表最广大人民的根本利益。农村基层党组织组织力建设作为以党的自我革命引领社会革命理论的拓展，必然也具有政治性和人民性的性质。

其次，以党的自我革命引领社会革命理论科学回答了党的建设、党的

---

① 《中共中央关于党的百年奋斗重大成就和历史经验的决议》，人民出版社，2021，第 4 页。

② 《毛泽东选集》（第 2 卷），人民出版社，1991，第 651 页。

③ 《毛泽东选集》（第 3 卷），人民出版社，1991，第 1093 页。

领导和党的治理之间的逻辑关系，规定了农村基层党组织组织力建设的基本框架和实践逻辑。以党的自我革命引领社会革命理论包含多重内容。其一，党进行伟大社会革命必须首先勇于自我革命，把自己建设好。这是由无产阶级政党的历史使命决定的。领导社会革命是无产阶级政党的历史使命，但是社会革命不单指通过暴力手段推翻资产阶级统治建立无产阶级专政，更重要的是“为人类社会进步提供动力”[①]，因此，可以说社会革命是无产阶级政党的真正意义上的革命，其他革命都是为了实现社会革命。中国共产党作为领导社会革命的“火车头”，要想始终保持正确的政治方向、为社会革命提供强大的动力，必须不断进行自我革命，做到不翻车、不抛锚。其二，全面从严治党是党的自我革命在新时代的实践路径，必须始终坚持“严”的主基调，不断提高党自我净化、自我完善、自我革新、自我提高的能力，确保社会主义现代化建设事业稳步推进。党的十八大以来，我们党以政治建设为统领，以思想建设为基础，坚持正风肃纪和反腐倡廉，坚持制度建党和依规治党相结合，以昂扬的姿态把全面从严治党向纵深方向推进，为新时代党和国家事业取得伟大成就提供了坚强保障，使我们找到了自我革命这一解决历史周期率的“第二个答案”。新时代新征程，应不断开辟全面从严治党的新境界，使党在伟大的自我革命中锻造出强大的战斗力和引领力，为走好新的“赶考之路”提供根本保障和基本前提。其三，社会革命是目标，既为党的自我革命指引了方向，也是检验党自我革命成效的重要标准。引领伟大社会革命是党的自我革命的价值追求和目标指向，党的自我革命是为社会革命服务的，这要求中国共产党着眼于“巩固长期执政地位”“赢得人民群众的衷心拥护”“保持赶考路上的清醒和坚定”“统揽伟大斗争、伟大工程、伟大事业、伟大梦想”等方面来加强自身建设。党的建设成效也要以能否促进社会的全面进步和人的全面发展为评价标准。从上述分析可知，以党的自我革命引领社会革命理论理顺了党的建设、党的领导和党的治理的关系，为农村基层党组织建设规定了内容框架和实践逻辑。农村基层党组织组织力建设要以加强农村基层党组

① 陈松友、张月晨：《以党的自我革命引领社会革命的理论逻辑、历史逻辑和实践逻辑》，《北京交通大学学报》（社会科学版）2022 年第 4 期。

织建设为首要任务，以引领乡村振兴为目标指向，以为农民谋幸福为最终价值旨归。

最后，以党的自我革命引领社会革命理论鲜明体现出具有逻辑性的目标指引结构，为农村基层党组织组织力建设提供了目标指引。一是作为马克思主义政党，实现共产主义是其最高奋斗目标，实现第二个百年奋斗目标是党当前的奋斗目标。这两个奋斗目标既体现在党的自我革命之中，因为“全面建设社会主义现代化国家、全面推进中华民族伟大复兴，关键在党”①，全面从严治党致力于解决党面临的矛盾和问题，确保党在解决大党独有难题的时候时刻保持清醒和坚定；也体现在社会革命之中，因为社会革命的最终目标就是要“完善和发展社会主义的生产关系和上层建筑，并在这个基础上逐步消灭一切阶级差别，逐步消灭一切主要由于社会生产力发展不足而造成的重大社会差别和社会不平等，直到共产主义的实现”②。二是以强烈的忧患意识表明了党的自我革命在社会革命中的极端重要性。中国共产党自成立之日起就鲜明提出，“党的根本政治目的是实行社会革命”③。党百余年的奋斗史，就是一部不断推动社会革命的奋斗史。但是现在成功不代表永远成功，现在先进不代表永远先进。新时代新征程，面临国内外的各种风险挑战，唯有持之以恒推进全面从严治党，才能克服“四种危险”“四大考验”，带领全国各族人民从胜利走向新的胜利。三是以党的自我革命引领社会革命理论在于解决党面临的现实问题，永葆党的先进性和纯洁性，提高党的执政能力，巩固党的执政地位。先进性和纯洁性是马克思主义政党的本质属性，中国共产党应当在勇于自我革命中祛病疗伤、激浊扬清，全面提高党自我净化、自我完善、自我革新和自我提高的能力，永葆党的先进性和纯洁性，不断提高党长期执政能力，巩固党的执政地位。以党的自我革命引领社会革命理论全面体现了问题导向和目标指引相统一的目标体系，体现了党的建设与党的历史使命、巩固党的执政地

① 习近平：《高举中国特色社会主义伟大旗帜 为全面建设社会主义现代化国家而团结奋斗——在中国共产党第二十次全国代表大会上的报告》，人民出版社，2022，第63页。

② 《改革开放三十年重要文献选编》（上），中央文献出版社，2008，第215~216页。

③ 《建党以来重要文献选编（一九二一——一九四九）》（第1册），中央文献出版社，2011，第1页。

位的目标体系，为农村基层党组织组织力建设提供了目标指引，农村基层党组织应当勇于自我革命，不断提高推动农业农村现代化的能力，为全面建成社会主义现代化强国而奋斗。

二　中国共产党的组织力理论

中国共产党的组织力理论伴随着中国社会形态和中国共产党自身的组织形态的演变而逐渐丰富和发展，其生成具有特定的时空环境。在鸦片战争以前，中国的社会形态表现为自给自足的自然经济和封建专制的统一体。在封建社会，人们主要从事农业生产，从生产中所获得的生活资料也主要用于自己的消费，少部分用于商品交换。这决定了在以自然经济为主导的封建社会，社会上的各阶级难以联合成为具有一定力量的组织。这是近代中国在经济、政治和组织等方面羸弱的主要原因。正如《中国共产党对于时局的主张》所描绘的："中国经过了几千年的封建政治，人民生活基础自来都建设在农业经济上面，在这种政治经济之下的人民，自然缺乏政治上的感觉力与组织力。"[①] 在这种政治经济体制下，面对外来侵略，中国封建政权不堪一击。为了救中华民族于水火之中，一大批觉悟了的仁人志士意识到，除非推翻封建政权的统治，否则无法改变中国日渐颓废的态势。辛亥革命以后，在孙中山的领导下，虽然推翻了封建政权，并且成立了中国国民党，但是由于其涣散的组织、松弛的纪律和林立的派系，其组织力量依旧薄弱，仍无法带领中国人民改变近代以来中国积贫积弱的命运。作为一个在马克思主义政党理论指导下建立起来的政党，中国共产党继承了马克思列宁主义的建党原则，始终高度重视组织建设。中国共产党是一个具有严密的组织性、高度的纪律性的无产阶级政党。在中国共产党的领导和组织下，中国真正改变了过去"一盘散沙"的无序状态。正是在这样的历史境遇中，中国共产党"组织力"出场，其内涵随着党领导的革命、建设和改革的实践不断得到丰富和完善，形成了具有中国特色、中国风格的组织力理论，为新时代新征程农村基层党组织组织力建设提供了直

① 《建党以来重要文献选编（一九二一——一九四九）》（第1册），中央文献出版社，2011，第88页。

接理论依据。具体而言，包括两个方面内容。

1. 关于组织力的来源

组织力作为一种综合力，并不是凭空产生的，而是需要一定的基础，具体有四个方面。

首先，严密的组织体系是组织力生成、发展和强大的载体之源。在中国共产党诞生之前的近现代社会是“原子化”的社会，社会各阶级既没有一定的经济交往关系把他们联系起来，也没有强大的政治力量把他们组织起来，也就是说，当时的社会是一个缺乏向心力、凝聚力和战斗力的社会，这直接导致了面对外来势力入侵时节节败退的局面。中国共产党根据马克思主义政党的组织原则，建立了“横向到边，纵向到底”的组织体系。从纵向方面来讲，建立了中央、地方和基层三个层级结构，并且坚持下级服从上级、少数服从多数等民主集中制的组织原则；从横向方面来看，从党政军民学到东西南北中，党的组织覆盖所有的行业、部门和领域。这种结构庞大、组织严密的组织体系，使得我们党有了向广大人民群众宣传党的思想理论、动员群众、组织群众、发动群众的载体，也有了动员整个社会的着力点。

其次，共同信仰是组织力形成、发展和强大的思想之源。信仰代表了方向，只有具备共同信仰的组织，才能心往一处想、劲往一处使，才能焕发出组织无穷的力量。因此可以说，共同的信仰使得组织力具备精神、活力，缺乏共同信仰的组织力如一潭死水，难以运转。中国共产党的共同信仰源于党的指导思想。马克思主义的最高理想是实现全人类的解放，实现自由人的联合体，以马克思主义为指导的中国共产党的共同信仰由实现中国特色社会主义共同理想和共产主义远大理想构成。但是，信仰不是与生俱来的，更不可能在一瞬间就能建立，而是需要学习教育。习近平总书记在《做到学史明理、学史增信、学史崇德、学史力行》一文中鲜明指出：“学史增信，就是要增强信仰、信念、信心，这是我们战胜一切强敌、克服一切困难、夺取一切胜利的强大精神力量。”① 为此，新时代我们党将党史学习教育作为党的思想建设中的重要任务来抓，旨在通过学习英雄模范

① 《习近平谈治国理政》（第4卷），外文出版社，2022，第519页。

人物、中国共产党人精神谱系、党的历史成就等内容，扎牢全体党员干部的信仰之根。共同信仰是党组织不断凝聚的精神密码，它能把党组织锻造成一块坚硬钢铁，在困难面前不退缩、不逃避。

再次，群众基础是组织力形成、发展和强大的价值之源。唯物史观告诉我们，人民群众是历史的创造者，这决定了政党只有联系人民群众、与人民群众同心同力，才能乘风破浪，开创新局。坚持以人民为中心是我们党的根本立场、根本原则和根本价值取向，我们党始终把人民的满意度作为评价自己工作好坏的根本指标，始终把为人民谋利益、为人民谋幸福作为自己的行为准则。百余年党史就是为人民群众谋利益的奋斗史，就是以人民为中心的发展史，从依靠群众求胜利的井冈山精神，到不负人民的脱贫攻坚精神，以人民为中心一直是中国共产党人精神谱系的核心内核；从革命战争时期为劳苦大众求解放到新中国成立人民当家作主再到打赢脱贫攻坚战使人民摆脱绝对贫困，为人民谋幸福一直是我们党的价值追求；从党成立之日起确立为人民服务的初心到党的二十大继续把为人民服务写入党章，全心全意为人民服务一直是我们党的根本宗旨。正是始终坚持以人民为中心的根本立场、价值追求和行为准则，中国共产党才得到了人民群众的衷心拥护，才创造出了举世瞩目的伟大成就。

最后，纪律严明是组织力形成、发展和强大的保障之源。纪律是一个政党的行为准则，如果一个政党只有人数，没有纪律，那么这个政党必将变成没有合力的乌合之众。“加强纪律性，革命无不胜。”[①] 中国共产党百余年的发展史充分揭示：纪律严明则党内团结统一，纪律松散则党内四分五裂。作为世界上第一个社会主义国家，苏联亡党亡国的主要原因之一就是推行“多元化”的政治改革，从而党内四分五裂。因此，可以得出，不管是国内抑或国外，纪律问题是关系党生死存亡的根本性问题，必须加强党的纪律建设，确保党的团结统一。“以严明的纪律规范党的各级组织和全体党员的行为，从而保证党的团结一致”[②]，是中国共产党的优良传统。例如，毛泽东认为，

① 《习近平关于严明党的纪律和规矩论述摘编》，中央文献出版社、中国方正出版社，2016，第 8 页。

② 赵淑梅：《党的纪律建设：内涵、原则与思路》，《中国特色社会主义研究》2018 年第 2 期。

“路线是‘王道’，纪律是‘霸道’”[①]。邓小平指出：“我们这么大一个国家，怎样才能团结起来、组织起来呢？一靠理想，二靠纪律。组织起来就有力量。”[②] 习近平总书记也指出：“要坚持问题导向，把严守政治纪律和政治规矩放在首位。”[③] 正是始终坚持纪律严明，我们党才能始终保持团结统一，才能以强大的“合力”带领全国各族人民取得伟大胜利。

2. 关于组织力建设的内容

中国共产党的组织力是党的生命力的体现，是党为了完成使命任务调动党组织的各项能力，且是其各种能力在党的实践场域中相互协作而形成的综合力。中国共产党为了完成使命任务，必须首先把更多的人吸引、聚合、组织起来，同时为了完成自己的目标任务，必须把自己的主张、理念、思想宣传出去，从而扩大自己的影响力。从这个意义上说，中国共产党组织力的主要内容包括向内的聚合力和向外的辐射力。聚合力和辐射力相辅相成，可以极大提升中国共产党的组织力。

第一，聚合力建设。所谓聚合力，就是中国共产党吸引和团结人民群众的能力以及吸收和吸纳党员的能力。加强中国共产党聚合力建设，主要包括以下五个方面的内容。

一是坚定理想信念。理想信念是否符合社会发展规律、是否代表人类历史的发展方向，决定了其是否具有魅力、能否吸引人、说服人。“马克思主义是迄今为止最科学、最严密、最有生命力的理论体系。”[④] 它既为人类指明了前进的方向，也处处彰显着现实关怀，具有很强的理论魅力，世界各地不断掀起的“马克思热”足以证明马克思主义的魅力之广、之深、之大。百余年来，中国共产党始终坚持以理服人、以情感人，用马克思主义的魅力吸引了无数中华儿女参与到党领导的革命、建设、改革和复兴的实践中，推动了中国特色社会主义事业不断开辟新境界。同时，中国共产

---

① 《毛泽东文集》（第 2 卷），人民出版社，1993，第 374 页。

② 《邓小平文选》（第 3 卷），人民出版社，1993，第 111 页。

③ 《习近平关于严明党的纪律和规矩论述摘编》，中央文献出版社、中国方正出版社，2016，第 30 页。

④ 《〈关于新形势下党内政治生活的若干准则〉〈中国共产党党内监督条例〉辅导读本》，人民出版社，2016，第 26 页。

党也坚持根据新问题新情况不断发展马克思主义，推动马克思主义中国化时代化，推动“建设具有强大凝聚力和引领力的社会主义意识形态”①，在全党形成了强大的合力，在全社会形成了强大的凝聚力，确保党的事业取得伟大胜利。

二是完善组织体系。组织体系是否合理、是否健全，决定着政党的领导是否顺畅、有力。组织体系不健全、组织结构有空缺，会导致组织软弱涣散，无效发力，进而影响党的凝聚力。中国共产党是一个具有严密组织体系的政党，其严密性不仅表现在纵向上的层级分明，也表现在横向上的分工明确，确保了党的政令畅通、执行有力。随着社会主义市场经济的深入发展，社会团体和社会组织日益多元和复杂，这对党的传统组织结构提出了挑战，中国共产党在尊重社会主义市场经济条件下非政府组织发展规律的基础上，提出以提升基层党组织组织力为重点，通过优化组织设置，理顺组织关系，增强基层党组织的政治功能，着力解决了党组织建设的“空白区”和“盲点”，疏通了基层党组织中的“中梗阻”，确保了党组织有效、政令畅通、行动有力。

三是净化政治生态。党内政治生态清朗与否，关系着人心向背、事业兴衰。如果党内政治生态污浊不堪、各种潜规则大行其道、庸俗的“圈子”文化肆意流行，势必会损害党的肌体健康，影响党在人民群众心中的形象，丧失党的吸引力、凝聚力和领导力，最终导致失去执政根基。只有涤荡歪风邪气，发展积极健康的党内文化，营造健康向上的党内政治生态，党员干部才能心情舒畅、健康成长，才能协调好党员之间、党员与党组织之间、党组织与人民群众之间的关系，才能最大程度激发出广大党员干部的创造潜能，获得人民群众的广泛支持和深厚的信任。注重加强政治建设是中国共产党的优良传统。在百年来的治党、管党实践中，中国共产党持之以恒正风肃纪，不断强化政治纪律和政治规矩建设，使党在激浊扬清中不断得到提升。

四是强化制度建设。制度是一个政党集体意识的反映，具有约束和规

① 习近平：《高举中国特色社会主义伟大旗帜 为全面建设社会主义现代化国家而团结奋斗——在中国共产党第二十次全国代表大会上的报告》，人民出版社，2022，第43页。

范政党行为的效力。制度建设是否科学、合理、健全，决定着政党的运行是否顺畅。邓小平曾强调：“领导制度、组织制度问题更带有根本性、全局性、稳定性和长期性。”[①] 习近平总书记指出：“制度优势是一个政党、一个国家的最大优势。”[②] 制度之于政党的重要性决定了必须强化政党制度建设，在党内形成一套科学、有效的制度体系，提升全党的凝聚力和向心力。百余年来，中国共产党始终把制度建设摆在重要的位置，新时代，我们党把制度建设作为一项基础性建设，贯穿于党的建设全过程，表明我们党对制度建设规律的认识达到了新高度。习近平总书记提出，“要把权力关进制度的笼子里”[③]。新时代，中国共产党完善制度体系、强化制度执行、维护制度权威，使党规党纪成为党员干部的行为准则和党组织运行的组织规则，有力维护了党的团结统一。

五是加强党员队伍素质建设。党员队伍素质包括党员的党性修养、业务能力以及知识水平等。党员队伍素质是否过硬，关系着党联系群众能力的强弱，关乎着党的聚合力的大小，影响着基层党组织战斗堡垒作用能否充分发挥。对此，加强党员队伍素质建设极为重要。百余年党建实践，积累了丰富的党员队伍建设经验，即加强党员的管理和教育，在实际工作中不断提升党员的党性修养和综合素质，把党员队伍建设成既政治过硬又本领高强的先锋模范队伍。在党员队伍中，党员干部是“领头雁”，相对于党员，其行为具有更强的影响力和带动效应，新时代，我们党致力于建设一支高素质干部队伍，注重发挥党员干部的表率作用，切实提高全党的聚合力。

第二，辐射力建设。党的辐射力是指包括上级党组织对下级党组织的力量辐射以及党组织对社会组织和广大人民群众的力量辐射。党的辐射力通过党的理想信念、理论主张等表现出来，其辐射效果由下级党组织的执行力大小以及社会组织和广大人民群众的拥护力强弱表现出来。党通过对外的辐射力，可以有力增强党的聚合力。

---

① 《邓小平文选》（第2卷），人民出版社，1994，第333页。

② 《十九大以来重要文献选编》（中），中央文献出版社，2021，第381页。

③ 《习近平关于严明党的纪律和规矩论述摘编》，中央文献出版社、中国方正出版社，2016，第59页。

第三节　农村基层党组织组织力建设的文化渊源

农村基层党组织组织力建设具有深厚的文化渊源。中华民族历史悠久，在漫长的岁月中，我们创造了浩瀚如海、弥足珍贵的文化遗产，为农村基层党组织组织力建设提供了深沉的文化基因。习近平总书记强调："推动中华优秀传统文化创造性转化、创新性发展，不断提高人民思想觉悟、道德水平、文明素养，不断铸就中华文化新辉煌。"① 新时代以来，中华优秀传统文化为农村基层党组织组织力建设提供了丰厚的文化给养，农村基层党组织组织力建设也为中华优秀传统文化的创新发展注入新动力，二者在实践中相互促进实现了新的跃升，更加契合社会主义现代化建设的新需要。我国开启全面建设社会主义现代化国家新征程，有必要更加系统研究中国历史和文化，在对中华优秀传统文化本质深刻把握的基础上，汲取智慧，推动农村基层党组织组织力建设向纵深发展。

一　中国古代关于乡村组织建设的思想

"中国古代是以农立国的农本国家。"② 这意味着乡村建设在古代具有极其重要的地位，因此作为乡村建设的组织建设就显得尤为重要。中国古代乡村组织辗转相承、代有兴革，积累了弥足珍贵的经验，不仅确保了基层稳定，巩固了国家政权，还对新时代新征程农村基层党组织组织力建设具有极高的史鉴价值。

1. 中国古代乡村组织的发轫

探讨中国古代乡村组织的源起，应当首先在概念上明晰中国古代真正意义上的乡村何时出现、乡村政治何时出现。从政治学的角度来看，"乡村"不仅特指"自然的生存聚落"，即原始状态的人群为了生存而群居所形成的聚落不能称为乡村，而应当称为自然组织，乡村还应当具有一定的

① 《习近平关于社会主义精神文明建设论述摘编》，中央文献出版社，2022，第29页。

② 张晋藩：《中国古代乡村基层组织建设的史鉴管窥》，《行政管理改革》2021年第4期。

“行政”意涵，具体而言，就是指“自然组织”内出现了相对于乡村内其他群众的“人为组织”，或者“自然组织”外产生了高于自然组织的更广泛的“公共政治组织”，这种“人为组织”和“公共政治组织”出现之后，我们才可以说政治意义上的乡村出现了。我国著名历史学者晁福林指出：“中国古史上的氏族时代的特色主要在于它没有随着原始时代的结束而终结。中国古代社会进入文明时代以后很久，氏族还是社会的基本组织形式，是社会的细胞。直到春秋中期以前，社会上很少能够找到游离于氏族之外的人，甚至可以说几乎所有的社会成员——从各级贵族到劳动者——都生活在氏族之中。”[①] 因此，他认为靠血缘关系维持的氏族是政治意义上乡村组织的雏形，也就是“公共政治组织”的原始状态。“氏族”对基层大众发挥着控制和管理的作用。在中国古代史的研究中，学界一般认为夏、商、周是古代国家从萌芽到成熟的发展时期，这一时期的政权结构是中央权力与地方势力，其中，中央权力直接管辖的地域相对于臣服的地方国而言比较狭小，地方国主要依靠“自然秩序”与“政治秩序”相结合的方式进行管理和控制。例如，先秦典籍中所描绘的“书社”“邑”就是最常见的具有政治意义的基层组织。这时的乡村组织结构由三部分构成。一是“百家”，其是最基础的组织细胞。其在不同的区域叫法不一样，例如《管子》一书中称为“轨”，《鹖冠子》一书中称为“伍”，但称谓不管如何迥异，实质都是一样，都是乡村组织的细胞。二是“里”，其是中层组织。“里”是比“邑”高一级的基层组织，《管子》一书中将十轨称作里，因为“百家”的叫法不一致，所以“里”的称谓也各异，但实质上都一样。三是乡，其是最高一级的乡村组织。“里”和“邑”都在“乡”的管控之下，例如《墨子·尚同篇》说，乡村组织是“里上为乡”。总之，古代乡村组织的产生发轫于血缘基础，乡村组织不仅对“从事农业及其相关职业的大众”具有管理、控制的作用，而且代表了在农耕文明的背景下，中国古代出现了具有政治意义的社会政治组织，并由此生发了政治意识、政治观念和政治规范，对以后乡村组织的建立和发展具有重要的启发

---

① 晁福林：《论中国古史的氏族时代——应用长时段理论的一个考察》，《历史研究》2001年第1期。

意义。

2. 中国古代乡村组织的嬗变

春秋战国时期，诸侯列国主要以“郡县”来管理基层地方的事务，郡和县就是当时的乡村组织，这一基层治理主体和治理格局在此后的历史沉浮中虽然有所变化，但基本逻辑被传承下来了，其在稳定地方治理、发展农业经济、巩固政权等方面发挥着重要的作用。

随后，周朝的治理组织体系是由“郊—乡、遂”等要素构成，其中都城百里内为“郊”，都城百里外为“遂”，“郊”内又设置了“乡”，因此“乡”和“遂”成为周朝乡村组织最基本的单元。《周礼・地官・遂人》中指出，“乡”和“遂”之间都有“地域沟树之，使各掌其政令、刑禁，以岁时稽其人民而授之田野，简其兵器，教之稼穑”，这规定了乡村组织当时的职责和任务是管理人群、发展农业等。

秦汉形成并发展了比较严密的中央集权的组织体系县—乡—里，里以下又按照“什伍”对广大居民进行编制。《后汉书・百官志》记载：“什主十家，伍主五家，以相检察，民有善事恶事，以告监官。”乡内设置“三老”，“三老”的作用主要是教化广大人群，对此在汉高帝时期，颁布了“举民年五十以上，有修行，能帅众为善，置以为三老，乡一人”的政令，汉文帝时期继续重视“三老”。“三老”虽然是在政权的推动下建立的，但其本质上是乡村的自治，即选出品德高尚、经验丰富的人作为组织者。乡官为啬夫，根据“乡”的大小，可分为“有秩啬夫”和“无秩啬夫”，其主要作用是施法和收取赋税。因此可以看出，秦汉时期乡村组织有“三老”和“啬夫”，是自治和法治的结合，对以后乡村治理体系的构建具有极强的指导意义。

隋朝的乡村组织体系由乡里构成，其目的是实施中央的赋役制度。正如王夫之所述：“隋令五百家而置乡正，百家而置里长，以治其辞讼。”这意味着乡和里最主要的任务就是代替国家向广大群众收取赋税和征收徭役，不仅充盈了国家财政，还丰富了国家的人力。同时为了管理和控制人群，隋朝还设置了宗法系统与地方行政系统交叉的基层组织，如制—保—长—闾—族等，这使得国家政权组织与地方的家族组织相互交叉，构成了宗法系统与行政系统共同作用的基层组织体系，不仅有利于基层治理，还有利于稳固政权。

唐朝时期，经济快速发展，国家开始出现城和乡的分野，这促使基层组织不仅特指乡村组织，还开始出现城市基层组织。对于城和乡的划分，史料这样记载："两京及州县之郭内分为坊，郊外为村。"因此京、州和县被称为城，城之外的郊被称为乡。这时的乡村组织由乡—里—村组成，乡正、里正和村正负责治理乡村，他们主要职能包括负责教授农民种植、掌管土地的买卖、收缴农民的赋税、规劝农民开展生产等。

宋朝承袭了唐朝乡村组织的建制，不过稍有改动，如由原来的乡—里—村改制为乡—里—户，其各层级的主导者由原来的乡正、里正和村正改名为乡书手、里正和户长，但其本质含义没变，其承担的责任也基本上没有改变。

明朝时期，乡村组织包括里和甲两级，他们的主要任务是负责当地的政务，如户籍、地契的办理等，负责处理民事纠纷和村民教化，从而维护乡村地区的秩序和稳定，同时也帮助国家收取赋税等。

清朝时期，乡村组织分为三级，即保、甲、牌，这三级组织中又分别设置保长、甲长、牌头主管日常工作，同时需要指出，如果保长在工作中存在失职的情况，族长可以向县一级的国家行政组织上呈弹劾；保长在判决地方事务时，必须有族长的参与。这意味着乡村地区是自治和法治相结合的治理体系。

从几千年来中国古代乡村组织的发展历史可以看出，乡村组织在各个历史时期虽然在建制、名称等方面稍有革新，但是基本上形成了特定的组织逻辑和组织框架，在古代社会中有力地贯彻了中央的政令和法律，而且对推动农业文明的发展起到了积极的作用，对现代农村基层党组织组织力建设亦有很重要的借鉴意义。

3. 中国古代乡村组织的性质

唯物辩证法告诉我们，一切事物都处于永不停息的发展变化中，应当以历史的眼光分析事物的特点和本质。对于古代乡村组织的性质和特点，应当回归到古代国家权力形成的道路中去探寻，因为只有在这一总体性的框架下探讨中国古代乡村组织的性质才是有意义和价值的。乡村组织是乡村政治行为的载体，其性质表现着乡村政治的习惯、规范和本质。学界关于中国古代乡村组织的性质有很多不同的看法。有学者认为古代乡村组织是一种社会组织，有学者则认为古代乡村组织应该划为国家行政组织的构成部分，可谓观点纷纭，难以形成统一。绵长的中国历史造就的多样性和差异性，使得每个时期有每个时期的特征，每个地域有每个地域的特色，因此，我们无法用一种逻辑思维、一种框架去总结中国古代乡村组织的性质，只能从其表象中总结发展方向和基本逻辑。

纵观两千余年的中国古代乡村组织发展史，我们可以发现唐代是一个分水岭。在唐代以前，乡村组织属于国家政权组织的一个组成部分。例如秦朝的乡啬夫，他们不仅是县府委派，而且在很多大乡的啬夫，县府会给他们发一定的品秩，他们不仅要完成县府等上级机构的政令，还拥有一定的处理地方事务的独立权力。在唐末，由于乡村组织不能及时、正确执行上级机构的政令，而受到上级机构的严厉打击，因此，里正等职业也被很多人视为畏途，避而远之。对此，唐末村正长的地位和权力逐渐上扬，村正长成为村务的主要负责者，且其驱催赋役的权力得到政令的支持。至此，乡村组织由原来的行政组织转变为非行政性质的地方组织。乡村组织性质转变的原因如下。一是中央集权的发展变化。在中国古代，中央和地方的权力分配形式经历了一个中央逐渐集权的过程，即中央的权力越来越大，地方的权力越来越小，从郡县制代替分封制以及郡县制从两级制发展为三级制可以看出，地方组织的范围被划得越来越小，为了强化集权，将乡里的权力集中到县府，这时乡里成为一个辅佐县府的一个组织，县府成为国家行政权力结构的最基层，直接面对的是广大群众，所以人们把县一级的官员称为“亲民之官”。二是随着社会经济的发展，人口逐渐增多，迫使国家划分更多的行政区域，建立更多的行政机构去处理越来越复杂的事务，这导致国家的官僚机构逐渐扩大并不断膨胀，给国家的财政造成了极大压力。例如，秦朝只有四十余郡六百多个县，到了清朝，县级行政机构已经发展为千余个，面对如此庞大的官僚队伍，国家财政无力再委派更多的乡官。三是乡村组织性质的转变也是国家财政管理体制逐渐完善的结果。在封建社会，政府财政的收入主要是征收赋税，在以农业为本的国家，在基层生活的农民成为主要的征收对象，这意味着作为国家征收赋税的具体执行者——乡村组织的作用极为重要，他们不仅要控制和管理人丁，还要让他们依附土地，为国家财力、人力提供保障。随着经济的发展，土地流转速度加快，加速了农民的逃亡，以前的那种财税政策不再适应如今的现实，因此国家推行两税法，不再按照人丁收取赋税，而是按照户等高低和田地的多寡征收赋税。财政管理制度的变革意味着国家认识到土地私有制发展的必然结果是农民和土地的分离，原来的把人丁和土地捆绑在一起征收赋税的方法不符合现实的发展，这决定了作为国家财政制度具体执行者的乡村组织必将随着财政管理制度的变革而变革。

二　中国古代关于乡村治理的思想

中国古代作为一个以农业为本的传统社会，十分重视乡村治理，其在乡村治理实践中积累的丰富经验，闪烁着古代朴素唯物主义的光辉，折射出古代统治者对乡村治理的理性认识。纵观中国古代乡村治理的历史嬗变，我们可以总结出这样一个具有规律性的结论，即乡村治理对国家政权的稳定和发展极其重要，政治权力介入乡村治理是实现乡村善治的重要途径。中国古代关于乡村治理的思想蕴含着古代统治者们的政治智慧，彰显着中华优秀传统政治文化的光辉，对如今农村基层党组织组织力建设无疑具有极强的人文意义、实践价值和史鉴价值，其主要内容可以归纳为四个方面。

1. 家族：乡村治理中的一个核心概念

家庭是社会的最基本构成单元，是社会的细胞，不稳定的家庭是动摇社会秩序的主要因素，因此维护家庭稳定对维护社会稳定具有极其重要的意义，反过来说，家庭的稳定也可以促进社会秩序的稳定，由家庭组成的家族是社会治理的重要主体。因此，中国古代统治者十分注重发挥“家庭”和“家族”在乡村治理中的作用。查阅古籍可以发现，很多文献都有关于以“家庭”“家族”为治理主体、推动社会善治的描述。有脍炙人口的典故，如孟母三迁、画荻教子、岳母刺字、孔融让梨等；也有从古代流传下来很多具有影响力的家训，如《颜氏家训》《朱子治家格言》《诸葛亮诫子书》等，其中《朱子治家格言》这样规定："一粥一饭，当思来处不易……恶恐人知，便是大恶。读书在圣贤，非徒科第。为官心存君国，岂计身家。"这些家训、家规对端正其家人、族人的品德和行为起到了极大的作用，对社会治理也非常重要。乡村作为一个熟人社会，"家庭""家族"对其治理效能更甚。正如顾炎武所说："是故一家之中，父兄治之，一族之间，宗子治之。其有不善之萌，莫不自化于闺门之内；而犹有不帅教者，然后归之士师。然则人君之所治者约也。"① 但是，随着国家意识的觉醒和集体意识的增强，现在我们逐渐忽视家教、家风、血缘在社会治理中的作用。对中国而言，家庭和家族是最能直达中国人灵魂深处的归宿，如果一味强调打破"家"对人们的束缚，把人们改造成现代人，就意味着我们丢掉了中华民族最深厚的文化基因，丢掉了自己内心深处的慰藉和依赖。对此习近平总书记这样强调，"家风好，就能家道兴盛、和顺美满；家风差，难免殃及子孙、贻害社会，正所谓'积善之家，必有余庆；积不善之家，必有余殃'"②。因此我们应当进行调整，重塑"家庭"和"家族"在乡村治理中的地位，充分发挥家教、家风、血缘在乡村治理中的作用。

2. 乡贤：乡村治理中的一个关键桥梁

在中国古代，乡贤主要包括"未取得功名的乡贤，告老还乡的退休官员，还包括因各种原因暂住乡里的官员"③。那么乡贤应当具备何种品质和能力才能使之成为与一般人群不同的特殊人群呢？《荀子·哀公》这样描述"贤人"："行中规绳而不伤于本，言足法于天下而不伤于身，富有天下而无怨财，布施天下而不病贫。如此，则可谓贤人矣。"因此"乡贤"就是在乡村地区，具备一定的财力、具有突出道德品质的人。"乡贤"所具备的道德、品质和能力，使他们在一隅成为具有一定权威的、被众人所尊崇的乡村主体，其治理功能主要表现在两个方面。一方面，在纵向的国家

① 顾炎武：《日知录集释》卷六，上海古籍出版社，2006，第366页。

② 《习近平谈治国理政》（第2卷），外文出版社，2017，第355页。

③ 赵秀玲：《中国古代乡村治理资源的价值重估》，《东南学术》2020年第3期。

治理网络中，乡贤是乡村社会与政权机构沟通的桥梁，他们不仅可以协助政权机构贯彻中央的政令，还可以协助政权机构劝课农桑、征收赋税等。另一方面，在横向的乡村治理网络中，乡贤在财力道德、文化等方面突出，使之成为乡村社会的领袖，他们在乡村治理中发挥着重要的社会功能。例如，散布财力救助穷苦的人群；大力提倡“仁孝”，教化村民；解决村民之间的纠纷，维持乡村秩序；抵御外敌，维护村民的利益等。现代社会，由于深受市场经济逻辑的影响，追求利益、追求效率在农村地区盛行，这促进了农村经济的发展，但不可否认，也使得农村的人文气息和乡土情怀逐渐减弱，熟人社会逐渐瓦解。对此，我们应当辩证吸收古代乡贤治理文化，弥补权力介入下的乡村治理中的不足，推动建立、完善德治、法治、自治相结合的乡村治理体系。

3. 礼治：乡村治理中的一个重要方式

礼治是指以“礼”规范、约束、规定村民之间的行为。在中国古代乡村，相较于政权机构治理而言，礼治是乡村社会的软治理，也是村民之间的自治，“礼”就像一只看不见的手，理顺着乡村社会的秩序，使村民的行为向合乎道德的方向发展。正如费孝通所说：“人们彼此之间都是熟人，公共秩序的维持勿需仰赖国家的法律，而是仅依靠对传统规则的服膺。”①作为具有中国特色的概念，“礼”的意涵颇丰。“礼”最开始指祭神、敬神，后来引申为敬意。在祭祀活动中，“礼”又具有更加丰富的意涵，那就是在古代等级森严的社会中，“礼”是指与古代社会等级制度相适应的道德规范和行为标准，因此，后来“礼”引申为德规范和行为标准的总称。那么，“礼”是如何在乡村社会中发挥治理功能呢？史学家司马光对此作了论述，“礼之为物大矣！用之于身，则动静有法而百行备焉；用之于家，则内外有别而九族睦焉；用之于乡，则长幼有伦而俗化美焉”②。也就是说，“礼”作为道德规范和行为规范，约束着乡土社会中的每一个成员，这种约束是柔性的，但保障了乡土社会有秩序的运转。与有正式制度参与的法治相比，“礼治”是一种靠乡规民约约束的软治理，是内生于乡

① 费孝通：《乡土中国 生育制度》，北京大学出版社，1998，第9页。
② 司马光编著《资治通鉴》卷十一，胡三省音注，中华书局，1956，第375页。

土社会的治理方式，具有灵活性、柔性、随意性、传承性、张力等特点，在古代乡村治理中发挥着不可替代的作用。近现代以来，特别是新时代，为了实现农业农村现代化，国家投入大量的人力、物力、财力，颁布了一系列立意高远、辩证统一的制度规范，这无疑对乡村治理具有巨大的推动作用，但是不可否认，我们逐渐忽视了乡规民约在乡村治理中的作用，乡规民约在乡村治理中逐渐失去活力。新时代新征程，我们应当既展现制度规范的硬实力，也展现乡规民约的软实力，推动乡村实现善治。

4. 精神：乡村治理中的一个重要因素

向善、扶弱是中华民族普遍的价值观，引导着人们的互助行为。互帮互助精神就生发于人们互帮互助的行为之中。在中国古代，交通、通信等不发达，导致偏远的农村地区在灾祸来临时不能及时得到外界以及国家的救助，这就需要乡村社会中的邻里、族人或者熟人的互帮互助。这决定了中国古代乡土社会中的互帮互助精神是基于地域和血缘而存在的，并依托乡村社会而发展，体现出乡村社会自救、自信、自强的精神品质。在现代，由于国家力量的介入，越来越多的公共产品被投放到乡村社会中，村民可以随时享用。例如，在精准扶贫中，对于贫困地区，国家投入了大量的物力、人力和财力帮助贫困农民改善生活、发展生产。但是，突然的"不劳而获"使部分村民生发了依赖心理，大量的财力支持和物力支持难以调动他们的积极性，这与精准扶贫的出发点背道而驰，对此，国家又提出了"精神扶贫"，旨在激发乡村社会的内在动力。在全面推进乡村振兴的新征程中，我们应该发扬古代乡村社会的自治精神，为乡村全面振兴注入精神活力。

第三章

农村基层党组织组织力建设的历史考察

“历史是现实的借鉴。历史运动的轨迹所描述成的曲线，大体是历史发展的规律。”[①] 党百余年的发展史，也是农村基层党组织组织力建设的历史。中国共产党成立百余年来，“农村基层党组织组织力”的历史课题经历了开创与探索、曲折发展、回归与超越的发展历程，其内涵的意之所向和多义性意蕴与中国共产党在不同历史时期的目标任务和自身组织特质密切相关。因此，对“农村基层党组织组织力”概念的界说、含义的辨析、规律的总结，需要回归到“农村基层党组织组织力”的历史逻辑中进行考察。

第一节　农村基层党组织组织力建设的历史流变

农村基层党组织组织力经历了百余年的动态发展。不同历史时期党所面临的历史环境和使命任务不同，决定了各个历史时期农村基层党组织组织力的实践形态有所变化，同时，不同历史时期党的领导人的格局、能力、境界不同，决定了农村基层党组织组织力建设的具体内容迥异。基于党的十九届六中全会所划定的党史分期，本书把农村基层党组织组织力建设的历史分为四个阶段，即新民主主义革命时期的农村基层党组织组织力建设、社会主义革命和建设时期的农村基层党组织组织力建设、改革开放和

① 蒋颖贤、王坚德、叶洵钊主编《世界史研究论丛》，海潮摄影艺术出版社，2008，第350页。

社会主义现代化建设新时期的农村基层党组织组织力建设、中国特色社会主义新时代的农村基层党组织组织力建设，其中关于中国特色社会主义新时代的农村基层党组织组织力建设在第四章作详细论述。本章将从实践内容和党的领导人关于农村基层党组织组织力思想相互交融的角度全面展示农村基层党组织组织力建设的历史流变，以期从中总结经验、寻找规律，从而进一步发挥好新时代新征程农村基层党组织组织力在乡村振兴中的组织优势、领导优势和治理优势。

一　新民主主义革命时期的农村基层党组织组织力建设

新民主主义革命时期党面临的主要任务是，反对帝国主义、封建主义、官僚资本主义，争取民族独立、人民解放，为实现中华民族伟大复兴创造根本社会条件。因此，农村基层党组织组织力建设的目的是唤醒广大人民群众的阶级意识和革命意识，并促使其积极参与到革命斗争中，提高无产阶级政党的革命战斗力。这一时期农村基层党组织组织力建设经历了初步探索和逐渐深入的过程，以毛泽东同志为主要代表的中国共产党人，坚持把马克思主义基本原理同中国具体实际相结合，以农村基层党组织为支点，以党的组织力推动中国革命的发展进程，并提出通过严格发展党员标准、加强组织生活建设、严明组织纪律、实现农民利益以及群众化的斗争方式来提升农村基层党组织组织力。这一时期，农村基层党组织组织力建设实质上是中国共产党为“巩固和整顿自身组织体系、组织动员革命力量”① 在农村基层作的探索和努力，实质上是加强组织建设和提升影响力、战斗力，为推动中国革命进程奠定了组织基础和作了力量准备。

1. 建党之初和大革命时期农村基层党组织组织力建设

1921年7月，中国共产党诞生。由于早期党的不成熟，我们党把工作重心放在城市，在农村没有建立党组织。1922年，党的二大把“在农村建立党组织”写入了《中国共产党章程》，并对农村党组织建立的原则、程序、目标和任务都作了规定，这是党的历史上第一次把农村党组织建设写

---

① 柳宝军：《百年党史视野中“组织力”概念的历史嬗变与时代意蕴》，《人文杂志》2022年第9期。

入党的章程中，开启了农村基层党组织组织力建设的新历史。根据当时的革命形势，中国共产党在农村地区建立党组织主要是依托所派党员的社会关系来发动、吸引农民群众。例如，1923 年 8 月，中共党员弓仲韬到自己的家乡河北省安平县台城村发动建立了中国共产党的第一个农村党支部；1925 年，毛泽东在自己的家乡韶山建立了中共韶山支部。[①] 这一时期是农村基层党组织组织力建设的初步探索时期，其主要任务是建立、巩固组织体系，发动农民群众，可见这一时期农村基层党组织组织力建设的含义还比较单一。

2. 土地革命战争时期农村基层党组织组织力建设

大革命失败之后，中国共产党正式将革命的重心转移到农村地区，开始在农村地区大规模建立革命根据地，这为农村基层党组织组织力建设提供了新机遇，农村基层党组织组织力建设进入一个新时期。1927 年 10 月，毛泽东和朱德等老一辈革命家在井冈山建立了中国第一个农村革命根据地，随后中央革命根据地、湘鄂西革命根据地等相继建立，中国共产党所统辖的农村区域越来越广，农民群众的数量越来越多。1931 年 11 月，中国共产党在江西瑞金成立了中华苏维埃共和国临时中央政府，开始了局部执政时期。这一时期为了广泛发动群众，密切联系群众，中国共产党发动了土地革命。在轰轰烈烈的土地革命的刺激下，农村基层党组织组织力在内涵上得到了拓展。一是思想上，对农民开展思想教育，宣传马克思主义，唤醒农民群众的阶级意识和革命意识，其形式包括开办“夜校、半日学校、补习学校、识字班”[②] 等，这极大鼓舞了农民群众的革命斗志，确保了革命斗争的蓬勃发展。二是政治上，越来越多的农村青壮年参加到革命根据地的斗争之中，极大扩充了革命力量。三是在农村基层党组织的带领下，农村地区如火如荼地开展了自给自足的农业生产运动，农民群众用“与进行战争同样的热忱与英勇来开展在经济战线上，生产战线上的突击”[③]，解决了根据地军民生存问题。由此可以看出，这一时期农村基层党

① 《毛泽东传》（第 1 册），中央文献出版社，2011，第 113 页。

② 《中国共产党 90 年研究文集》（上），中央文献出版社，2011，第 320 页。

③ 《建党以来重要文献选编（一九二一——一九四九）》（第 10 册），中央文献出版社，2011，第 80~81 页。

组织组织力建设的目的由思想上的理论宣传和动员，发展到经济上的生产领导和政治上的革命斗争。

3. 抗日战争时期农村基层党组织组织力建设

第五次反“围剿”失败后，为保存革命力量，中国共产党开始了震惊世界的二万五千里长征。虽然在第五次反“围剿”战争中，中国革命队伍遭到重创，但1936年中国工农红军长征的胜利，保存了革命的基干力量。星星之火，可以燎原。长征胜利后，以毛泽东同志为主要代表的中国共产党人，在总结以往农村基层党组织组织力建设的经验教训的基础上，结合当时中国的革命形势，开始推动农村基层党组织组织力建设，并将其推向了新的发展阶段，特别是在1937年卢沟桥事变爆发，抗日战争在全国拉开序幕，加快农村基层党组织组织力建设步伐，不仅壮大了中国共产党的革命力量、巩固了党在边区的政权，还在促成国共第二次合作中发挥了重要作用，确保了抗日战争的伟大胜利。与土地革命战争时期农村基层党组织组织力建设相比，抗日战争时期农村基层党组织组织力建设内容在“厚度”和“广度”上都有拓展，具体表现在以下四个方面。一是经济上，继续着重自给自足的农业经济的生产，为革命力量解决了生存和延续问题。例如，边区党组织实施了“减租减息”政策，领导推动了大生产运动，这不仅调动了农民生产的积极性，而且为革命胜利提供了物质支援。二是政治上，不仅继续号召农民群众加入革命队伍参与斗争，而且在边区推动重构了新的农村政权，即在乡村“设村代表会，代表由各公民小组在村民大会上选举产生。各公民小组对其代表可随时撤换”[①]。这一民主选举制彻底颠覆了封建政权下的乡村组织形式，不仅确保了农民当家作主，而且调动了农民群众参与政治的积极性，在巩固和扩大抗日民族统一战线中发挥着重大作用。三是思想上，不仅继续重视对农民群众进行思想教育为抗日战争服务，还提倡发展“民族的、民主的、科学的与大众的”[②] 新文化为抗日战争服务，例如，组建戏曲团队、儿童剧场等赴抗日前线慰问抗日战士。四是精神上，改良社会不良风气。这是农村基层党组织组织力建设在

① 《彭真文选》，人民出版社，1991，第12页。

② 《张闻天选集》，人民出版社，1985，第254页。

抗日战争时期的新内容。例如在边区，党通过“肃清匪患、禁止吸食鸦片、改造二流子、移风易俗”[①] 等手段，改良了边区农村地区的不良风气，消除了影响抗日战争胜利的不良因素，改变了边区农村地区的社会风貌。

4. 解放战争时期农村基层党组织组织力建设

1945 年 8 月，日本宣布无条件投降，标志着经过 14 年艰苦卓绝的抗日战争后，中华民族迎来了抗日战争的伟大胜利。但是 1946 年，国民党政府背信弃义，公然撕毁“双十协定”，悍然发动了全面内战。这一时期农村基层党组织组织力建设的目标任务是取得农民群众的支持和拥护，推翻国民党的统治，解放全中国。因此，与抗日战争时期农村基层党组织组织力建设相比，解放战争时期农村基层党组织组织力建设在方向和内容上表现出一定的特殊性，其主要表现在以下三个方面。一是在经济上，虽然继续重视经济建设，但是与抗日战争时期相比，改变了以农业生产为主的经济政策，不仅重视农业生产，还重视工业发展，因此中国共产党提出了“工业生产与农业生产并重”[②] 的经济政策，这为社会主义革命和建设时期的经济发展奠定了基础，也为解放战争的胜利提供了物质保障。二是在农村土地问题上，深入推进土地改革。1946 年 5 月，随着《关于清算减租及土地问题的指示》的下发，解放区的广大农村开展了“耕者有其田”的土地改革运动，到 1947 年 2 月，“全解放区已有三分之二的地区，解决了土地问题，极大地巩固了解放区和加强了对革命战争的支援”[③]。三是在思想文化上，重视教育及文化创新发展。除了继续对农民群众开展理论宣传和教育外，还向农民群众传授农业生产方面的技巧，如养殖、种植技术以及防病虫害和防疫畜的知识等，推动农民群众在农业生产中做到学以致用，同时向农民群众宣传科学文化知识，破除他们的封建迷信思想。此外，继续提倡农民群众发展反映自身生活的、人民群众喜闻乐见的大众文化。解放战争时期，在农村基层党组织组织力的作用下，农村在经济、政治、文

---

① 龚梦：《中国共产党乡村治理的百年演进及基本经验》，《湖北大学学报》（哲学社会科学版）2021 年第 5 期。

② 《建党以来重要文献选编（一九二一——一九四九）》（第 25 册），中央文献出版社，2011，第 372~373 页。

③ 《中国共产党历史大事记（1919.5—1987.12）》，人民出版社，1989，第 152 页。

化和社会建设等方面发生了巨大变化，既稳固了解放战争时期党领导的政权，也为新中国成立后农村地区的建设架构了框架，为新中国成立后的社会主义建设打下了基础。

5. 新民主主义革命时期农村基层党组织组织力建设的举措

纵观新民主主义革命时期农村基层党组织组织力建设历程可知，不同发展阶段农村基层党组织组织力建设在目标指向、功能任务等方面表现出一定的差异性，但在提升农村基层党组织组织力的举措方面具有一定的共性，具体表现为以下四个方面。

一是严格党员发展质量。新民主主义革命时期，“中国共产党共召开七次全国代表大会，形成了一部党纲、一部党章和五部修订党章”①，这些章程直接展现着新民主主义革命时期党关于发展党员标准的发展变化。中共一大党纲规定，不论性别和国籍，只要承认党的纲领，并由一位介绍人介绍即可成为党员。到了二大，中国共产党第一部党的章程诞生，党章关于党员发展标准在沿袭一大的基本表述之外，略作了修改，例如，把一大党纲中“并愿成为忠实党员的人”修改为“并愿忠实为本党服务者”②，党第一次把“为人民服务”作为发展党员的标准。同时，二大党章增添了开除党员的情况，这是党员纪律问题首次在党章中出现。同时二大党章还对党员的入党程序作了更为严谨、详细的规定。三大通过的修订党章，对于发展党员的条件、程序和纪律都有新的增添和改变。在入党条件方面，入党介绍人由一人调整为两人，这一表述一直承袭到现在；在入党程序方面，不再向中央执行委员会备案，直接由党小组会议讨论决定后，再向地方执委会和区执委会报备、审核即可，同时第一次设置了候补期，即现在所说的考察期，不同阶级的考察期不一样；在党员纪律方面，提高对纪律的重视；在党员义务方面，三大党章也做了规定，如服从决议和保守党的秘密等。四大党章相较于前三部党章具有特殊性，这一时期为扩充党员人数参与革命斗争，在入党程序和入党条件方面有所变通，例如介绍人数的

① 武绍杰、兰新华：《新民主主义革命时期党员发展条件的历史演变和现实启示——以中国共产党章程文本修订为中心的考察》，《西部学刊》2022年第20期。

② 《中国共产党历次党章汇编（1921—2012）》，中国方正出版社，2012，第51页。

调整，但其他基本原则基本沿袭了三大党章。五大党章根据革命形势的客观需要，增添了新内容，在入党条件方面，要求党员必须“服从党的决议，参加党在一定组织中工作并交纳党费”①，规定党员年龄应在18周岁以上等；在入党程序方面，对党员候补期又作了改动，如取消劳动者的候补期，非劳动者的候补期减半；在党员纪律方面，没有沿用以前关于党员纪律的表述，并且把开除不合格党员的权力下放到支部，并经省监察委员会决议及得省委员会批准。六大党章在入党条件方面增添了“承认共产国际”等字眼表述，在入党程序方面稍有变革但基本沿用以前的表述，在入党纪律方面，增添了从其他党派脱离出来再加入共产党的条件表述。七大党章基于抗日战争的新需要，在入党条件方面，取消了“承认共产国际”等相关的表述；首次明确提出党员的权利和义务、“个别地履行入党手续”②；在党员纪律方面，首次规定“无故连续四个星期不为本党服务”③者开除党籍，“在六个月内不参加党的生活，不进行党所分配的工作，又不缴纳党费者，即认为自行脱党”④ 等。纵观新民主主义革命时期关于党员发展标准、程序和纪律的发展可以得出，党关于党员发展的制度逐渐成熟，这为农村基层党组织组织力的提升奠定了政治基础。

二是加强党员的思想教育。我们党很早就认识到党员的思想政治教育对党的革命斗争的作用，正如毛泽东在《井冈山的斗争》一文中指出：“我们感觉无产阶级思想领导的问题，是一个非常重要的问题。边界各县的党，几乎完全是农民成分的党，若不给以无产阶级的思想领导，其趋向是会要错误的。”⑤ 新民主主义革命时期，以毛泽东同志为主要代表的中国共产党人提出，在以农民为主要组成部分的农村基层党组织，需要通过思想政治教育解决党内存在的非无产阶级思想，从而提高农村基层党组织组织力。我们可以从教育的内容和教育的方法两个方面来总结新民主主义革

① 《中国共产党历次党章汇编（1921—2012）》，中国方正出版社，2012，第70页。

② 《建国以来重要文献选编》（第9册），中央文献出版社，1994，第322页。

③ 《建党以来重要文献选编（一九二一——一九四九）》（第1册），中央文献出版社，2011，第168页。

④ 《建党以来重要文献选编（一九二一——一九四九）》（第22册），中央文献出版社，2011，第538页。

⑤ 《毛泽东选集》（第1卷），人民出版社，1991，第77页。

命时期党加强党员的思想政治教育的具体举措。从教育内容来看，主要包括以下几点。第一，政治路线的教育。政党作为政治组织，政治性是其本质属性，政治路线关乎政党领导事业的成败。党员是党的政治路线的具体执行者，因此，加强党员的政治路线教育极为重要。农村革命根据地创立前期，由于党内一些同志对零星的农村根据地存在一种“悲观思想”，毛泽东认为其中一个重要原因就是“缺乏对党员作正确路线的教育”[①]。因此，毛泽东在湘赣边界党的第二次代表大会上对基层党员详细论证了中国农村地区小块红色政权能够存在和发展壮大的原因以及提出了“工农武装割据”思想，鼓舞了农村基层党组织和党员建设农村革命根据地的士气。第二，无产阶级思想的教育。当时中国社会经济基础是农业，这造就了庞大的农民阶级，当时党员大多出身农村，天然带有农民阶级思想的烙印，需要对其进行无产阶级思想的教育，克服非无产阶级思想。第三，克服教条主义的教育。马克思主义教条化是党内一度流行的错误思想倾向，严重影响了党对中国革命形势的判断和发展方向的认知。毛泽东提出“必须彻底克服教条主义和经验主义的思想”[②]。第四，群众工作的教育。在唯物史观的指导下以及在长期革命斗争实践的反复印证下，毛泽东深刻认识到没有人民群众的支持，革命不可能取得胜利。对此，在井冈山革命斗争时期，毛泽东提出对党员开展群众工作教育，确保党同人民群众的密切联系。[③] 第五，经济工作的教育。在农村革命根据地建设时期，如何领导农民群众开展生产运动从而为革命胜利奠定物质基础成为摆在党面前的现实问题，对此党的领导人提出要做好党员的经济工作教育，确保党员在领导农民进行生产运动中采取正确的方式方法，提高农民生产的积极性。在教育的方法上，我们党提出了包括召开各种会议、设立专门的教育部门、开展批评和自我批评、创办学校和培训班等在内的方式方法教育全体党员干部。

三是严格党的纪律。受马克思主义建党学说特别是列宁建党学说的影

① 《毛泽东选集》（第1卷），人民出版社，1991，第85页。

② 《毛泽东选集》（第3卷），人民出版社，1991，第990页。

③ 参见韩兵《从生疏到亲密：井冈山斗争时期的军民关系》，《军事史林》2023年第12期。

响，我们党从一开始就把纪律建设镌刻在自己的旗帜上。纪律严明是我们党的天然“政治基因”，是新民主主义革命时期党不断发展壮大的根本保障，是党领导的革命事业取得成功的重要原因。新民主主义革命时期，我们党根据革命形势的发展和党内出现的矛盾和问题，不断加强党的纪律和规矩的建设。1921 年，党的一大通过的第一个纲领涉及纪律建设的内容占有相当比重，这奠定了此后党的纪律建设的基本框架，确保了党在秘密状态下革命力量的生存和发展。1922 年，第一部党章把“纪律”单独成章，详细提出了 9 条纪律规定，涉及党的组织纪律、宣传纪律、党员从业纪律等内容，赋予了党的纪律建设实质性的内容，同时提出了党员违纪行为，并根据违纪行为的轻重，系统提出了党员违纪之后应承担的责任。这些严明的纪律和规矩，提高了党的战斗力和凝聚力。三大党章和四大党章基本沿袭了二大党章的做法，把“纪律建设”单独成章，并且在文字表述方面和文字规模方面大体上与二大党章一致。但随着革命的发展变化，党的领导人在深刻洞察革命形势的基础上又推动了党的纪律建设的创新发展。例如，三大党章把党的纪律建设重点放在了组织纪律建设方面，细化了党员入党的程序性规定，首次提出了“党的中央机构带头执行组织纪律”这一具有“纪律执行”意义的规定以及准许党员“自请出党”① 的规定，这鲜明体现出党的纪律建设的实践导向。四大党章首次对基层党组织的建设作了详细规定，提出“凡有党员三人以上均得成立一支部，每支部公推书记一人或推三人组织干事会，隶属地方执行委员会，不满三人之处，设一通信员，属于附近之地方或直接属于中央”②，这是党的历史上首次把党支部归属于党的基层组织，并且这一建制沿用至今，并且以“严进严管”的标准细化了候补党员的权利和义务。基于当时的生存环境，1927 年五大党章突出强调“严格党的纪律是全体党员及全体党部最初的最重要的义务”③；首

① 《建党以来重要文献选编（一九二一——一九四九）》（第 2 册），中央文献出版社，2011，第 262 页。

② 《建党以来重要文献选编（一九二一——一九四九）》（第 2 册），中央文献出版社，2011，第 263 页。

③ 《建党以来重要文献选编（一九二一——一九四九）》（第 4 册），中央文献出版社，2011，第 275 页。

次提出了民主集中制的指导原则，第一次以专章规定设立监察机关，开启了党内监督的组织创新，这些纪律建设使党在白色恐怖时期确保了党内团结一致、维护了党的权威，充分体现出“纪律立党”的理论精神和实践精神。1928 年六大党章在纪律执行方面作了新发展，提出“严格的遵守党纪为所有党员及各级党部之最高责任”①，细化了党的纪律执行的程序和规则，提高了纪律执行的可操作性，分类了纪律执行的主体为团体和个人，规定了违纪行为的处理程序，调整了党员的退出机制，这对革命根据地的建设具有巨大推动作用。1945 年七大党章首次把“四个服从”作为党的组织纪律予以确立，确立了“惩前毖后、治病救人”的方针，首次把纪律建设作为党的组织基础写入总纲，详细规定了党内民主和集中统一领导，为抗日战争的胜利凝聚了力量。纪律建设的目的是纪律执行，新民主主义革命时期，我们党也十分重视培植党员的纪律意识。例如，以毛泽东同志为代表的中国共产党人提出“三大纪律六项注意”，随后又发展为“三大纪律八项注意”，此后由程坦作词，刘华清作曲，制作的《三大纪律八项注意》唱遍了全军、全党、全国。在残酷的革命战争年代，党的纪律建设不仅确保了党的先进性和纯洁性，也凝聚了党的革命力量，提高了党的组织力，对革命的最终胜利具有极其重要的意义。

四是群众化的工作方式。塞缪尔·P. 亨廷顿在《变化社会中的政治秩序》一书中鲜明指出，政党“吸收农村群众进入政治体系，在农村和城市之间架起了桥梁，而这正是处于现代化之中的国家政治稳定的关键”②。中国共产党作为代表最广大人民利益的无产阶级政党，当然要以实现人民利益为目的，以密切联系群众为工作方式。“农村基层党组织是党在农村全部工作和战斗力的基础”③，农民群众是农村基层党组织工作的直接作用对象，对农民群众的态度和工作方式直接决定了农村基层党组织组织力的性质和强弱。新民主主义革命时期，农村基层党组织通过其群众化的工作方

① 《建党以来重要文献选编（一九二一——一九四九）》（第 5 册），中央文献出版社，2011，第 480 页。

② 塞缪尔·P. 亨廷顿：《变化社会中的政治秩序》，王冠华等译，上海人民出版社，2008，第 381 页。

③ 《十九大以来重要文献选编》（中），中央文献出版社，2021，第 364 页。

式和组织方式深入农村地区，以极高的组织力不仅将分散的农民群众组织起来为革命斗争储备了革命力量，还推动农村地区社会制度的变革，确保了党在农村地区的领导地位和农民群众当家作主。关于群众化的工作方式的具体内容，主要包括“如何说服争取农民”“如何宣传发动农民”“如何组织农民”等系列问题。首先，关于“说服争取农民”的问题。张闻天提出：“我们都必须在实际上解决这些问题，使群众相信我们是处处为了他们的利益，为了改善他们的生活而斗争的。”① 实现农民利益、解决农民群众在实际生活中遇到的问题，是我们党说服群众、取得群众信任的主要方式。新民主主义革命时期，受革命战争的影响，商品流通和交换困难，农民群众普遍存在犁牛等农业生产工具和肥料、种子等农业生产资料短缺的问题。为此，农村基层党组织领导开展了犁牛合作社等工作，切实解决了农民群众生产难的问题，获得了农民群众对中国共产党的信任与支持。对此，张闻天总结道：“一切事实都证明，只有我们真正细心的了解群众的困难，耐心解决他们的困难，为保护他们的利益而斗争时，说服群众，动员群众工作，才能胜利的进行。”② 其次，关于“宣传发动农民”的问题。新民主主义革命时期，农村基层党组织采取了多样灵活的方式。例如，文艺宣传方式，利用小册子、画报、民谣和秧歌剧等农民群众喜闻乐见的形式，扩大了党的纲领路线在老百姓中的影响力；教育普及方式，以自然村为单位，通过创办夜校、补习学校、识字班等对农村地区开展扫盲运动，提高农民群众的思想觉悟。最后，关于“组织农民”的问题。毛泽东提出力戒官僚主义和命令主义的方式方法，提出“做农民运动工作的人，必须注意先使他自己的言语行动生活服饰农民化，而后始能接近农民”③，组织农民。毛泽东在井冈山斗争时期，通常采用农民的乡土话与农民群众交流、向农民群众宣传，既增进了与农民群众的感情，也有利于农

① 《建党以来重要文献选编（一九二一——一九四九）》（第 10 册），中央文献出版社，2011，第 407 页。

② 《建党以来重要文献选编（一九二一——一九四九）》（第 10 册），中央文献出版社，2011，第 408 页。

③ 《建党以来重要文献选编（一九二一——一九四九）》（第 3 册），中央文献出版社，2011，第 305 页。

民群众的组织工作顺利开展。

二 社会主义革命和建设时期的农村基层党组织组织力建设

1949 年新中国成立后，中国共产党开启了探索社会主义革命和建设道路的新时期。农村地区作为党执政的根基，是党展示自己执政能力和领导本领的大舞台，也是农村基层党组织组织力建设的实践场域。这一时期农村基层党组织组织力建设分为土地改革时期的组织力建设、社会主义改造时期的组织力建设和人民公社时期的组织力建设，以毛泽东同志为主要代表的中国共产党人总结新民主主义革命时期农村基层党组织组织力建设的历史经验，着眼于推动农业农村发展以服务社会主义工业发展的现实任务，推动了这一时期农村基层党组织组织力的快速提升。

1. 土地改革时期的农村基层党组织组织力建设

1949 年新中国的成立，标志着新民主主义革命的基本胜利，但是由于封建地主阶级在偏远农村地区依旧存在、国民党残余势力也还盘踞在西南和华南地区，特别是他们相互勾结、到处破坏，导致当地农民群众苦不堪言，这一时期人民大众同地主阶级、国民党残余势力是当时中国社会的主要对抗关系。对此，我们党提出要在新解放区“有步骤地将封建半封建的土地所有制改变为农民的土地所有制”[①]，开展土地改革运动，肃清地主阶级和国民党残余势力，巩固新生的政权。为了完成这一政治任务，一批党员干部队伍到农村地区履行农村党组织的职责，对农村地区开展了自上而下、由内到外的改革。一是领导农民群众开展清匪反霸运动。例如，广东平远县清匪反霸斗争的胜利，在促进该地区农村经济发展、维护国家稳定、巩固新生的人民政权等方面，发挥了极其重要的作用。二是废除封建土地剥削制，实行土地农民所有制。这不仅在经济上保证了农民当家作主，而且提高了农民的经济地位，激发了农民生产的积极性，为社会主义工业化积累了物质基础。三是政治上让农民自己管理自己。这一时期，农村基层党组织在农村地区推动建立了民主选举制度，由农民选出自己的代

① 《建党以来重要文献选编（一九二一——一九四九）》（第 26 册），中央文献出版社，2011，第 759 页。

表参与管理本村的事务，这在政治上保证了农民当家作主，提高了农民的政治参与意识，巩固了新中国的工农联盟。四是在农村地区推动建立“农村工作部”。其职责是确保党更好地领导农民群众开展农业合作化运动，以配合即将开展的社会主义工业化建设。五是通过开展扫盲识字运动、进行科学技术教育等方式提高农民群众知识素养和科学素养，通过发行通俗读物、开展文艺活动、建立农村广播等方式丰富农民群众的精神文化生活，营造农村社会新风尚。由此可见，这一时期农村基层党组织组织力致力于经济上解放农村生产力、政治上求得农民翻身做主、文化上丰富农民的精神世界，这不仅确立了党同人民群众的关系逻辑，而且推动了工农联盟展现出新的生机活力，稳定了新生的人民政权。

2. 社会主义改造时期的农村基层党组织组织力建设

1953 年春，土地改革运动进入收尾阶段。同年 2 月，在全国农村范围内掀起了农业社会主义改造的运动。农业社会主义改造运动为农村基层党组织组织力建设提供了广阔的空间。农业社会主义改造经过了三个发展阶段，即农业互助组阶段、初级合作社阶段和高级合作社阶段，不同阶段农村基层党组织重点任务稍有不同，其组织力的作用对象也有所偏差，但其基本是围绕以下工作开展的。一是在农业社会主义改造中，农民体会到合作社在农业生产中的优势，从而激发了农民增强合作的意愿，提升了农民生产的积极性和农业生产的效率。二是农村基层党组织在乡村地区的渗透，在这一时期达到了最大化，并且在农村地区形成了“政社合一”的治理模式，推动了新农村社会的发展变化。三是通过选举贫下中农积极分子担任乡村合作社中的支委、队长和会计等职务，确保农民真正当家作主，真正享有民主权利。到 1956 年底，全国已经有 96.3% 的农户加入了合作社，顺利完成了农业领域的社会主义改造，这不仅提高了农民的生活水平，也是我们党通向社会主义道路的一次有益尝试。

3. 人民公社时期的农村基层党组织组织力建设

1958 年初，党和国家领导人基于对当时形势的研判，提出小型的农业合作社已经不适应社会主义农业的生产发展，应当推动农业合作社向更高形式的方向发展，建立人民公社。对此同年 3 月，中共中央政治局审议通过了《中共中央关于把小型的农业合作社适当地合并为大社的意见》，提出“为了适应农业生产和文化革命的需要，在有条件的地方，把小型的农业合作社有计划地适当地合并为大型的合作社是必要的”①。此后，人民公社化运动在全国农村地区全面铺开。这一时期，农村基层党组织围绕人民公社化运动主要开展了以下工作。一是以“乡”为单位，把一乡之内的所有自然村的农业生产合作社合并为人民公社，并且坚持政社合一的原则，“乡党委就是社党委，乡人民委员会就是社务委员会”②。二是建立人民公社的生产及治理体系。根据不同地方的实际情况，这一治理体系既可以是三级，即“人民公社—生产大队—生产队”，也可以是两级，即“人民公社—生产大队”，其中生产大队是最基层的生产和治理单位，其职能主要是负责组织农民参与集体劳动并按照劳动工分发放劳动酬劳。三是以公社委员会为权力的直接行使机构，统筹公社内包括政治、经济、科教文卫等在内的所有农村事务。四是加强公社内党支部建设，以确保党在人民公社中的领导地位。这一时期在农村基层党组织的引领下，提高了农业生产效率，为社会主义工业化提供了原始积累，农村在水利、文化、教育等方面也取得了长足进步。

4. 社会主义革命和建设时期的农村基层党组织组织力建设的具体举措

社会主义革命和建设时期，虽然农村基层党组织组织力建设经历了曲折发展，但是为了提升农村基层党组织组织力，我们党也采取了许多有益的尝试，主要有以下四个方面。

第一，以制度建设规范和纠正。社会主义革命和建设时期，我们党总结了新民主主义革命时期农村基层党组织制度建设的经验，根据社会主义革命和建设的现实需要，出台了一系列关于农村基层党组织建设的制度、文件，既规定了执政条件下农村基层党组织组织力的任务、功能、目的，也纠偏了农村基层党组织组织力在发展中存在的错误导向，确保以强有力的农村基层党组织组织力推动农村地区的改革和发展。新中国成立后的最

① 《中共中央文件选集（一九四九年十月——一九六六年五月）》（第 27 册），人民出版社，2013，第 315 页。

② 《中共中央文件选集（一九四九年十月——一九六六年五月）》（第 28 册），人民出版社，2013，第 407 页。

初两年，基于对党组织发展质量的慎重考量，党中央采取了限制发展农村基层党组织和党员的政策，例如，1950 年，《中共中央关于发展和巩固党的组织的指示》明确提出，“今后对农民党员的发展，应加以限制……在新区农村中，目前暂不发展党的组织”[①]。1951 年《关于发展新党员的决议》再次明确提出限制农民党员和农村党组织的发展，这是党中央基于优化党内结构、纯洁党组织慎重考量的结果。虽然具有一定的合理性，但在很大程度上影响了农村工作的顺利开展。直到 1952 年以后，随着土地改革运动的顺利完成和农业合作化运动的开展，党中央开始调整政策，由限制农村基层党组织发展转变为鼓励农村基层党组织发展，提出要在全国农村广泛建立基层党组织，对此，同年 5 月，《关于在“三反”运动的基础上进行整党建党工作的指示》对新区农村基层党组织建设的方法步骤作了规定。1954 年 6 月，《关于第二次全国农村工作会议的报告》提出没有支部的乡应当积极发展党员和建立党组织。1956 年 9 月党的八大修改的党章又明确提出每一个乡镇、每一个农业生产合作社，在有 3 名党员的基础上必须建立党的基层组织，并且鲜明强调党组织在农村各项工作中的领导地位。1957 年 1 月中央组织部提出了关于农村基层党组织建制层级的原则性建议。针对农村党员发展过快导致有些地方党员质量下降的现状，1962 年 9 月，《农村人民公社工作条例（修正草案）》规定，农村基层党组织应当做好思想政治工作，加强党组织的组织性和纪律性建设，健全党组织生活，发挥好党支部的堡垒作用和党员的模范作用。党中央关于农村党组织建设的制度、方针、政策极大地推动了农村党组织建设的进程，大量的农村基层党组织在这一时期建立，农村党员人数也激增，这改变了农村地区“一盘散沙”的现状，重构了农村社会的治理体系和权力结构，为农业合作化运动和人民公社化运动提供了坚强的组织保障。

第二，加强党员干部队伍建设。随着农村基层党组织和农村党员数量的急剧增加，党内的纯洁性和先进性问题也日益增多，加强党员干部队伍建设以提升农村基层党组织组织力成为摆在党面前的一个现实问题。党中

① 《中共中央文件选集（一九四九年十月——一九六六年五月）》（第 3 册），人民出版社，2013，第 59 页。

央根据农村基层党组织党员干部队伍出现的新情况和新问题，采取了一系列措施。一是强化党员干部队伍的管理和监督。1953 年 9 月 ~10 月，中共中央在北京举行第二次全国组织工作会议，会议指出，“一揽子”党员干部管理体制存在重大弊端，需要改革，并提出了建立“分部分级管理干部制度”。同年 11 月下发《关于加强干部管理工作的决定》，对这次会议草案以正式文件的形式下发各地。分部管理要求将全体党员干部划分为宣传部、统战工作部、农村工作部等九部类，各部党员干部既受党中央的监管，也受其所属部类的监管。分级管理是指党员干部受所在层级党委监管。农村基层党组织属于农村工作部，农村党员干部不仅受党中央监管也受党委的农村工作部监管，农村基层党组织属于党的基层组织，农村党员干部受农村基层党委监管。分部分级管理干部制度既可以把干部管理和业务管理结合起来，也可以明确党员干部所属党组织监管本组织内干部的范围和职责，做到了既考察党员干部的政治素养，也考察党员干部的业务素质，这把党的干部管理工作推向了新高度。二是清查党内不合格干部。1952 年，党中央先后下发了《关于“三反”运动应和整党运动相结合进行的指示》和《关于在“三反”运动的基础上进行整党建党的指示》，1953 年，又下发了《关于审查干部的决定》，在全党掀起了清查和审理不合格干部的高潮，有力清除了党内退化堕落分子、反革命分子等，纯洁了党的队伍；取消了某些不合格基层党组织和机构，完善了党的组织体系。三是加强干部队伍的教育。为了保证顺利完成社会主义革命和建设时期的历史任务，毛泽东向全党发出了“必须克服困难，我们必须学会自己不懂的东西”① 的号召。在这一号召的指引下，全国党员干部队伍掀起了“学习热”，既学习马克思主义理论，提高党员干部的理论素养，也学习科学文化知识，提高党员干部的业务素养。在新中国成立前夕，毛泽东就重新审定了包括《政治经济学》《共产党宣言》《论列宁主义基础》等在内的十二本干部必读书目。1951 年 3 月，党中央下发了《关于加强理论教育的决定的通知》，提出通过党校教育、学校教育和在职培训等途径，对党员干部进行系统的马克思列宁主义、毛泽东思想的教育。针对

① 《毛泽东选集》(第 4 卷)，人民出版社，1991，第 1481 页。

农村基层党组织农民党员干部占比较大的现状，通过速成学校、文化补习班、技术专修班等短期速成的途径，为农村基层党组织培养了一大批具备中等文化水平的干部队伍，为农业社会主义改造和建设提供了人才支持。

第三，强化党的纪律教育。新中国成立后，党中央针对领导人民群众进行社会主义革命和建设的实践中出现的新问题，把党的纪律教育挺在前面，为农村基层党组织组织力建设设置了“高压线”，为社会主义革命和建设提供了纪律支撑。新中国成立后，受主观和客观等各种因素诱导，党内滋生了各种腐朽思想和不良作风，影响了党在人民群众中的形象。为了改变这一状况，党中央提出加强党的纪律教育。从 1949 年 11 月开始，各级纪律检查委员会相继成立，为党的纪律教育提供了载体。1950 年 5 月，党中央向全党全军发出了开展整风运动的指示，为那些思想不纯、行为不端的党员干部敲响了警钟。1951 年 12 月，党中央作出《关于实行精兵简政、增产节约、反对贪污、反对浪费和反对官僚主义的决定》，在全党又展开了“三反”运动，其主要目的是反腐倡廉，抵制资产阶级腐朽思想对党员干部的侵蚀。1952 年 2 月，《关于加强纪律检查工作的指示》明确了各级党委在纪律检查工作中的领导地位。1953 年 1 月，《关于反对官僚主义、反对命令主义、反对违法乱纪的指示》又在全党全军掀起了“新三反”运动，其目的是在全党全军开展一次党风廉政教育。1955 年各级党组织先后成立监察委员会，其职责是对违规违纪的党员干部进行检查和处理。这一时期的纪律教育不仅净化了党内的政治生态，也引导了社会风气，增强了党的团结和统一，为顺利开展社会主义革命和建设提供了坚强的政治保障。这一时期各地党组织按照党中央的指示和要求，探索和创新出了许多行之有效的开展党的纪律教育的方式方法。一是创新发展了纪律教育和案件处理同步的教育方法，即针对某些党员干部在领导农村工作中出现的违纪违法行为，及时检查和处理，同时也对其他党员干部进行警示教育，这一教育方法可以有力遏制党内思想不纯、动机不纯的现象。二是采取“纵横交错”的方式方法开展党纪教育。从纵向来看，我们党建立了从中央到地方再到基层的完整的党员培训网络，从横向来看，各级党组织根据不同时期所承担的中心任务，采取板报、小册子、歌曲、图片展示等方式方法对党员干部进行纪律教育。纵横交错的党的纪律教育网络可以确保党的纪律教育渗透在党员干部政治生活的方方面面，以达到教育的效果。三是“教育为主、处分为辅”的方针为更好开展党的纪律教育提供了保障。在这一方针指导下，将党的纪律教育严格与对敌斗争区别开来，按照党章的规定开展党的纪律教育和违纪案件的处理，在这一方针的指导下，既挽救了党内的一批干部，也提高了党的纪律教育的效果。

第四，密切联系群众。新中国成立后百废待兴，我们党不仅要顶住国际压力，继续完成新民主主义革命时期的历史任务，还要进行社会主义改造和建设，从而巩固新生的政权，这是摆在我们党面前的一个现实课题。以毛泽东同志为主要代表的中国共产党人坚持和发展马克思主义唯物史观，提出“人民民主专政的基础是工人阶级、农民阶级和城市小资产阶级的联盟，而主要是工人和农民的联盟”①，“由新民主主义到社会主义，主要依靠这两个阶级的联盟”②。这一思想直接构成了社会主义革命和建设时期党员干部密切联系群众的引力。1950 年 4 月，党中央下发了《关于在报纸刊物上展开批评和自我批评的决定》（以下简称《决定》），鼓励和支持群众对党员干部和党组织的行为进行监督。这一《决定》一经下发就激起了人民群众的热情，据《人民日报》统计，《决定》下发后的一个月群众来信数量激增了一倍。对此，毛泽东指出，“请你们对群众来信认真负责，加以处理，满足群众的要求。对此问题采取忽视态度的机关和个人，应改正此种不正确态度，望加检讨”③。进入全面建设社会主义时期，为了团结人民群众、艰苦奋斗，我们党提出了密切联系群众的制度化建设思路，例如，加强人民民主的法治建设，从法律的层面规定人民群众的主体地位，保障人民群众的权利和利益。同时建立党员干部下放参加劳动的长效制度，密切党员干部与劳动群众的联系。

---

① 《毛泽东选集》（第 4 卷），人民出版社，1991，第 1478 页。

② 《毛泽东选集》（第 4 卷），人民出版社，1991，第 1479 页。

③ 《毛泽东年谱（一九四九——一九七六）》（第 1 卷），中央文献出版社，2013，第 250 页。

三　改革开放和社会主义现代化建设新时期的农村基层党组织组织力建设

改革开放和社会主义现代化建设新时期的历史任务之一是改革，具体在农村地区，就是以农村基层党组织组织力引领农村经济、政治、社会、生态等各个方面的大变革和大发展。这一时期，为农村基层党组织组织力的提升提供了机遇和舞台，农村基层党组织组织力建设在这一时期经历了改革开放初期的初步探索阶段、20 世纪末和 21 世纪初的主动适应阶段以及党的十六大以后的持续深化阶段，为新时期农村的改革和发展提供了强大的动能和力量支撑。

1. 初步探索时期的农村基层党组织组织力建设

1978 年冬，安徽省凤阳县小岗生产队“分田到户”协议的秘密签订，拉开了农村改革的序幕。这一时期农村基层党组织组织力的实践场域发生了重大转换。在农业集体化发展时期，管理上的过于集中、分配上的平均主义，降低了农民生产的主动性和积极性，在国家加大力度投资农业生产发展背景下，农业发展速度并没有提高，农民的生活也没有得到改善。小岗生产队实行的“包产到户”，极大地调动了小岗生产队社员生产的积极性，1980 年小岗村的粮食总产量创历史新高，农民实现了“一季翻身”“一年翻身”。对此，邓小平评价道：“农村政策放宽以后，一些适宜搞包产到户的地方搞了包产到户，效果很好，变化很快。”① “包产到户”得到了党中央的认可和支持。1984 年在党中央的支持和推动下，全国极大部分农户已经实行了家庭联产承包责任制。家庭联产承包责任制的推行，既为农村基层党组织组织力建设提供了新舞台，也对农村基层党组织组织力建设提出挑战，例如，“一些地方由于放松了领导，生产队的机构和领导班子陷于瘫痪、半瘫痪状态，致使很多工作无人负责”②，“有极少数党员、干部，在放宽经济政策的过程中，以权谋私，化公为私，侵占国家、集体和群众的利益，引起群众的严重不满”③ 等。对此，以邓小平同志为主要

---

① 《邓小平文选》（第 2 卷），人民出版社，1994，第 315 页。

② 《中共中央国务院关于“三农”工作的一号文件汇编（1982—2014）》，人民出版社，2014，第 17 页。

③ 《十二大以来重要文献选编》（上），人民出版社，1986，第 438 页。

代表的中国共产党人对加强农村基层党组织组织力建设作出系统部署，主要包括以下方面。

第一，通过强化农村党员干部的教育和培训工作，提升农村基层党组织组织力。重视党的思想建设是我们党的优良传统和不断取得胜利的重要保障。新时期，改革开放战略的提出和推进，迫切需要党加强自身的思想建设，以适应时代的发展。改革开放特别是家庭联产承包责任制在全国农村地区的逐渐推行，使得商品经济的逻辑延伸到农村地区，打破了农村地区原来的社会交往和社会治理格局，这给农村基层党组织带来了极大挑战。如何适应农村地区经济社会的发展和变革，成为摆在农村基层党组织面前的一项现实课题。对此，党中央号召农村基层党组织加强思想建设，特别是加强学习和教育，以极高的理论素养和业务素养更好地引领农业农村的现代化发展。基于这一号召，1982 年全国农村工作会议明确提出，“从一九八二年起，要以县或公社为单位，利用农闲时间有计划地对农村党员，首先是社队干部进行分批轮训”[①]。1983 年党中央提出，“对党员和干部的教育，应有一个全面的规划，使这一工作逐步走上经常化、正规化、制度化”[②]，以制度化的方式对党员干部要进行经常化的教育作出规定，以增强党员干部教育工作和培训工作的持续性、系统性。1984 年中央一号文件向全党提出了“争取在三五年内把基层主要干部轮训一遍”[③] 的要求，这一次的干部轮训的内容不仅要求加强党员干部的马克思主义理论教育和党的创新理论教育，还要求加强科学技术教育和经营管理教育，提高党员干部的综合素质。农村党员干部通过教育培训，不仅坚定了政治立场和政治信念，还提高了在农村地区贯彻党的方针政策的能力，极大地提升了农村基层党组织组织力。

第二，通过选优配强党组织带头人，提升农村基层党组织组织力。组织带头人在党组织中具有把脉定向、组织领导、示范引领等作用，组织带头人坚强有力，党组织组织力建设就有灵魂和方向。因此，加强农村基层

① 《中共中央国务院关于“三农”工作的一号文件汇编（1982—2014）》，人民出版社，2014，第 19 页。

② 《十二大以来重要文献选编》（上），人民出版社，1986，第 277 页。

③ 《十二大以来重要文献选编》（上），人民出版社，1986，第 437 页。

党组织组织力建设必须选优配强农村基层党组织带头人。改革开放初期，我们为了加强农村基层党组织带头人建设，主要采取了以下两项措施。一是从选人用人导向方面来看，我们党主张从优秀党员中选拔农村基层党组织带头人，“村的党支部、村民委员会和合作组织的干部，要经过选举，由具有献身精神和开拓精神、办事公道、能带领群众致富的人担任”①。1988 年 11 月全国农村工作会议再次强调：“要选拔政治素质好、具有商品经济观念和一定的经营管理能力，又能密切联系群众的优秀干部到基层领导岗位上来。”② 二是从党组织带头人的管理导向方面来看，我们党主张实施激励政策激发党组织带头人的积极性。1987 年党中央提出，应该由本地农民群众商议，给常年服务于农村基层党组织的村干部补贴，并且制定规定保证这一决定落实。1991 年，中国共产党第十三届中央委员会第八次全体会议通过的《中共中央关于进一步加强农业和农村工作的决定》对这一决定作了补充，提出给农村党员干部的劳动报酬应当与其工作业绩挂钩，多劳多得，有条件的地区可以实行村干部退休保险制度。这两项举措既能选优配强农村基层党组织带头人，也能提高农村基层党组织带头人的积极性，为农村基层党组织组织力建设提供人才支撑。

第三，通过整党治党，提升农村基层党组织组织力。在农村基层党组织组织力建设中，基层党组织是载体，农村党员干部是施力者，因此提升农村基层党组织组织力关键在于把农村基层党组织建设得更加坚强有力，在于农村党员干部始终发挥先锋模范作用。但是，改革开放后，在市场经济的冲击下，部分农村基层党组织存在软弱涣散现象，甚至一些农村地区出现农村党组织瘫痪的情况，对此，1982 年党的十二大向全党发出了进行一次全面整顿的号召，这次党的全面整顿历时三年，共分三期，其中对农村基层党组织的整顿在第三期。整顿的重点问题是解决存在严重以权谋私、违法乱纪的农村党员干部，强化农村基层党组织领导班子建设；整顿的目标是纯洁农村基层党组织，强化农村党员干部与农民群众的联系，改变农村基层党组织软弱涣散的情况，加强农村基层党组织在农村各项工作

① 《改革开放三十年重要文献选编》（上），中央文献出版社，2008，第 452 页。

② 《十三大以来重要文献选编》（上），人民出版社，1991，第 337 页。

中的领导地位，充分发挥好农村基层党组织的领导核心作用和农村党员干部的先锋模范作用。这次整顿，有效解决了农村基层党组织软弱涣散问题，为农村基层党组织组织力建设提供了载体支撑。

第四，通过优化组织设置，提升农村基层党组织组织力。随着农村市场化改革的渐次推进，农村地区的产业结构和党员的分布也发生了许多新变化。例如，新的经济联合体的入驻改变了农村地区以往以农业生产为主要生产方式的产业结构；社会主义市场经济下大量农村党员向城市流动，提升了农村基层党组织党员管理的难度。这一新变化给农村基层党组织组织力在党的领导和党员管理等方面带来了新挑战，对此，1986 年中央组织部下发了《关于调整和改进农村中党的基层组织设置的意见》（以下简称《意见》），其目的是想通过调整党组织设置形式来提升农村基层党组织在新经济联合体中的领导地位和对流动党员的管理弹性。例如这一《意见》提出，村办企业有党员 3 人以上的可以设置党小组，跨村、跨乡、跨县企业可以单独设置党支部，集体外出的农民党员根据人数多寡设置党支部或者党小组，由原来的村党支部管理等。在这一《意见》的指导下，不仅严密了农村基层党组织组织体系，还有利于提升农村基层党组织组织力。

2. 主动适应时期的农村基层党组织组织力建设

随着改革开放的深入推进，特别是社会主义市场经济体制的逐渐确立，农村的商品经济发展速度极快，这深刻改变了农村基层党组织组织力的环境场域。这一时期农村的经济政治社会等方面发生了重大变化，从收入方面来看，在家务农的收入与外出经商务工的收入差距逐渐拉大，极大激发了农民外出务工的意愿；从政治方面看，大批农村党员干部外出经商务工，导致集体的政治活动难以正常开展，组织生活难以正常开展，外出务工经商党员的思想动态难以掌握；从社会治理方面看，乡村精英大量流入城市，使基层政府缺少上传下达的中间人，影响国家政策在农村地区的传达和贯彻，这不仅影响乡村正常的社会秩序，而且引发乡村治理危机。农村环境的巨大变化，严重削弱了农村基层党组织在农村社会事务中的领导地位，特别是面对新情况和新问题，农村基层党组织不主动识变、求变，致使党的规章制度和组织体系无法适应新环境，党的凝聚力和战斗力不断降低，陷入了软弱涣散的困境之中，软弱涣散的农村基层党组织无法服务农民群众的现实需要，导致党群关系紧张，进而诱发了其他一系列乡村管理问题。以江泽民同志为主要代表的中国共产党人面对农村基层党组织组织力建设存在的痛点和难点，积极采取以下措施提高农村基层党组织组织力。

第一，明确规定农村基层党组织组织力建设的目标方向和重点任务。农村基层党组织作为其组织力的主要施力者，其职责决定了农村基层党组织组织力建设的目标方向和重点任务。1990 年 8 月 5 日至 10 日，中央组织部、民政部、中央政策研究室等五个部门共同召开了全国村级组织建设工作座谈会，会议围绕新形势下村级党组织建设以及村级党组织领导等问题进行分析和交流。会议认为村级党组织在农村各项事务中应当处于领导地位，其主要职责是在农村地区宣传、贯彻和执行党的路线、方针和政策，领导农民群众进行经济建设、精神文明建设和社会治理，负责党支部的建设、农村党员的考核和发展，领导村级其他社会组织。[①] 1994 年，党中央提出了农村基层组织建设“五个好”的目标要求，即好领导班子、好队伍、好发展路子、好经营体制、好管理体制，“五个好”点出了农村基层党组织组织力建设的目标任务，实现“五个好”，就意味着农村基层党组织组织力建设得好。随后江泽民把“五个好”概括为“两条”，即“一条是有人办事，一条是有钱办事”[②]，有人办事就是有好领导班子、好队伍，有钱办事就是有好的发展路子、好的经营体制和好的管理体制，“两条”为农村基层党组织组织力建设提供了目标指引。

第二，确立农村基层党组织“好党支部书记”标准，为农村基层党组织组织力选配好发力者。农村基层党组织建设好，农村基层党组织组织力建设强，关键在于把领头雁选配好。宋平明确指出，好的党支部书记应当具备三个条件，即“一是有理想，政治上强，执行党的路线和方针政策坚

① 《全国村级组织建设工作座谈会纪要》，《农村经营管理》1991 年第 4 期。

② 江泽民：《论社会主义市场经济》，中央文献出版社，2006，第 310 页。

决、认真；二是廉洁公正，不谋私利，不怕吃亏，有献身精神；三是能带领群众勤劳致富、共同致富，有干劲和真本事”①。1994 年，党的十四届四中全会提出，农村党支部书记应当“认真贯彻党的路线方针政策、公正廉洁、年富力强、能带领群众致富”②。在这基础上，1998 年江泽民又把能否按照党中央的政策创造性开展工作作为衡量农村党支部书记是否合格的重要标准。我们党对农村党支部书记标准认识逐渐深化，标志着我们党对农村基层党组织组织力建设规律认识逐步提升。

第三，完善制度规范，为农村基层党组织组织力建设提供制度支撑。制度建设是更具根本性、全局性和长期性的建设，新时期加强农村基层党组织组织力建设，必须从制度建设中获得支持和力量。这一时期，以江泽民同志为主要代表的中国共产党人，在总结吸取农村基层党组织组织力建设的经验和教训的基础上，于 1994 年下发了《关于加强农村基层组织建设的通知》，对农村基层党组织的建设工作以及农村基层党组织领导农村各项工作作了制度化和规范化的规定。1999 年党中央出台的《中国共产党农村基层组织工作条例》对农村基层党组织的组织体系、职责任务、领导地位、自身建设等方面又作出了详细规定。一系列规范党组织工作、活动和党员行为的条例、规则等法规规范的出台，为农村基层党组织组织力建设规定了目标方向和具体内容，充实和完善了中国共产党关于农村基层党组织组织力建设理论。

第四，加大整治软弱涣散的农村基层党组织的力度，为农村基层党组织组织力建设提供坚强有力的载体。在社会主义市场经济和农村商品经济的冲击下，这一时期农村基层党组织软弱涣散的现象依旧严重。对此，1994 年党中央提出“力争在三年内把处于软弱涣散和瘫痪状态的基层组织整顿和建设好”③。在这一号召的指引下，全国农村地区掀起了加强村级党组织建设的热潮，并形成了党委书记带头建设、党委分工负责和有关部门参与建设的工作格局。通过此次建设热潮，到 1997 年底，已经整顿了

① 《宋平论党的建设文选》，中央文献出版社，2000，第 148 页。
② 《十四大以来重要文献选编》（中），人民出版社，1997，第 967 页。
③ 《十四大以来重要文献选编》（中），人民出版社，1997，第 1046 页。

20.8万个软弱涣散和瘫痪状态的村级党支部，这不仅有利于其所在行政村各项事业的发展，还极大提高了党在农村社会中的领导地位。[①]

第五，吸纳农村社会中的新阶层进入党组织，为农村基层党组织建设提供新生力量。改革开放以后，特别是社会主义市场经济体制的建立和完善，越来越多的农民群体进入城市，他们在城市中要么务工、要么经商，这使农民群体收入的差距拉大和农村社会阶层的分化。农村社会阶层的分化使得农村基层党组织必须考虑能否吸纳新兴阶层进入党组织，如果能，对于这部分的党员如何管理和教育？江泽民指出，农村基层党组织应当积极吸纳农村社会中新兴阶层进入组织，积极利用他们的资源更好领导农村各项事业的发展，同时指出，吸纳新党员应当树立鲜明的标准，即把是否承认党的纲领和章程、是否自觉拥护党的方针政策、是否为实现党的目标奋斗作为吸纳新党员的首要标准。[②] 在这一思想的指导下，各地农村基层党组织积极吸纳思想觉悟高、政治立场坚定的农村新兴阶层进入党组织，并且不断提高他们的政治觉悟，这既增强了农村基层党组织的凝聚力和引领力，也为农村基层党组织组织力建设输送了新鲜血液。

3. 持续深化时期的农村基层党组织组织力建设

进入21世纪，农村的改革和发展已经取得了一系列成绩。例如，农产品生产水平极大提高，基本上告别了农产品短缺的时代，但是“三农”问题依然存在。这些是当时农村基层党组织亟待解决的现实难题。加强农村基层党组织组织力建设以应对这些新矛盾和新问题，成为摆在我们党面前的一项现实课题。以胡锦涛同志为主要代表的中国共产党人开始重视“三农”问题，并把解决“三农”问题提升到全党工作的重中之重的战略高度进行审视，通过中央一号文件的形式对农村基层党组织组织力建设作出系统的、科学的部署和谋划，力图通过组织力的建设解决“三农”问题，这直接推动了农村基层党组织组织力建设进入了持续深化的发展阶段，其主要举措包括以下几点。

第一，加大国家财政的扶持力度，为农村基层党组织组织力建设提供

---

① 张明楚主编《中国共产党基层组织建设史》，福建人民出版社，2008，第448页。

② 《十五大以来重要文献选编》（下），人民出版社，2003，第2437页。

物质基础。党的十六大后，我们党开启了工业反哺农业、城市支持乡村的新阶段，这是我们党综合考量我国经济发展现状和农村改革发展现实所做出的正确的重大战略抉择。为了推动这一战略真正在农村落地生根，党中央加大了对农村基层党组织组织力建设的财力和物力的支持力度。一是加大对农村基层党组织的财政投入力度。2005 年的中央一号文件明确提出，“要关心农村基层干部，帮助他们解决工作和生活上的困难”①。2007 年党的十七大再次提出要“注重解决基层组织经费保障和活动场所等问题”②。2009 年党的十七届四中全会以制度化的方式落实国家财政对农村基层党组织组织力建设的支持工作。在党中央的反复倡导和国家制度的引导下，国家财政有序进入农村基层党组织，既从根本上扭转了农村基层党组织经费不足所导致的工作进展困难的局面，也极大提高了农村党员干部干事创业的积极性和主动性。二是助力农村基层党组织活动阵地的建设。2005 年的中央一号文件提出加强农村基层党组织固定的活动阵地的建设。2005 年 6 月，中央政治局又提出“以地方财政投入为主、中央财政适当补助、党费予以支持的办法解决村级组织无活动场所问题”③。2006 年以后，党中央财政加上地方财政的投入，使农村基层党组织彻底改变了以往“晴天大树下，雨天屋檐下”那种无固定活动场所的历史。

第二，开展党内教育活动，为农村基层党组织组织力建设提供思想基础。党内集中教育是中国共产党加强自身建设的一大法宝，是中国共产党自成立以来就始终坚持的优良传统。以胡锦涛同志为主要代表的中国共产党人，在党的十六大至党的十七大的十年间，共在全党开展了包括保持共产党员先进性教育活动、深入学习实践科学发展观活动、创先争优活动在内的三次党内集中教育活动，以触及灵魂、直达人心的教育方式，坚定了党员干部的理想信念、提高了党员干部的思想理论水平，为农村基层党组织组织力建设提供了思想保障。首先，保持共产党员先进性教育活动于

① 《十六大以来重要文献选编》（中），人民出版社，2006，第 531 页。

② 胡锦涛：《高举中国特色社会主义伟大旗帜 为夺取全面建设小康社会新胜利而奋斗——在中国共产党第十七次全国代表大会上的报告》，人民出版社，2007，第 54 页。

③ 《坚持改革创新 服务科学发展——党的十六大以来组织工作的进步历程（2002—2012）》，人民出版社，2012，第 181~182 页。

2005 年 1 月到 2006 年 6 月开展，为期一年半，其主要目标是提高基层党组织服务人民的能力和水平，主要任务是解决群众反映强烈的问题，密切党群关系。农村基层党组织的党内集中教育被安排在最后半年进行，通过这次集中学习，农村党员干部的理论素养明显提升、为人民服务的意识显著提高，极大地提高了基层党组织组织力。同时，从这次党内集中教育活动中我们党探索出了以制度为保障推动党内集中教育向常态化教育转变的方法。例如，《关于加强党员经常性教育的意见》《关于建立健全地方党委、部门党组（党委）抓基层党建工作责任制的意见》等文件的出台为常态化开展党内集中教育提供了制度保障，也为农村基层党组织组织力建设提供了制度支撑。其次，深入学习实践科学发展观活动于 2008 年 9 月开始，也是历时一年半左右，其总要求是“党员干部受教育、科学发展上水平、人民群众得实惠”①。农村基层党组织的集中教育被安排至 2009 年的下半年，通过此次实践活动，农村基层党组织建设得到加强，农村基层党组织组织力得以提升。最后，创先争优活动于 2010 年 4 月开始，历时两年半，其主要目标是“推动科学发展、促进社会和谐、服务人民群众、加强基层组织”②。各地农村基层党组织通过加强组织体系建设、阵地建设和完善制度体系，切实回应农民群众的心声，不仅纯洁了党性，提高了农民群众的满意度，其组织力建设也被推上了新高度。

第三，重视农村基层党组织作风建设，提升农村基层党组织组织力。党的作风是党的形象，其建设的好坏关系着党的生死存亡。农村基层党组织作为党在农村全部工作的基础，其作风建设的好坏直接影响组织力发挥的效果。因此，加强农村基层党组织组织力建设，必须高度重视农村基层党组织的作风建设。随着社会主义市场经济体制的确立和完善，部分农村党员干部在资本逻辑的影响下，思想道德开始滑坡，更有甚者在享乐主义、拜金主义和物质主义的影响下，以权谋私、权钱交易，严重扰乱了农村的社会秩序，影响了党在人民群众中的形象，阻碍了农村基层党组织组织力的提升。为了重振农村基层党组织在农民群众中的形象、缓和干群矛

① 《十七大以来重要文献选编》（中），中央文献出版社，2011，第 631 页。

② 《十七大以来重要文献选编》（中），中央文献出版社，2011，第 623 页。

盾、稳固执政根基，党的十六大以来，以胡锦涛同志为主要代表的中国共产党人高度重视并下发一系列文件指导农村基层党组织的作风建设。2003年，在中央农村工作会议上，胡锦涛同志提出了加强农村党员干部作风建设的三个问题，为农村基层党组织的作风建设指明了路径、规定了目标。2004年《中共中央国务院关于进一步加强农村工作提高农业综合生产能力若干政策的意见》的下发，对如何更好树立农村基层党员干部良好形象在其实际工作层面作了规定。2005年12月，《中共中央国务院关于推进社会主义新农村建设的若干意见》重申农村党员干部应当“发扬求真务实、踏实苦干的工作作风，广泛联系群众，增强带领群众增收致富的能力”①。2011年，中共中央、国务院下发的《农村基层干部廉洁履行职责若干规定》对农村党员干部的作风作了详细规定，直接把农村基层党组织作风建设推向了新高度。

第四，落实农村基层党建工作责任制，确保农村基层党组织组织力建设有人担责、有人负责。党的十六大以来，我们党总结农村基层党组织建设经验，根据新时期社会主义新农村建设的现实要求，提出了加强农村基层党建工作责任制建设的思路。首先，开展农村党的建设“三级联创”活动。2003年9月，中共中央办公厅印发了《关于深入开展农村党的建设“三级联创”活动的意见》，旨在对县乡村三级党建工作进行统筹安排、科学谋划，助推农村党建工作，其中，县级党组织在农村党建工作中负有领导责任，县委书记是第一责任人；乡镇党组织在农村党建工作中负有直接责任，承担承上启下作用；村级党委是农村党建工作的具体实施者，在农村党建工作中负有主体责任。三级党委上下联动、相互协作，既明确了各责任主体的具体任务和工作目标，也有利于发挥三者“合力”，激发农村基层党建的内生动力。其次，建立和健全干部激励机制，解决农村党员干部抓农村党建工作动力不足的问题。党的十六大以来，党中央把抓农村党建工作的成效作为党员干部考核、评优、提拔和薪资的标准之一，激发了党员干部大抓基层党建的热情。最后，建立健全考核评价体系，解决党建工作责任制考核难、考核弹性小、考核

① 《十六大以来重要文献选编》（下），中央文献出版社，2008，第153页。

实际操作性低的问题。2009 年，党的十七届四中全会明确提出，“完善党建工作考核综合评价体系”[①]，全面落实党建工作责任制。农村基层党建工作的责任承担者也是农村基层党组织组织力建设的责任承担者，推动农村基层党建工作责任制建设，客观上能够推动农村基层党组织组织力建设。党的十六大以来，以胡锦涛同志为主要代表的中国共产党人对农村基层党建工作责任制作的科学部署和战略谋划，推动了农村基层党组织组织力建设进入了持续深化的发展阶段。

第二节　农村基层党组织组织力建设的历史经验

农村基层党组织组织力建设的发展历史是由一定的时间、空间和实践活动构成的，作为相对于现在的过去式的时空存在和实践活动，对其进行梳理、分析和甄别并从中得到启发和经验对我们把握好新时代新征程农村基层党组织组织力建设的现在和未来具有极强的史鉴价值。我们试图从书籍、史料、文献中去追寻关于农村基层党组织组织力建设的记忆、记录和知识，但历史的本质不可能轻而易举跃然纸上，只有进行清晰的理论分析才能从卷帙浩繁的文献中找到真相、只有坚定辩证唯物主义和历史唯物主义的立场才能在扑朔迷离的历史现象中揭示本质、只有坚持正确历史观才能在纷繁复杂的历史事件中提炼发展规律。善于总结历史经验是我们党的优良传统，我们党在总结历史经验中形成了科学的方式方法，梳理和总结农村基层党组织组织力建设的发展历史，需要坚持这些科学的方式方法，从经验总结中得到关于农村基层党组织组织力建设的历史启示。

一　综合发挥各类建设主体的作用

唯物史观阐明了“人”是社会历史发展的推动者，这说明“人的实践活动”是构成社会历史发展的根本性要素。在农村基层党组织组织力建设

---

① 《中国共产党第十七届中央委员会第四次全体会议文件汇编》，人民出版社，2009，第38页。

的历史过程中，“人”发挥着建设主体的作用，因此，重视人主体性作用的发挥，就能有力推动农村基层党组织组织力建设。按照在建设实践中的地位和功能的划分，可以将农村基层党组织组织力的建设主体分为党员带头人、党员干部队伍和人民群众，只要综合发挥这些建设主体的作用，就能充分激发农村基层党组织组织力建设的主体力量。

第一，在加强农村基层党组织组织力建设中要高度重视驻村第一书记的作用。农村基层党组织的驻村第一书记是“火车头”和“领头雁”，驻村第一书记作用发挥的好坏直接影响着农村基层党组织组织力的高低。因此，加强农村基层党组织组织力建设，需要充分释放“头雁效应”，大力实施“头雁工程”。从历史研究中我们发现，在加强农村基层党组织组织力建设的过程中，我们党始终坚持选优配强和严管厚爱相结合，在优化驻村第一书记配置的过程中不断开辟农村基层党组织组织力建设的新境界。一方面，通过选优配强驻村第一书记为农村基层党组织组织力建设注入新动能。可以说，“农村工作队”和驻村第一书记都是党和国家为了积极推动农村的改革和发展而下派干部的制度安排，其制度内核和历史任务并无本质差别，只不过不同历史时期的表现形态和具体称呼不一样。① 从历史性角度看，不管是以前的“农村工作队”抑或现在的驻村第一书记，都有完整的选拔任用制度机制，并且制度呈现越来越严格规范的趋势，其目的是选拔优秀的、有能力的、政治立场坚定的、为农民谋利益的、懂农村工作规律的优秀党员进驻农村，全面领导农村改革和发展的各项事务。另一方面坚持严管和厚爱相结合，既以刚性的制度安排规定驻村第一书记有所为、有所不为，也加强对驻村第一书记在经济、情感等方面的关怀，做到在严管中激发第一书记的战斗力，在厚爱中提升驻村第一书记的干事创业的精气神。

第二，在加强农村基层党组织组织力建设中要重视发挥农村干部队伍的作用。农村干部队伍是农村基层党组织组织力建设的客体，即提高农村基层党组织组织力需要把农村干部队伍建设得坚强有力；同时农村干部队

① 丁辉侠：《继承、创新与发展：驻村第一书记制度变迁的基本路径与理论逻辑》，《学习论坛》2022 年第 1 期。

伍也是农村基层党组织组织力建设的主体，即加强农村基层党组织组织力建设需要农村党员干部发挥领导作用和先锋模范作用。可以说，农村党员干部在农村基层党组织组织力建设中是主体与客体的结合体。基于此，一方面，我们要通过剖析农村党员干部队伍来发现农村基层党组织组织力建设的着力点和重难点。农村基层党组织由组织内每个党员、党员干部构成，党员尤其是党员干部在思想、政治、作风和工作等方面存在的问题都是农村基层党组织组织力建设存在的问题，因此我们要善于管中窥豹，从对党员干部个体的分析和审视中，确定不同历史时期农村基层党组织组织力建设应当破解的问题。另一方面，我们应当提高农村党员干部队伍在领导农村工作中所表现出来的分析问题、解决问题的能力来提高农村基层党组织组织力。农村党员干部作为农村基层党组织组织力的实际践行者和具体施力者，在领导农村改革和发展过程中出现的各种问题，都需要靠每一位农村党员干部综合运用各种能力进行破解。与此同时，党中央关于农村改革发展的战略任务和关于农村的路线方针政策都需要每一位农村党员干部亲自贯彻和实施，从而不断推动农村基层党组织组织力建设取得新胜利。我们应当辩证分析农村党员干部在农村基层党组织组织力建设过程中的作用，以农村党员干部队伍建设推动农村基层党组织组织力建设，以农村基层党组织组织力建设带动农村党员干部建设。

第三，在加强农村基层党组织组织力建设中要广泛调动广大农民群众的力量。“人民群众是共产党的根基、血脉和力量源泉。”[①] 农村基层党组织组织力建设的主体不能仅限于党组织系统内部，中国共产党和农民群众是天然的政治联盟，中国共产党的利益始终与广大农民群众的利益捆绑一起，因此，农村基层党组织组织力建设的主体不仅包括施力者——农村基层党组织和农村党员干部，还应当包括受力者——广大农民群众。在农村基层党组织组织力建设过程中，农民群众是一面镜子，可以直接反映出农村基层党组织组织力的发力领域、施力内容和作用对象。这是由于保护农民的利益、满足农民的要求、为农民谋幸福是农村基层党组织组织力建设

① 曲青山：《人民群众：共产党的根基、血脉和力量源泉》，《马克思主义与现实》2019 年第 2 期。

的出发点和落脚点；农民群众是一把尺子，衡量着农村基层党组织组织力发力结果的好坏，只有满足人民群众意愿的发力结果才能受到农民群众的支持和赞许；农民群众是一把利剑，时刻监督着农村基层党组织和农村党员干部的语言和行为。因此，在加强农村基层党组织组织力建设的过程中，要充分了解农民群众的所思、所想和所愿，及时整改农民群众不满意的做法和行为，不断满足人民群众的要求，积极引领人民群众参与组织力建设的全过程，从而拓展农村基层党组织组织力建设的资源、聚合农村基层党组织组织力建设的力量。

二　高度重视党的战略策略

“政策和策略是党的生命。”[①] 战略和策略作为由理论通向实践的中介，是否树立战略思维、能否活用政策策略，直接关乎农村基层党组织组织力建设的成败。加强农村基层党组织组织力建设，要在高度重视党关于农村工作的战略和策略中，把握好农村基层党组织组织力建设的方向、策略和方法。从农村基层党组织组织力建设的发展历程来看，我们党始终坚持以科学的战略思维研判农村基层党组织组织力建设所处的时代方位和发展趋势，以灵活的政策和策略科学应对农村基层党组织组织力建设过程中出现的问题，从而将农村基层党组织组织力建设不断提高到新的水平。

第一，在农村基层党组织组织力建设过程中树立战略思维。战略上判断准确、谋划科学、赢得主动，农村基层党组织组织力建设就有了正确的方向。回顾党加强农村基层党组织组织力建设的奋斗历程可以发现，我们党始终坚持以马克思主义的思想和方法观察时代、判断时代、引领时代，正确把握农村基层党组织组织力建设的“时”与“势”，正确认识农村基层党组织组织力建设所处的时代方位和发展阶段，从而明确不同历史时期农村基层党组织组织力建设的发展方向。新民主主义革命时期，中国共产党人通过对当时社会经济关系的深入剖析，认识到半殖民地半封建是当时中国社会的性质，阶级矛盾和民族矛盾互相交替成为社会主要矛盾，这一

① 《毛泽东思想年编（一九二一——一九七五）》，中央文献出版社，2011，第579页。

时期党的主要任务是领导广大人民群众，推翻剥削和压迫中国人民的“三座大山”。基于对新民主主义革命时期历史方位的正确研判，我们党提出这一时期党在农村的工作主要是启发群众的阶级意识和革命意识，组织群众参与革命斗争。正是对历史方位的正确研判，我们党正确把握了党在农村工作中的正确方向，既建立了工农联盟，为革命斗争积聚了磅礴力量，也保证了革命的最终胜利，使农民翻身做主成为自己的主人。社会主义革命和建设时期，我们党审时度势，提出“从中华人民共和国成立，到社会主义改造基本完成，这是一个过渡时期”①，党在过渡时期的总路线和总任务是“一化三改”；在社会主义改造完成以后，我国进入社会主义发展阶段，这一阶段的主要矛盾是“人民对于建立先进的工业国的要求同落后的农业国的现实之间的矛盾”②，这一阶段的主要任务是建设社会主义国家。在这特殊的历史方位下，我们党提出在新民主主义阶段党在农村的主要任务是进行土地改革和肃清封建势力、国民党残余势力，在政治上和经济上实现农民真正当家作主；在社会主义建设阶段，党在农村的主要任务是推动农村改革，加快农业生产，为社会主义工业化建设奠定基础。改革开放和社会主义现代化建设新时期，随着时代主题的转换和对社会主要矛盾的正确研判，我们党确立了社会主义初级阶段的中心任务和“三步走”战略路线图。在这一历史方位下，农村基层党组织组织力建设的主要目的是领导推动农村社会的政治、经济、社会、文化等各方面的建设，为农民谋利益、谋幸福。推动农村基层党组织组织力建设，必须树立战略思维，确保建设的方向不跑偏、路线不偏移。

第二，在农村基层党组织组织力建设过程中活用政策策略。策略是为了实现战略目标和具体任务而制定的。这意味着策略具有具体性，表现为时间具体、内容具体和地点具体，这决定了要根据具体的时间、内容和地点，具体问题具体分析，灵活采取不同的策略，稳步推进工作的进度。在农村基层党组织组织力建设的过程中，我们党始终根据不同历史时期的具

---

① 《建国以来重要文献选编》（第4册），中央文献出版社，1993，第348页。

② 《中共中央文献选集（一九四九年十月——一九六六年五月）》（第24册），人民出版社，2013，第248页。

体任务、目标和要求，灵活采取不同的策略和方法。首先，坚持实事求是的原则选取符合本地工作实际的策略。农村基层党组织组织力面对的对象是不同时期的不同历史任务以及同一历史时期不同地方的具体任务，这决定了要根据不同历史时期和不同任务对象灵活采用不同的策略确保工作的持续推进，避免犯教条主义和经验主义的错误。例如，在新民主主义革命时期与社会主义革命和建设时期，同样是组织和发动群众，但是组织和发动群众的方式方法应当根据各个不同历史时期的阶段任务来确定。其次，自觉对标对表，及时纠正工作偏差。策略能够实现战略才具有意义和价值，战略是策略的“中央基准”。在推动农村基层党组织组织力建设时，要时刻对标党中央作出的关于农业农村发展的战略部署，找出差距和不足，及时纠正，避免犯本本主义的错误。例如在社会主义新农村建设时期，农村基层党组织组织力建设的目的是推动“建设社会主义新农村”这一战略落实落地，在农村基层党组织组织力建设过程中应当时刻以此为标准，及时纠偏。最后，在农村基层党组织组织力建设过程中坚持谋事与谋势相结合。唯物辩证法告诉我们，事物的发展是一个由量变到质变的发展过程，没有量的积累就不可能有质的发展和提升。要想推动农村基层党组织组织力建设到新的高度，需要在坚定战略定力的同时，系统采取灵活的方式方法，积小胜为大胜。

三　坚持和运用正确的党史观

党史观是关于人们对党的历史的根本看法和总体观点，包括对党史的认知、对党史的态度及研究党史的目标指向等，是人们世界观和价值观的重要组成部分。习近平总书记指出：“一个民族的历史是一个民族安身立命的基础。”① 党史观正确与否，关乎人心聚散、国家兴衰。以马克思主义为指导，运用辩证唯物主义与历史唯物主义的方法研究党史，是中国共产党人一贯坚持的立场，也是我们党加强农村基层党组织组织力建设始终坚守的根本原则。在各个不同历史时期，我们党主动把握历史大势、善于总结历史规律、始终坚定历史自觉，在加强农村基层党组织组织力建设的过

① 《十八大以来重要文献选编》（上），中央文献出版社，2014，第694页。

程中做到了立足不同的时代背景，抓住时代机遇，推动农村基层党组织组织力建设不断实现新飞跃，同时也在时间长河中体悟和总结加强农村基层党组织组织力建设的基本规律，确保各个历史时期的农村基层党组织组织力建设都取得新的进步。

第一，在农村基层党组织组织力建设过程中要善于从纷繁复杂的历史现象中揭示历史性的本质趋势。历史是复杂的有机整体，是由众多表征和史实所构成的对过去事实的记录。秉要执本，学习研究党史，必须抓主要的、根本的东西，这是我们正确认知党史、总结农村基层党组织组织力建设规律一贯遵循的科学方法。中国共产党团结带领人民为争取民族独立、人民解放和实现国家繁荣富强、人民共同富裕而不懈奋斗，是党的历史发展的主题和主线；党的不懈奋斗史、党的理论探索史和党的自身建设史，是党的历史的主流和本质。如果不能准确抓住或忽视党史的主题主线、主流本质，我们不可能发展起来。因此，在加强农村基层党组织组织力建设时，我们要放宽历史视野，从党百余年历程的整体性着眼，发现和感知党以伟大的自我革命引领伟大社会革命的内在演进脉络，探索和发现中国历史发展的大棋局和大趋势，窥见和领悟党史的一贯性、继承性和发展性，从而牢牢把握党的历史发展进程的主题和主线，以充分彰显党的历史发展的主流和本质，增强对党的领导及中国特色社会主义道路的政治认同感和文化认同感。然而，抓主题主线、主流本质并不意味着要回避党史上发生过的错误，而是要直面史实，着重分析错误产生的社会根源和思想根源，并以过去的错误为鉴戒，研究避免重蹈覆辙的办法措施和体制机制，使党和国家事业今后更好地稳步前进。

第二，在农村基层党组织组织力建设过程中要坚持实事求是的原则。马克思指出："人们自己创造自己的历史，但是他们并不是随心所欲地创造，并不是在他们自己选定的条件下创造，而是在直接碰到的、既定的、从过去承继下来的条件下创造。"① 该论断不仅阐述了历史的客观必然性，还指出了对待历史必须坚持实事求是的原则。历史研究的本质在于探索历史的原貌、历史的全时段和历史规律的真实，而非历史事件的碎片缝接和

① 《马克思恩格斯选集》（第1卷），人民出版社，2012，第669页。

历史细节的无限胶着，从而将“历史的内容还给历史”[①]。然而在历史研究中，历史虚无主义者则假借学术探索和反思历史之名，通过随意剪切、选择性虚无、局部取代整体、“随心所欲”臆想等手法，传播错误的党史观，虚化党的历史功绩，以达到“从根本上否定马克思主义指导地位和中国走向社会主义的历史必然性，否定中国共产党的领导”[②]的主观意图。这种所谓的“反思历史”和“学术研究”实则摒弃了实事求是的原则，背离了“历史的联系是不可能割断的”的本质，是西方敌对势力用来达到其险恶政治意图的工具。对于历史虚无主义，我们要敢于发声、勇于亮剑，既要从党史的学习中把握好党的历史发展的主题和主线、主流和本质，淬炼好“批判的武器”的利刃，增强政治判断力和政治敏锐性，也要激浊扬清、正本清源，敢于戳穿历史虚无主义的虚假面孔，提升“武器的批判”的实力，以共产党人的精神气概赢得反对历史虚无主义的政治斗争。

第三，在农村基层党组织组织力建设过程中要坚持面向未来。对于我们党而言，回顾和学习党的历史从来都不是象牙塔里的学问、不是高头讲章，而是要以史为鉴，增强开拓创新的勇气和力量，更好走向未来。正如习近平总书记所说：“我们回顾历史，不是为了从成功中寻求慰藉，更不是为了躺在功劳簿上、为回避今天面临的困难和问题寻找借口，而是为了总结历史经验、把握历史规律，增强开拓前进的勇气和力量。”[③]总结农村基层党组织组织力建设的历史经验，根本目的在于服务农业农村的现代化建设、应对具有许多新的历史特点的伟大斗争、推动党的建设新的伟大工程。在总结农村基层党组织组织力建设过程中，我们要以高度的历史使命感和强烈的政治责任感，坚持站在新时代高度看农村基层党组织组织力建设史、坚持立足现实问题看农村基层党组织组织力建设史、坚持用未来的眼光看农村基层党组织组织力建设史。一是要站在中国特色社会主义新时代的高度审视、研究、贯通、总结党的历史，使我们对历史链条的把握更

---

① 《马克思恩格斯全集》（第1卷），人民出版社，1956，第650页。

② 《历史是最好的教科书——学习习近平同志关于党的历史的重要论述》，中共党史出版社，2014，第8页。

③ 《习近平谈治国理政》（第2卷），外文出版社，2017，第32页。

加连续和清晰、对历史经验的总结更加符合时代发展趋势、对历史内涵的认识更加深刻。二是要坚持总结历史经验同我国农村社会的矛盾相结合，防止学用脱节，通过总结历史经验提升自身破解现实问题的能力，提升开创农村基层党组织组织力建设新局面的能力。三是要用发展的眼光看农村基层党组织组织力建设史，而不是局限于历史当下，善于从农村基层党组织组织力建设发展的大趋势、大方向、大棋局中，看清党和国家的未来发展方向，看清农村基层党组织组织力建设的基本规律，从而增强推动农村基层党组织组织力建设的动力和力量，进而创造符合时代要求的新的农村基层党组织组织力建设历史。

第四章

新时代农村基层党组织组织力建设的实践考察

习近平总书记指出："实践发展永无止境，认识真理永无止境，理论创新永无止境。"[①] 新时代，农村基层党组织在脱贫攻坚战的实践场域中、在全面建成小康社会和全面推进乡村振兴的伟大实践中，进行了"宣传党的主张、贯彻党的决定、领导基层治理、团结动员群众、推动改革发展"[②]等一系列创新实践活动。这些实践活动不仅丰富和拓展了农村基层党建的理论，还在党领导农村社会治理的实践中取得了举世瞩目的成就。具体而言，从农村基层党组织自身建设的角度看，切实发挥了农村基层党组织战斗堡垒作用；从党领导农村社会治理方面看，加快了农业农村现代化的步伐；从群众路线的角度看，密切了党与群众的联系，高效组织群众参与现代化建设，巩固了党的群众基础；从实现党长期执政的角度看，稳固了党执政的根基。2018 年 7 月，习近平总书记在全国组织工作会议上强调，"健全基层组织，优化组织设置，理顺隶属关系，创新活动方式，扩大基层党的组织覆盖和工作覆盖"[③]，"把党员组织起来，把人才凝聚起来，把群众动员起来"[④]。这既指明了新时代加强农村基层党组织组织力建设的实践路径，也蕴含着对新时代农村基层党组织组织力建设经验的总结，标志

---

① 《习近平谈治国理政》（第 2 卷），外文出版社，2017，第 416 页。

② 习近平：《决胜全面建成小康社会 夺取新时代中国特色社会主义伟大胜利——在中国共产党第十九次全国代表大会上的报告》，人民出版社，2017，第 65 页。

③ 习近平：《在全国组织工作会议上的讲话》，人民出版社，2018，第 13~14 页。

④ 习近平：《在全国组织工作会议上的讲话》，人民出版社，2018，第 12 页。

着我们党对农村基层党组织组织力建设规律的认识达到了新高度。

第一节　新时代农村基层党组织组织力建设的实践图景

习近平总书记指出："中国共产党人的初心和使命，就是为中国人民谋幸福，为中华民族谋复兴。"① 加强农村基层党组织组织力建设主要是为了实现农民对美好生活的向往、加快农业农村现代化进而全面建成社会主义现代化强国、实现中华民族伟大复兴。党的二十大报告鲜明指出，新时代"党和国家事业取得历史性成就、发生历史性变革，推动我国迈上全面建设社会主义现代化国家新征程"②，而农村基层党组织组织力建设也伴随着党建科学化水平、党的领导能力和领导水平的跃升以及党的使命任务的跃迁而迈入新征程。党的十八大以来，农村基层党组织在农村这个可以大有作为的广阔舞台，坚持以高标准、严要求推动组织力建设由理论走向实践、由制度规范走向制度实践，生动展现了新时代农村基层党组织组织力建设的实践图景。

一　创新组织生活方式

习近平总书记指出："长期实践证明，严肃认真的党内政治生活是我们党坚持党的性质和宗旨、保持先进性和纯洁性的重要法宝，是解决党内矛盾和问题的'金钥匙'，是广大党员、干部锤炼党性的'大熔炉'，是纯洁党风的'净化器'。"③ 农村基层党组织作为党在农村地区的"神经末梢"，是否认真、严格、高标准开展党的组织生活，关乎其战斗堡垒作用能否充分发挥、关乎其组织力建设的成效高低。对此，2019 年，党中央印发了《中国共产党农村基层组织工作条例》，对农村基层党组织组织生活开展的方式、方法、内容和目标进行了制度化规范，为农村基层党组织组

① 《习近平著作选读》（第 2 卷），人民出版社，2023，第 1 页。

② 习近平：《高举中国特色社会主义伟大旗帜 为全面建设社会主义现代化国家而团结奋斗——在中国共产党第二十次全国代表大会上的报告》，人民出版社，2022，第 6 页。

③ 《习近平关于全面从严治党论述摘编》，中央文献出版社，2016，第 48 页。

织生活的常态化、制度化开展提供了制度支撑。党中央提出，农村基层党组织组织生活应当“结合党员思想和工作实际，确定主题和具体方式，做到形式多样、氛围庄重”[①]，这给新形势下更好开展农村基层党组织组织生活指引了方向。在这一方针的指导下，各地农村基层党组织根据本地区的实际情况，不断创新开展组织生活的方式、方法，探索出了具有本土特色的组织生活方式，不仅迎合了农村基层党组织加强党员教育和管理的现实需要，而且为农村基层党组织组织力建设注入了强大活力。

第一，多渠道、多形式开展农村基层党组织组织生活。针对农村党员流动性强、工作地点不固定等特殊情况，应当按照分层分类的原则，对不同领域、不同群体的党员按照不同的方式方法开展组织生活。首先，根据不同党员群众的思想状况分类开展组织生活。例如，对于那些思想理论扎实、政治觉悟高的党员群体要有更高的学习标准、更高的学习要求，对于那些理论基础不扎实的党员群体要制定较低的学习标准；对于那些思想比较活跃、关注热点问题比较多的新兴领域的党员群体，在开展组织生活时，既要强调严肃性和规范性，也要注重灵活性和多样性，通过谈话、访谈等形式弄懂他们的思维逻辑和价值观念，并设计恰当的活动方式以给予其积极引导。其次，根据不同党员群体的生活工作实际，灵活采用多样化的方式开展组织生活。例如，在农村基层党组织中，有很大一部分是年龄偏大的以务农为主要工作的农民党员，他们活动不方便，对此，党组织可以采取送教上门的形式向他们传达党的思想理论和方针政策；也有很多进城务工的农民工党员，他们流动性强、生活节奏快，对此，开展组织生活应当“见缝插针”。

第二，有效利用多媒体技术手段开展农村基层党组织组织生活。《中国互联网络发展状况统计报告》显示，截至2022年6月，农村网民数量已经达到2.93亿，占农村总人口数量的50%以上，这足以说明网络在农村的普及率之高。因此，农村基层党组织应当适应这一时代变化，积极利用多媒体技术，不断优化和创新组织生活的方式。首先，利用多媒体技术，搭建党员学习网络平台。现在，微信、微博、抖音等都已成为人们日常交

---

① 《十九大以来重要文献选编》（上），中央文献出版社，2019，第664页。

流和娱乐的媒介，农村基层党组织应当积极探索多样化的在线学习平台。例如微党课、云课堂等，提高组织生活的灵活性和交互性。其次，利用网络通信技术搭建农村基层党组织与党员个体的交流互动平台。通过建立微信群等线上互动社群，实现党员干部与党员个体的实时交流和互动，这既有利于及时掌握流动党员的思想状况和发布学习任务，也有助于党员反馈学习效果。最后，利用网络信息技术监管党员的组织生活情况。通过引入党员教育学习平台，实时记录、自动评价党员个体的学习教育情况，不仅可以使党员了解自己的学习进度和学习效果，还有利于党组织管理和监督党员。

第三，充分利用红色资源开展农村基层党组织组织生活。红色资源是在党百余年的奋斗历程中形成的，具有极强的知识价值和教育价值。把红色资源作为开展组织生活的内容之一，可以寓教于乐、寓教于学，达到事半功倍的教育效果。例如，十堰市拥有 73 处红色资源，十堰市各地的农村基层党组织依托这些红色资源开展组织生活，不仅升华了党员的爱国情感，而且使党员接受了红色洗礼；合阳坊镇组织农村基层党员干部到富平、华州红色教育基地开展组织生活，参观了习仲勋陵园和渭华起义纪念馆，在这次生动的组织生活会上，不仅激发了党员干部的干事热情，还使其坚定了理想和信念。可见，把红色资源引入组织生活会，不仅能够打破以往传统的、单一的组织生活形式，丰富组织生活内容，更增添了组织生活的人文气息，提高组织生活的效果。

二　建强带头人队伍

农村基层党组织的带头人队伍在农村各项事务中处于领导核心地位，是关于农村的重大战略的推动者和实施者，因此，加强农村基层党组织的带头人队伍建设意义重大，党和国家也十分重视农村基层党组织带头人队伍建设。但是，21 世纪以来，特别是农业税取消之后，乡村社会和乡村治理的环境发生了变化。就外部环境而言，随着社会主义市场经济体制的建立和完善，越来越多的中青年农民进入城市务工，农村大多只剩下老人、妇女和孩子，即使是在经济比较发达的中东部的农村地区，中青年群体大多到城镇购房定居，村庄多数剩下的是还在务农的老人，人口的逐渐流失导致村庄“空心化”。在这一状态下，村庄会由于劳动力的减少而出现土地流转的现象，这一现象在经济欠发达地区更为明显，这时作为保障农民生活的土地就转变为可以流通的商品，乡村被牢牢地嵌入社会主义市场经济体制之中。就内部环境而言，农业税的取消，不仅消除了农民的经济负担，也使得村两委因为无法“提留”而失去了经济来源，导致村两委“统”的力量退化，以至于“悬浮”于空，无法真正发挥在农村各项事务中的领导核心作用。随着“三农”问题的加剧，党和国家为了扭转农村逐渐凋敝的趋势开始投入大量的物力和财力到农村地区。随着资源下乡，各种改造的举措也下沉到乡村，这些举措转变为村两委日常考核的要求，施加给村两委的压力与日俱增。在外部环境和内部环境的双重作用下，乡村的社会基础出现了分化，乡村的治理格局形成了新趋势，在这一背景下，农村基层党组织带头人队伍建设出现了新问题和新矛盾。对此，党的十八大以来，党和国家出台了系列举措，不仅为农村基层党组织带头人队伍建设提供了制度支撑，也为农村基层党组织组织力建设提供了人才支撑。

第一，选拔和培养优秀党员进入带头人队伍。建强农村基层党组织带头人队伍，首要环节在于遴选和培养，从头上选拔政治立场坚定、综合能力强的优秀党员进入带头人队伍。基于农村中青年人群流失严重的现实，党的十八大以来，我们党陆续推出了多个关于农村基层党组织带头人队伍选拔和培养的举措。一是派驻第一书记。为了完成脱贫攻坚任务，中共中央印发《关于向重点乡村持续选派驻村第一书记和工作队的意见》等系列文件，目的在于通过第一书记帮助重点村完成脱贫和搬迁的任务，同时发挥第一书记的综合能力，提升重点村的治理能力和治理水平。二是从县乡党委的机关中下派干部成为带头人。下派书记的目的在于整顿软弱涣散、缺乏战斗力的农村党组织。三是通过招考方式培养带头人后备队伍。建强农村基层党组织带头人队伍，必须培养综合素质高的带头人后备队伍。为了改变农村基层党组织带头人队伍后继乏人的窘况，各地县乡党委政府把储备带头人队伍变成“公共事”，通过标准化和程序化的考核方式择优录取。

第二，有效利用激励和监管的手段。坚持激励和监管相结合，既发挥激励的软效力，也发挥监管的硬效力，共同推动农村基层党组织带头人队伍建设。党的十八大以来，党中央针对带头人队伍工作不积极、监管漏洞大的现实问题，陆续出台了系列举措，目的在于通过激励政策提高带头人工作的积极性和主动性，通过监管机制，为带头人建立高压线，防止乱作为、胡作为。一是物质激励和精神激励双管齐下。物质激励包括两类，一类是通过绩效考核来确定待遇的高低；一类是根据带头人的学历、工作年限以及群众的评价来确定其职级，职级的高低与工资水平直接挂钩。同时给那些表现突出的带头人颁发荣誉进行政治激励，目的在于增强带头人队伍的政治荣誉感以及激发他们投身社会主义现代化建设事业的主体性。二是推动带头人队伍的职业化管理。以前带头人作为一种兼职，带头人在完成农业生产之余才着手乡村治理。随着村级事务的逐渐增多，很多县乡开始探索建立职业化的带头人队伍。例如，确立职业规范、设立职业薪酬、建立职业保障，推动农村带头人队伍的职业化发展。三是全方位监管职业带头人队伍。党的十八大以来，为了推动全面从严治党向基层延伸，各地县乡党委加强了对党员带头人队伍的全面监管。例如，选举前的资格审查、选举后的权力监管，同时发挥人民群众对带头人队伍的监管作用。

第三，以农村基层党组织建设引领带头人队伍建设。建设带头人队伍，目的是为农民谋福祉。为了改变带头人队伍逐渐脱离农民群众的状况，党的十八大以来，我们党始终强调立党为公、执政为民，始终践行全心全意为人民服务的根本宗旨，为农村基层党组织带头人队伍建设指明了方向。一是坚持适配原则，推动带头人队伍建设符合农村发展的实际需要。我国幅员辽阔，不同地区农村的乡土风情存在巨大差异，决定了不能用“一刀切”的方式加强带头人队伍建设，应当在坚定政治原则的前提下，根据本地区的发展实际，选择与之相匹配的带头人队伍建设方式。这意味着带头人队伍的选拔不唯富、不唯学历、不唯年龄，而应当选拔对农村富有热情、愿意投身农村建设、公道正派、工作能力强的人进入带头人队伍。二是坚持以人民为中心，带头人队伍应当践行群众路线。一方面带头人队伍要与农民群众保持紧密联系，了解、关心农民群众的需求和愿望。另一方面，发挥农村党员、农民群众在农村基层党组织建设中的主体作用，给予党员、群众更多的话语权，将党员、群众对带头人的评价作为带头人考核指标的重要组成部分，激励带头人队伍多干事、干实事。

三 落实党的基层民主制度

习近平总书记指出，“民主集中制是党的根本组织原则，党内民主是党的生命”①。加强党内基层民主是落实党内民主的重要内容，也是激发基层党员干部战斗力和创造力的重要动力。农村基层党组织作为党的基层组织的重要组成部分，加强农村基层党组织民主制度建设是落实党内民主制度的必然要求，也是推动农村党员干部投身农业农村现代化建设中的题中应有之义。党的二十大报告鲜明指出，要“落实党内民主制度，保障党员权利，激励党员发挥先锋模范作用”②。党的十八大以来，我们党出台了系列文件加强党内民主建设，如《中国共产党党员权利保障条例》《中国共产党党内监督条例》等，为农村基层党组织民主制度建设提供了制度支撑，也为农村基层党组织组织力建设营造了良好的民主氛围。

第一，尊重农村党员的主体地位。党员是党组织的肌体细胞，只有保证细胞有质量，才能保证肌体健康。农村党员能否健康发展，直接影响着农村基层党组织的先进性和纯洁性。习近平总书记指出，“党的先进性和纯洁性要靠千千万万党员的先进性和纯洁性来体现，党的执政使命要靠千千万万党员卓有成效的工作来完成”③。尊重党员的民主权利和民主地位，是发挥党员在党的全部工作中主体价值的根本前提，是激发党员发挥聪明才智开展工作的重要保障。因此，充分尊重农村党员的民主权利和民主地位，对提高农村基层党组织组织力具有重要意义。党的十八大以来，通过建立和健全农村基层党组织的选举制度，如“两推一选”“一票制”“海选制”等，极大提高了农村基层党组织的凝聚力和创造力。同时农村党员根植在农村，了解农民的所思、所想和实际困难，是密切农民群众与农村

---

① 习近平：《论坚持党对一切工作的领导》，中央文献出版社，2019，第229页。

② 习近平：《高举中国特色社会主义伟大旗帜 为全面建设社会主义现代化国家而团结奋斗——在中国共产党第二十次全国代表大会上的报告》，人民出版社，2022，第68页。

③ 《习近平关于全面从严治党论述摘编》，中央文献出版社，2021，第223页。

基层党组织关系的关键环节，也是提高农村基层党组织决策科学性、强化农村基层党组织在农村各项事务中领导地位的重要基础。因此，党的十八大以来，农村基层党组织不断建立和完善各种机制和平台，保证农村党员的发言权、提意见权，充分保障了农村党员的民主权利，使他们以主人翁的姿态投身到农村基层党组织的建设中来。

第二，加强农村基层党组织民主制度建设。制度更具根本性、长远性和规范性。因此，应建立和健全制度规范体系，用民主的制度保障农村党员民主的权利，从而提高农村基层党组织民主化水平。党的十八大以来，在党中央有关文件的指导下，各地农村基层党组织根据本地民主建设的实际情况，开始加强基层民主制度建设，探索出了具有示范作用的基层民主制度。例如，山东泰安的“五位一体”意愿表达机制，激发农村党员发言的意愿，保证农村党员发言的权利；江苏沭阳的“党群议事会”制度，最大限度保证农村党员参会议事的权利，稳固了农村社会秩序；广东云浮的“乡贤理事会”，吸纳党员群体中的乡村教师、退休干部、退伍军人等乡贤以及热心推动本地发展建设的其他人士进入理事会，协助村级党组织开展农村的建设和管理工作，不仅增强了农村党员的主体意识，也有利于调动一切资源推动本村建设和发展。同时，建立健全党内民主制度是基础，执行和践行党内民主制度才是关键。党的十八大以来，在全面从严治党的大背景下，不断加强农村党员干部的纪律教育和制度意识教育，培植农村党员干部制度意识和按照民主制度开展工作的理念，推动了农村基层党组织民主制度的发展和完善。

第三，建立健全监督检查机制。农村基层党组织民主制度落实是否到位，需要监督检查机制给予督促和监督。落实农村基层党组织民主，需要有效开展党内监督。肌体细胞的天敌是“病变”，早日医治则早日痊愈，不医治，则会导致更为严重的“病变”。这意味着党现在先进不等于一直先进，需要时常进行“把脉问诊”，及时了解“病变”的始发点，才能及时祛病疗疾，永葆机体细胞的健康发展。因此，《关于新形势下党内政治生活的若干准则》指出：“监督是权力正确运行的根本保证，是加强和规范党内政治生活的重要举措。必须加强对领导干部的监督，党内不允许有不受制约的权力，也不允许有不受监督的特殊党员。”[①] 党的十八大以来，为了发挥监督对农村基层党组织民主制度落实的作用，一方面发挥党的监督机构的作用，监督检查农村基层党组织落实民主制度的实效，例如，推进政务公开、畅通民意渠道以及规范农村党员干部权力运行等，推动了农村基层党组织民主制度的落实、落地，有效避免了农村党员干部“一言堂”“家长风”，确保权力在阳光下运行；另一方面发挥党员和农民群众对农村基层党组织和农村党员干部的监督作用，不给农村基层党组织和党员干部滥用权力的空间，为农村基层党组织组织力建设营造了民主的氛围。

四 完善激励关怀帮扶机制

党的十九大报告提出，加强基层党组织建设，必须“加强党内激励关怀帮扶”[②]。由西蒙的组织理论可知，组织成员之所以参与组织，是因为组织成员在为组织奉献的同时也会得到满足，这种奉献和满足的动态平衡构成了组织持续发展的内生动力。同样，作为党员，在履行党章规定的党员义务和责任、发挥先锋模范作用的同时，也需要得到党组织的激励关怀帮扶，尤其是那些经济上存在困难的、生活上需要帮助的党员，更加希望得到党组织的关怀和帮助。农村党员作为农村基层党组织的组成人员，他们担负着推动农村改革发展、服务农民群众、巩固党在农村地区的执政基础的重任，但同时，因为农村经济发展水平低，多数农村党员生活困难，甚至有些农村党员面临极严重的生存压力，如何对这一部分农村党员干部群体给予经济上的关怀和补助，以增强他们对农村基层党组织的归属感，成为新时代加强农村基层党组织组织力建设的重大现实课题。党的十八大以来，以习近平同志为核心的党中央，在总结党内激励关怀帮扶机制建设经验的基础上，根据新时代农村基层党组织建设出现的新问题和新矛盾，提出了一系列改革措施，有力地推动了农村基层党组织激励关怀帮扶机制的建立和健全，为农村基层党组织组织力建设提供了动力支撑。

---

① 《十八大以来重要文献选编》（下），中央文献出版社，2018，第436页。

② 习近平：《决胜全面建成小康社会 夺取新时代中国特色社会主义伟大胜利——在中国共产党第十九次全国代表大会上的报告》，人民出版社，2017，第66页。

第一，从组织领导层面看，实现多部门联合协作。构建激励关怀帮扶机制是一项系统工程，单一部门无法完成，需要多部门的联合协作共同建立。例如，党的十八大以前，农村基层党组织的激励关怀帮扶机制多是由当地乡镇党委推动实施，但是由于乡镇党委在财政、人力等方面具有局限性，无法有效推动这一机制的实施。党的十八大以来，党中央提出要改变农村基层党组织的激励关怀帮扶机制的组织领导方式。在这一号召的指引下，各地开始积极探索适合本地区实际的组织领导方式。一是建立党委统一领导、其他各部门分工配合的组织协调体系，从而形成各部门齐抓共管、各司其职、层层落实的工作格局，确保激励关怀帮扶机制真正在农村党员群体中落地、见效。二是定期召开联席会议，参会人员由各部门负责落实激励关怀帮扶机制的负责人构成，共同分析工作中出现的具体问题，并研究对应的解决方案和措施，提升激励关怀帮扶机制的可操作性，做到真正为农村党员解决生活困难。三是加强监督管理，确保激励关怀帮扶机制在具体落实中不走偏、不失真。既要强化监督管理部门的监督，通过定期督察、巡视的方式监督机制的落实情况，同时把激励关怀帮扶机制落实情况作为党员干部考核的指标，激发党员干部干事的热情。

第二，从工作方法层面看，创新落实激励关怀帮扶机制的方式方法。要想有效落实激励关怀帮扶机制，最重要的是建立操作性强、效果显著的、能够落实激励关怀帮扶机制的方式方法。党的十八大以来，我们党致力于推动建立长效性的工作机制。一是就激励机制建设而言，在继承和发展以往有效的激励内容和方式的基础上，进一步拓展了物质激励与精神激励的内涵与外延。物质激励方面，各地区探索建立符合本地区实际的农村党员干部的奖励补贴机制，例如“固定补贴+绩效补贴”机制，不仅给予党员干部固定的报酬补贴，还将其工作绩效与补贴收入挂钩，有效激发农村党员干部干事创业的热情和“劲头”。精神激励方面，在党员干部群众中开展争当“五星户”的活动，即“科技致富星、诚信守法星、和谐友爱星、公益义务星、文明新风星”，激发党员干部争当先锋模范的激情。二是就关怀帮扶机制而言，探索创新了“五有”长效机制，即贫时有人帮、创时有人助、惑时有人解、平时有人访、老时有人惦，做到确保各年龄段的党员、遇到各种生活和工作困难的党员都能得到党组织的关怀和帮助，增强他们的获得感、幸福感和身份认同感，提高他们投身农业农村现代化建设的热情。

第三，从保障机制层面看，探索建立多元化的保障机制，确保真正落实激励关怀帮扶机制。党的十八大以来，我们党探索创新了多元化的保障机制，推动了激励关怀帮扶机制的落地。一是党中央下发专门文件，提出把激励关怀帮扶机制作为基层党建工作中的重要内容。这提高了基层党组织对激励关怀帮扶机制的认识，同时建立党建工作责任制，把落实激励关怀帮扶机制作为党员干部的重要领导责任，推动了激励关怀帮扶机制的切实贯彻落实。二是完善基础设施，为激励关怀帮扶机制的落实提供场所载体。党的十八大以来，各地相继建立了以县级党员服务中心为核心、乡和村党员服务站为基础的服务基点以及以帮扶队、先锋岗为支撑的纵横交错的党员服务工作网络。这不仅为有困难的党员群众提供生活、就业、权益、法律等方面的支持和援助，也有效完善了党员服务工作体系，有力提高了农村基层党组织建设的质量。三是拓宽资金投入渠道，为激励关怀帮扶机制的落实提供财力支持。激励关怀帮扶机制的有效落实，关键在于资金的支撑。党的十八大以来，我们党探索建立了中央财政拨款、上级组织财政扶持、党费支援和社会帮扶等相结合的资金保障体系，为农村基层党组织激励关怀帮扶机制的落实提供了充足的资金支持。

五 创新能进能出机制

党员是党组织活动的主体。党员质量的高低直接决定了党领导的社会主义现代化事业的成败。党的十八大以来，以习近平同志为核心的党中央十分重视党员的管理工作，致力于建立健全党员能进能出机制，以纯洁党的队伍，永葆党的生机和活力。党的十八大报告提出，“健全党员能进能出机制，优化党员队伍结构”[①]。党的二十大报告又强调，“推动干部能上能下、能进能出，形成能者上、优者奖、庸者下、劣者汰的

① 胡锦涛：《坚定不移沿着中国特色社会主义道路前进 为全面建成小康社会而奋斗——在中国共产党第十八次全国代表大会上的报告》，人民出版社，2012，第54页。

良好局面”[①]。新时代，在党中央的指导下，各地探索和实践能进能出制度，创新和发展了能进能出机制，加强了农村基层党组织组织力建设。

第一，针对“什么人”退出的问题，各地在严格按照党章规定的党员标准的基础上，细分了不合格党员的标准。建立能进能出机制，必须首先剔除不合格党员。农村党员群体具有特殊性，一方面，农村基层党组织受自身认知水平的限制，对党员的管理比较松散，另一方面，农村党员群体流动性大，容易在环境的变化中改变自身的思想和行为，这都增加了农村基层党组织鉴定和处置不合格党员的难度。针对这一现实问题，各地积极探索建立了科学合理的不合格党员的范畴，这为能进能出机制的建立奠定了基础。党的二十大修改的党章明确规定，面对“三不”党员和违法违纪的党员，党支部有权对其除名，这些规定指向明确，容易操作，但是关于“缺乏革命意志，不履行党员义务，不符合党员条件”[②] 的规定则具有很强的弹性，不容易直接认定，需要做进一步的细化，以增强操作性。各地农村基层党组织在细化不合格党员的标准时，坚持了以下三个原则。一是法理性原则。以党章和党内法规为标准，而不是以利益为导向，确定不合格党员的标准，同时以调查研究为基础经过法定程序确定不合格党员的标准。二是灵活性原则。农村党员流动性大，职业背景繁多，应当根据他们的实际情况灵活制定标准，杜绝“一刀切”，以增强标准的针对性进而增强可操作性。三是定性和定量相结合的原则。既从党的宗旨、党的纪律、党员应当具备的道德品质等方面直接规定合格党员应当具有的标准，也可以列举反面案例确定哪些是不合格党员的标准。

第二，针对“怎么退出”的问题，我们党探索建立了包含“三大环节”的党员退出机制。一是根据不合格党员的标准，制定量化考核的评价体系。考核评价体系的建立应当依据农村党员的年龄、职业、健康状况和工作性质等方面进行分类，其考核的标准和内容应当有一定的差异性。同时按照“一事一报、一月一评、一季一公示、一年一评议”的程序进行考

---

① 习近平：《高举中国特色社会主义伟大旗帜 为全面建设社会主义现代化国家而团结奋斗——在中国共产党第二十次全国代表大会上的报告》，人民出版社，2022，第 67 页。

② 《中国共产党章程》，人民出版社，2022，第 17 页。

核，到年终根据考核的结果，确定其是不是合格党员、是不是优秀党员。二是对于不合格的党员，应当首先进行教育帮扶。除违反党纪国法的不合格党员外，应当对其他不合格党员开展为期一年的教育，给他们改正的时间。各地探索成立了“党员教育服务中心”，通过日常谈话、集中教育等方式，引导不合格党员端正思想、改正行为，对于那些积极配合改正的不合格党员给予承认，并继续留在党组织，对于那些拒不悔改的不合格党员，进入组织处理程序。三是对经过帮扶且毫无悔改之意的不合格党员，进行组织处理。这一处理程序应当首先由不合格党员所在党委提出书面处理意见并提交上级党组织考察后决定，再由不合格党员所在的党支部召开党员大会作出劝退处理。如果被劝退的党员不认可处理决定，可以在收到处置决定书后的三个月内向上级党组织提出申请。

第三，针对“退出后怎么办”的问题，我们党探索建立了三大退党人员的保障机制，以此来完善能进能出制度。一是申诉复查机制。《中国共产党党员权利保障条例》规定，当党员的权利和利益受到损害时，党员有权利向本级党组织提出申诉和控告，如果本级党组织不能给予保障时，党员有权利向上级党组织直至中央提出申诉和控告。但是被退党员由于其身份的特殊，无法行使党员权利，但是其可以通过申诉复查机制，在特定时间内向各级党组织提出申诉。二是重新入党机制。在党百余年的发展历史中，“惩前毖后、治病救人”是我们党自始至终坚持的党员教育和管理传统，因此，不合格党员退出党组织后，享有与群众同等的民主权利和政治待遇，他们有权向党组织重新提交入党申请书。党组织应当对这部分人群进行全面考察和教育，如符合入党条件，不得以任何借口推脱，应当给他们重新发展的机会。三是光荣退休机制。在党组织中，有部分党员由于年龄、健康以及其他原因，无法继续履行党章规定的党员义务，无法发挥先锋模范作用，从而产生了退出党组织的念头。对于这部分党员群体，党组织通过建立光荣退休机制，在党员个人申请、党组织同意的情况下，可以办理荣休手续。党组织应当对这部分党员群体发放荣休证书，并保留他们部分党员权利，但可以不履行党员义务。这一制度在党员队伍“消肿”中发挥了极大作用，也有利于提高党组织的凝聚力。

第二节　新时代农村基层党组织组织力建设的实践成效

新时代，以习近平同志为核心的党中央对农村基层党组织组织力的高度重视和重点建设，彰显出对无产阶级政党组织建设理论的守正和创新，对党重视农村基层党组织组织力建设传统的传承和发扬，不仅推动了农村基层党组织组织力建设的深入发展，而且领导全国脱贫攻坚伟大斗争取得了全面胜利，确保如期全面建成小康社会，是以党的自我革命引领社会革命在农村具体展开和创造性运用的成功典范。具体而言，新时代农村基层党组织组织力建设取得的实践成效具体表现为以下四个方面：从农村基层党组织建设的角度看，实现了农村基层党建质量的全面提升；从乡村社会的治理角度看，引领乡村社会发生了历史性变革；从群众路线角度看，找到了新时代走好党的群众路线的方法；从党长期执政的角度看，探索出夯实党执政根基的成功之道。

一　实现了农村基层党建质量的全面提升

在新时代农村基层党组织组织力建设的过程中，农村基层党组织在乡村建设和乡村治理这个“大熔炉”中淬炼得更加坚强有力，在自身建设方面取得了全面进步和整体跃升，具体表现为以下几个方面。

第一，在组织建设方面推进组织体系的完善，这体现在以下两个方面。一方面，建立和健全了党的基层组织设置的基本原则。一是有利于农业农村发展的原则，即必须遵循“围绕经济抓党建、以党建促进经济发展”的原则和思路，构建有利于推动农业农村现代化发展的党的基层组织体系。二是有利于实现基层党组织在农村各项工作中的领导地位的原则，即构建的组织体系更利于党的路线方针政策在农村社会的贯彻和执行。三是有利于践行党的群众路线的原则，即组织体系的建设应当更利于密切党同农民群众的联系，以便更好宣传群众、组织群众和动员群众。四是根据农村基层党组织的工作需要设置党的基层组织体系的原则，即组织体系的设置既不能过于臃肿，导致农村基层党组织协同性差、内耗高，同时也不能精简过度，导致履职缺失。另一方面，完善了组织设置，强化了农村基层党组织的服务功能。为了适应农村新型合作组织和社会化服务组织的快速发展，农村基层党组织打破了传统的按自然行政村设置党组织的单一模式，探索创造出了更具灵活性的农村党组织设置模式，扩大了农村基层党组织的覆盖面，增强了农村基层党组织的领导核心地位。一是村村联建，主要是富村带穷村、强村带弱村，目的是缩小农村之间的发展差距，实现取长补短、共同发展。二是村企联建，农村党组织为企业发展提供生产必备的基础设施，企业也为农村带来资金、技术、人才等，推动农村的现代化发展。三是村居联建，即城市居委会和农村党支部建成一个联合党总支，实现两者间的优势互补。四是部门联村，即由县（市）直部门的有关科室或者事业单位的有关科室与后进村党支部建立联合党支部，由市直部门或事业单位有关部门的负责人担任书记，联合党支部的主要作用是帮助后进农村开展治理。

第二，在干部队伍建设方面农村党员先锋模范作用不断增强。党的十八大以来，农村基层党组织依托全面从严治党“大平台”，通过加强队伍建设、强化教育管理、完善制度机制等方式，激发了农村党员干部的服务意识和服务动力，增强了他们发挥先锋模范作用的意愿。一是拓宽选人视野，从退伍军人、退休干部、乡村教师、高校毕业生等群体中遴选优秀党员进入农村党员干部队伍，激发他们为农民服务的热情，同时，在优秀党员队伍中选劳动致富、孝老爱亲、乐于助人的典范，提高党员发挥先锋模范作用的积极性和主动性。二是依托上级组织党员学习教育平台，督促农村党员加强理想信念教育、科学文化教育，大大提高了农村党员的理论素养和业务本领。农村基层党组织通过严格落实党的组织生活制度，形成常态化、长效化的学习教育机制，确保农村党员经常学。同时，农村基层党组织充分利用县农技中心等资源，加强对农村党员干部的技术培训，提高他们引领农民开展生产发展的能力。三是通过激励关怀帮扶机制，增强了农村党员干部对党组织的归属感和获得感，提高了他们发挥先锋模范作用的积极性。四是制定详细的考核评价体系，促使他们提高工作效率，从而有效促进农村社会的改革和发展。例如，为了如期完成脱贫攻坚任务，农村党员干部顶着巨大压力带领广大农民群众发展农村产业，解决矛盾问题，打赢了脱贫攻坚战。

第三，党在农村各项工作中的领导核心地位不断加强。开展农村工作关键在党，加强党在农村各项工作中的领导地位，是农村各项工作顺利开展的根本保障。农村基层党组织是党在农村全部工作和战斗力的基础，加强党对农村各项工作的领导，最主要的是加强农村基层党组织在农村各项事务中的领导核心地位。党的十八大以来，中国共产党通过各项举措加强了农村基层党组织在农村改革和发展中的领导地位。一是村民委员会和村务监督委员会的主任由党员担任，这是确保党在农村各项事务中处于领导核心地位的重要途径。同时在村民委员会和村民代表中，党员人数也占据着一定的比例，确保了党的全面领导。二是村级重大事务的决策先由党支部会议讨论决定，再由村“两委”会议、党员大会和村民代表会议商议、审议和决议，这种“四议两公开”制度实现了党的全程“在场”，充分发挥了党在农村各项事务中的领导核心作用。三是由农村基层党组织领导建立的乡村治理体系逐渐完善，确保了党在乡村治理中的全程参与。四是通过“互联网+乡村”的智能模式，实现农村基层党组织对乡村治理动态的全程记录、备案，不仅实现了农村基层党组织对乡村各项产业的监管，还为智慧乡村和智慧农业的发展提供了基础设施，既有助于实现党在农村各项事务中的领导，也有助于乡村产业的发展。

第四，党领导乡村治理的工作机制逐渐完善。乡村治理是国家治理的重要组成部分，农村基层党组织是乡村治理的领导核心，加强和完善党领导乡村治理的工作机制是实现国家治理体系和治理能力现代化的内在要求。党的十八大以来，我们党不断创新农村基层党组织引领乡村治理的工作机制，探索出一系列富有成效的工作机制，有力地提高了农村基层党组织引领乡村治理的能力和水平。一是完善考核体系，既以物质激励农村党员干部在引领乡村治理中发挥先锋模范作用，也用党内法规对其行为进行约束，实现激励和约束的双管齐下。二是强化监督问责，做到对农村党员干部用权全过程的监督。同时通过小微权力清单制度，给农村党员干部设置“高压线”，增强农村党员干部的法治思维。三是建立服务群众工作机制。农村党员干部的使命任务是为农民群众谋幸福，了解农民群众的所思、所想、所愿是农村党员干部完成使命任务的前提。服务群众工作机制包括收集群众的需要和愿望，并及时作出回应的工作程序，它不仅密切了农村党员干部同农民群众之间的联系，也提升了农村党员干部融入、服务、组织群众的能力和水平。

二　引领乡村社会发生了历史性变革

党的二十大报告在开篇中回顾和总结了新时代十年的伟大变革。新时代十年乡村社会发生了历史性变革，“打赢了人类历史上规模最大的脱贫攻坚战”①，“历史性地解决了绝对贫困问题”②，如期实现了全面建成小康社会的奋斗目标，乡村振兴战略在农村全面铺展，重塑了乡村社会结构，释放了乡村社会强大的治理效能，激发了乡村发展的内生动力。农村基层党组织是引领乡村治理、推动乡村改革发展的坚强战斗堡垒，农村基层党组织组织力建设有利于增强农村基层党组织政治功能和组织功能，促使农村基层党组织焕发出强大战斗力、凝聚力和组织力，更好推进乡村全面振兴。新时代，农村基层党组织组织力建设的加强，引领乡村社会发生了历史性变革。

农村基层党组织组织力成功地将党的政治领导力量转化为乡村社会的治理力量，在对乡村社会嵌入和整合的过程中，激发了乡村社会的内生力量，创造了人类减贫史上的奇迹。一是围绕扶贫加强党建、以党建引领扶贫。农村基层党组织在农村各项工作中处于领导核心地位，因此，推动农村各项工作开展，必须依靠农村基层党组织建设。在脱贫攻坚战中，农村基层党组织探索出党建扶贫模式，即根据扶贫工作的需要有针对性地建设服务型农村基层党组织，以党建引领扶贫工作的有序开展。在党建扶贫模式下，农村基层党组织通过发挥其动员力、整合力和执行力，有效衔接扶贫资源，并且根据本地区的资源禀赋和发展基础，对扶贫资源进行科学合

① 习近平：《高举中国特色社会主义伟大旗帜 为全面建设社会主义现代化国家而团结奋斗——在中国共产党第二十次全国代表大会上的报告》，人民出版社，2022，第7页。

② 习近平：《高举中国特色社会主义伟大旗帜 为全面建设社会主义现代化国家而团结奋斗——在中国共产党第二十次全国代表大会上的报告》，人民出版社，2022，第7~8页。

理的整合和配置，发挥扶贫资源的最大效能。在脱贫攻坚时期，正是在党建扶贫模式下，贫困村逐渐形成了“党建+产业”“党建+企业”“党建+技术”等的实践样态，为贫困村注入了强大的动力，同时也激发了贫困村强大的内生力量，推动脱贫攻坚战取得全面胜利。二是通过下派驻村工作队协助农村基层党组织加强自身建设，进一步提升农村基层党组织在乡村治理中的能力和水平。提高乡村治理能力和水平是实现脱贫攻坚的重要内容。但是改革开放以来，农村人才流失严重，农村集体经济式微，农村基层党组织引领乡村治理的能力和水平不断下降，这既是农村贫困的原因，也是推动农村脱贫的制约因素。农村基层党组织是乡村治理的领导核心。党和国家以建强农村基层党组织为切入口，通过下派驻村工作队，为农村基层党组织注入活力和动力，以期通过农村基层党组织领导核心作用的发挥，破解乡村治理中的难题。习近平总书记指出，为提升贫困治理能力，“全国共派出 25.5 万个驻村工作队、累计选派 290 多万名县级以上党政机关和国有企事业单位干部到贫困村和软弱涣散村担任第一书记或驻村干部，目前在岗 91.8 万”[①]。驻村工作队和驻村第一书记、干部，为贫困村带来了资金、技术、人才等资源，为乡村社会注入了强大的发展动能，同时将国家的行政力量下沉到农村，有力弥补了乡村自治体系不健全、自治能力不强的弱点。三是加强和改善农村基础设施建设，有效激发乡村集体经济的活力，提升农村基层党组织服务群众的能力和水平。在长期的城乡二元结构的影响下，乡村治理资源和发展资源逐渐向城市流入，导致乡村治理和发展资源匮乏，严重阻碍了乡村的可持续发展。为了扭转这一趋势，党和国家加大了对乡村基础设施建设的投入力度，截至 2021 年 6 月，贫困村在道路、电力、网络等方面的覆盖率都已经超过 99%[②]，这不仅有效加强了贫困村的基础设施建设，也有效提高了市场主体参与乡村产业发展的意愿，为贫困村带来了集体经济的收入。农村基层党组织在这一变化中也提高了服务意识和服务能力，有力地推动了乡村治理。

---

① 习近平：《在决战决胜脱贫攻坚座谈会上的讲话》，人民出版社，2020，第 5 页。

② 《国家脱贫攻坚普查公报（第四号）——国家贫困县基础设施和基本公共服务情况》，中华人民共和国中央人民政府网站，2021 年 2 月 25 日，https://www.gov.cn/xinwen/2021-02/25/content_5588894.htm。

农村基层党组织组织力的提高，推动了乡村振兴战略在农村地区的全面铺展，开创了农业农村现代化发展的新境界。一是以农村基层党组织组织力建设引领乡村治理模式的转型。政治学家亨廷顿曾指出，处于现代化之中的发展中国家，要想实现其政治稳定，必须加强政党的力量。① 作为一个政党主导型现代化国家，中国推进现代化建设的最大优势在于有中国共产党的强大领导。推进农业农村现代化是全面建成社会主义现代化强国的内在要求，而且“三农”问题也是现代化建设最薄弱、最关键的一环，因此，推动农业农村现代化必须加强党的领导。农村基层党组织是党在农村全部工作的基础，推动农村基层党组织组织力建设引领乡村治理模式转型，是马克思主义政党治国理政和推动国家治理体系和治理能力现代化的必然要求。受各种因素的干扰，农村基层党组织一度出现“脱嵌”于乡村治理、“悬浮”于农民群众之上的现象，无法发挥党在农村各项工作中的领导核心作用。对此，党中央提出推动农村治理体系改革，村党支部书记和村委会主任由同一人担任，实行“一肩挑”。“一肩挑”有力地把农村基层党组织“嵌入”乡村治理体系中，可以充分发挥农村基层党组织在乡村治理中的引领力和整合力，同时通过“党建+”模式打破了传统的乡村治理基本单元，有助于汇集各方资源为乡村治理注入新动能。二是以农村基层党组织组织力建设引领建立“三治”结合的乡村治理体系，扭转了乡村社会治理不善的窘况，推动了乡村社会的善治。随着农村社会结构的转型，农村集体行动能力表现出逐渐衰退的趋势，难以提升农村治理效能，严重阻碍了农业农村现代化的发展。对此，党和国家出台的《中国共产党农村工作条例》强调，要“健全党组织领导下的自治、法治、德治相结合的乡村治理体系，建设充满活力、和谐有序的乡村社会”②。“三治融合”的乡村治理体系不仅有效回应了新时代农村治理中的矛盾和问题，推动农村治理迈向善治的治理之路，如“枫桥经验”“塘约经验”“桐乡样板”等，而且探索出农村基层党组织组织力建设引领乡村治理体系重构的新路

---

① 〔美〕塞缪尔·P. 亨廷顿：《变化社会中的政治秩序》，王冠华等译，上海人民出版社，2008，第341页。

② 《十九大以来重要文献选编》（中），中央文献出版社，2021，第162页。

径，扩大了党领导乡村治理的覆盖面。三是以农村基层党组织组织力建设引领城乡融合发展，打破城乡二元发展格局，促进共同富裕。受制度性壁垒的影响，城与乡的发展长期处于失衡的状态，造成了许多结构性矛盾，为了打破二元壁垒，党和国家作出了实现城乡融合发展的战略决策，如党的十八大提出“推动城乡发展一体化”。自脱贫攻坚以来，农村基层党组织在“资源下乡”的背景下，充分发挥战斗堡垒作用，以其领导力、战斗力和组织力，利用城乡融合发展机制，为本地治理和发展引入各种治理资源和发展资源，激发了本地治理的活力和发展的潜能，缩小了与城市的发展差距。

三　找到了新时代走好党的群众路线的方法

群众路线是我们党在百余年奋斗历史中探索出来的并且被党的百余年奋斗历史所证明了的正确的根本工作路线。基于群众路线在党的工作中的极端重要性，党的十八大以来，以习近平同志为核心的党中央在坚持全心全意为人民服务的根本宗旨的基础上，着眼于“两个一百年”的奋斗目标和“百年未有之大变局”的现实环境，创造性运用历史唯物主义和辩证唯物主义，不断拓展党的群众路线的内涵和外延，如提出“以人民为中心”“坚持人民至上”“依靠人民创造伟业”等，这表明在伟大复兴征程中，党的群众路线依旧表现出强大的生命力和无限的发展张力。值得注意的是，群众路线作为党的根本工作路线，不仅表现为工作原则，也应当表现为具体实践，只有在实践中，群众路线的价值才能得以充分彰显，群众路线的科学性才能得到充分验证。正如党在奋斗历程中所探索出的“从实践的认识出发，进而提高到理论，然后再验之于实践”[①] 这一具有极强现代性的认识方法一样，应当把党的群众路线放到社会实践之中进行考察。乡村社会改革和发展直接面对的是广大农民群众，是新时代践行党的群众路线的重要实践场域。

第一，驻村帮扶机制作为国家政权下沉农村社会的创新机制，是确保党的群众路线在乡村治理中切实推行的制度基础。为了确保脱贫攻坚战取得胜

---

① 黄宗智：《认识中国——走向从实践出发的社会科学》，《中国社会科学》2005 年第 1 期。

利，中共中央、国务院印发了《关于加强贫困村驻村工作队选派管理工作的指导意见》等系列文件，推动了驻村帮扶机制在贫困村的建立。驻村帮扶机制作为提升农村基层党组织组织力的重要机制，其主要任务是为农民群众办事、为农民群众服务、密切党同群众的联系等。驻村帮扶机制配套设置了相应的监督考核评价体系，确保了驻村干部做到了"真蹲实驻、真帮实扶"，有效填补了贫困村基层党组织与农民群众关系"悬浮"的空白，真正践行全心全意为人民服务的根本宗旨。因此可以说，驻村帮扶制度是在乡村改革和治理中践行党的群众路线的制度基础，驻村帮扶制度与群众路线相辅相成、互赖共生。一方面，想要实现脱贫的重任，驻村干部只有充分了解村民的所思所想，充分尊重他们的主体性，与村民在情感上建立密切的联系，才能确保各项改革措施在农村落地。同时，驻村干部只有把为农民服务的形象完整呈现在工作的全过程中，才能获得社会评价系统的正向评价。另一方面，在推动乡村改革和治理过程中，驻村干部只有通过群众路线动员、组织农民群众参与到乡村改革和治理实践中，激发乡村改革和治理的内生动力，才能从根本上扭转贫困村治理不善、发展水平不高的困境。

第二，以农村基层党组织建设推动党的群众路线在农村社会的贯彻。党的十八大以来，在以党的自我革命引领社会革命理论的指导下，农村的改革和治理展现出以党建为引领的新特点，即以农村基层党组织建设引领农村社会的改革和发展。以农村基层党建引领农村改革和发展这一新时代乡村治理和改革的新特点是由党的执政地位决定的。中国共产党作为执政党，决定了中国共产党应当在各方面、各环节发挥领导作用。党的领导作用的发挥有赖于建立党与社会的联结，农村基层党组织是党在农村全部工作和战斗力的基础，是党与农村社会建立联系的节点，这决定了要想实现以农村基层党组织建设引领乡村社会的改革和发展，必须以"党链接社会"为主轴，通过组织动员、资源链接和服务链接三种机制贯彻党的群众路线。组织动员是指农村党员干部通过宣传党的思想理论和方针政策，让农民群众认识到党全心全意为人民服务的根本宗旨和为中国人民谋幸福、为中华民族谋复兴的初心使命。同时，农村党员干部也应当积极发挥先锋模范作用，让农民群众自觉与党保持联系。资源链接是指农村党员干部要扎根农村并深入农民群众绵延的生活和生产中，了解清、了解透农村群众的生活需求和农村发展的治理需求，从而实现资源引进与资源需求的匹配。服务链接是指为了及时解决农民群众在乡村治理中遇到的困难，农村基层党组织通过积极铺设组织网络的方式，扩大农村基层党组织的覆盖面，为农村基层党组织加强对乡村治理的引领提供组织载体。

第三，以德治效应推动党的群众路线在乡村治理中的贯彻。党的十八大以来，在推动农村治理体系现代化过程中，我们党探索出了“自治为基、法治为本、德治为先”的治理体系，这为乡村治理提供了强大的动能。农村基层党组织组织力内在包含着农村基层党组织对乡村社会的治理力，这决定了新时代农村基层党组织组织力与德治具有天然的联系。现代意义上的德治是指基于乡村伦理半伦理、宗法半宗法的现实社会关系，以“传统性的伦理原则或共享性的情理规范为基准”①，对乡村社会进行治理的方式和方法。在新时代推进乡村振兴的实践中，农村基层党组织组织力所表现出的德治有两个方面。一是农村党员干部以道德的标准来校准自己的行为，即在领导农村工作中，自觉坚定人民立场、自觉接受群众的监督、自觉践行群众路线，从而赢得群众的支持和信任。二是农村党员干部应当充分尊重和发扬农民群众的主体性，主要通过动员、组织和整合等方式提高农民群众管理自己事务的积极性和主动性，让农民群众重拾当家人的本色。

四　探索出夯实党执政根基的成功之道

在建党百年之际，党的十九届六中全会审议通过的《中共中央关于党的百年奋斗重大成就和历史经验的决议》提出了建设长期执政的马克思主义政党的时代课题。这一时代课题的提出是我们党对百年奋斗历程经验的总结，是我们党对“历史选择、人民选择”的科学概括，是我们党科学总结社会主义现代化建设事业发展规律的必然结论。然而，党的执政地位不可能一劳永逸，必须不断提高执政能力和执政水平，才能不断巩固党的执政根基。农村基层党组织是党在农村社会中的执政基础，夯实党的执政根

① 许晓、季乃礼：《党的群众路线历史演进与经验启示：乡村治理的视角》，《西南民族大学学报》（人文社会科学版）2022 年第 7 期。

基，巩固党长期执政地位，因此，必须重视农村基层党组织建设。正如习近平总书记所说："把基层党建工作抓好了，我们的基层党组织牢不可破，我们的党员队伍坚不可摧，党的执政地位就坚如磐石，党和人民的事业就无往而不胜。"[①] 科学理解"什么是长期执政的马克思主义政党"，是建设长期执政的马克思主义政党、巩固党的执政根基的基本前提。党的十八大以来，习近平总书记围绕建设什么样的长期执政的马克思主义政党、怎样建设长期执政的马克思主义政党，发表了一系列重要讲话，作出了一系列重要论述，提出了一系列原创性的新理念新思想新战略。综合观之，我们可以看出，"永葆党的先进性、纯洁性、人民性"[②] 构成了其基本的内涵。但是由这三个基本内容衍生出来的任务不是静止的，更不是一劳永逸的，需要根据时代的发展久久为功。农村基层党组织组织力建设是新时代我们党探索出的稳固党在农村执政根基的重大系统工程，新时代我们党通过不断加强农村基层党组织组织力建设，确保农村基层党组织在面对风险、挑战、阻力和矛盾时迎难而上，不仅推动农村社会变革取得了巨大成就，而且夯实了党在农村社会中的执政根基。

第一，以先进性建设来加强农村基层党组织组织力建设，为提高领导农村各项工作的能力和水平提供了不竭的力量源泉。"先进性是马克思主义政党的本质属性，是立党之本、执政之基、生命之源。"[③] 要想提高党的执政能力和执政水平，必须重视党的先进性建设。农村基层党组织亦是如此。党的十八大以来，农村基层党组织在先进性建设方面取得了一系列成效，主要表现在以下几个方面。一是政治先进性不断增强。党的十八大以来，我们党突出强调加强农村基层党组织的政治功能。农村基层党组织把加强理论武装和理想信念教育作为加强农村党员干部教育管理的首要任务，通过"正能量加油站""十小工程"等载体，教育引导党员干部增进政治认同，通过思想理论教育大课堂等，教育引导党员干部树立崇高的使

① 《全面从严治党向基层延伸——以习近平同志为核心的党中央抓基层强基础纪实》，《人民日报》2017 年 6 月 29 日。

② 陶周颖、戴伟安：《习近平关于建设长期执政的马克思主义政党的重要论述探析》，《治理现代化研究》2022 年第 5 期。

③ 刘红凛：《政党关系和谐与政党制度建设》，人民出版社，2013，第 168 页。

命和远大的理想，通过加强中国共产党人精神谱系教育，教育引导农村党员干部坚定政治立场、锤炼过硬政治品格，这些为农村基层党组织组织力引领乡村治理指明了前进方向。二是理论先进性不断增强。学习是提高理论素养的重要途径。农村基层党组织通过定期开展组织生活会，不断提高农村党员干部的马克思主义理论素养，并依托农村这一“大熔炉”，不断提高他们用科学理论指导工作实践的能力。三是组织先进性逐渐增强。新时代党中央发布系列文件整治软弱涣散的农村基层党组织，推动农村基层党组织在政治纪律、组织纪律、工作纪律等方面的建设取得了巨大进步，为农村基层党组织组织力建设提供了纪律支撑，也为夯实党在农村社会中的执政根基奠定了坚实的组织基础。

第二，以纯洁性建设来加强农村基层党组织组织力建设，保证农村基层党组织在复杂多变的乡村治理环境中提高拒腐防变的能力，为夯实党在农村社会中的执政根基提供了重要保障。党的十八大以来，面对农村基层党组织建设中的新问题和新矛盾以及引领农村经济社会发展的现实需要，我们党力图通过以下四个方面的建设提高农村基层党组织自我净化、自我完善、自我革新、自我提高的能力。一是农村基层党组织通过开展形式多样、内容丰富的马克思主义理想信念教育，坚定农村党员干部为推动农业农村现代化而不懈奋斗的信心和决心。二是提高农村党员干部的综合素质，为实现农业农村现代化打造一支综合素质过硬的农村干部队伍。党的十八大以来，农村基层党组织主要通过严把“入口”关、疏通“出口”关，建立健全能进能出机制，提高党员干部的发展质量；通过拓宽选人用人视野和建立规范化的干部遴选机制，提高农村基层党组织带头人队伍的建设质量；通过建立常态化、制度化的党员干部学习教育制度，不断提高农村党员干部的政治素养和业务水平。三是纯洁农村基层党组织的作风，密切其与广大农民群众的联系。推动农业农村现代化，需要发挥广大农民群众的主体作用。永葆党员队伍纯洁性，得到农民群众的认可和信任，从而调动广大农民群众参与乡村改革和发展的积极性，为推动农业农村现代化提供强大的内生力。四是坚定不移同一切腐败行为作斗争，保持农村基层党组织的清正廉洁。农村基层党组织是与农民群众最接近的组织，其腐败行为不仅直接侵害了农民群众的切身利益，而且直接损害了党在人民群众中的形象，削弱了党的执政根基。党的十八大以来，我们党形成了大抓反腐的鲜明导向，并且这一导向逐渐延伸到农村基层党组织，为农村基层党组织营造了风清气正的政治生态，夯实了党的执政根基。

第三，维护好人民群众的利益是农村基层党组织组织力建设的目标指向，为夯实党的执政根基提供力量源泉。“党的根基在人民、血脉在人民、力量在人民。”[①] 巩固党的执政地位、夯实党的执政根基，根本目的就是更好地维护广大人民群众的根本利益。农村基层党组织在领导农村各项工作中直接接触广大农民群众，农村基层党组织是否坚持以农民为中心决定着党在农村执政根基的强弱。党的十八大以来，我们党下大力气解决基层党群和干群问题，密切了党与农民群众的联系，维护了党在农民群众中的形象，巩固了党的执政根基。一是农村党员干部逐渐树立马克思主义权力观，在行使权力的过程中做到公开透明，并全程接受农民群众的监督。二是以为农民谋利益、为农民谋幸福为根本工作导向。农村党员干部以农民群众的呼声和需要为其工作内容的第一准则，以农民群众满意不满意、答应不答应为衡量其工作正确与否的第一标准，以农民群众得到实惠为工作的首要目的，不仅始终保持了党同农民群众的血肉联系，也使我们党始终拥有了不断发展壮大的力量之源。三是尊重农民群众在推动乡村治理和乡村发展中主体地位和首创精神，确保农村基层党组织在领导农村工作中既能汲取农民群众的智慧，也能增强农民群众的主人翁意识，提高他们参与农村治理的热情，充分发挥农民群众的主动精神，为实现乡村善治提供不竭的力量。

第三节　新时代农村基层党组织组织力建设的实践经验

提升农村基层党组织组织力这一命题的提出经历了一个发展演变的过程，从 2014 年提出“党的力量来自组织，组织能使力量倍增”[②]，到 2015

① 《十八大以来重要文献选编》（上），中央文献出版社，2014，第 323 页。
② 《十八大以来重要文献选编》（上），中央文献出版社，2014，第 765 页。

年提出“要坚持以正反典型为镜子，实行组织力量、班子力量、个人力量、群众力量相结合，在查找和解决不严不实突出问题上下功夫”①，再到2016年提出“必须激活基层党组织，增强基层组织力”②，最后到2017年党的十九大报告提出“要以提升组织力为重点，突出政治功能”③。从中可见，我们党对农村基层党组织组织力的定位和内涵的认识经历了一个从不断探索到逐渐明晰这样一个日臻完善的发展过程，标志着我们党对农村基层党组织组织力建设的规律性认识的不断深化。随着新时代农村基层党组织组织力建设实践的深入发展，我们党也积累了宝贵的经验，为新时代农村基层党组织组织力建设提供了实践逻辑架构、指明了发展前进方向。我们应当准确总结新时代农村基层党组织组织力建设的经验，为开辟农村基层党组织组织力建设的新境界提供经验镜鉴。

一　以强化政治功能为组织力建设的根基

新时代加强基层党组织组织力建设，要突出政治功能。新时代以来农村基层党组织组织力建设之所以取得显著成效，最根本的在于突出农村基层党组织的政治功能。所谓政治功能是政党组织所特有的区别于其他组织的最鲜明的标志。中国共产党的政治功能彰显于党的全面领导之中，具体可以概括为政治领导、思想领导和组织领导。④农村基层党组织的政治功能是村级党组织在农村基层强化党的政治属性的基本形态，具体包括政治领导、组织动员和政策执行的功能。⑤政党的本质属性决定了政治功能是政党的本源性功能，对基层党组织而言，亦是如此，政治功能在农村基层党组织多重功能中成为处于中心和支配地位的核心功能，这决定了加强农村基层党组织组织力建设，必须首先突出其政治功能。新时代，我们党立足于农村基层党组织组织力建设所处的环境场域，坚持问题导向，从培养

① 《十八大以来重要文献选编》(中)，中央文献出版社，2016，第680页。
② 《习近平关于全面从严治党论述摘编》，中央文献出版社，2016，第36页。
③ 《十九大以来重要文献选编》(上)，中央文献出版社，2019，第561页。
④ 王海荣、闫辰：《突出政治功能：新时代基层党组织建设的内在要求》，《理论导刊》2018年第8期。
⑤ 李磊：《新时代强化基层党组织政治功能探论》，《理论导刊》2022年第6期。

政治文化、打造政治过硬带头人队伍等方面为切入点，着力强化农村基层党组织的政治功能，为农村基层党组织组织力建设稳固政治根基。

第一，加强农村基层党组织组织力建设要不断培植优良的政治文化。一个政党、一个组织的发展和强大，需要先进文化的浸润，这是由于文化是一种更为基本、深沉、持久的力量，对党组织内的所有成员具有价值引领、思想塑造和行为感召的作用。为此，应当以高度的文化自觉来推动农村基层党组织组织力建设。一方面，大力抵制庸俗腐朽文化的传播和侵蚀。通过常态化的理想信念教育，坚定农村党员干部的共产主义远大理想和中国特色社会主义共同理想，确保主流思想在农村基层党组织中的主导地位；同时运用案例教育的方法，坚持正面案例的正向引导和反面案例的警示相结合，拧紧农村党员干部的“三观总开关”，增强农村党员干部的“政治免疫力”，从而展现农村基层党组织风清气正的精神面貌。另一方面，通过政德教育，增强农村党员干部“权力再小也不可歪用”的用权意识，铸牢农村党员干部敬权、畏权的权力观念，克服以权谋私、损公肥私的“小我”心理，建立权为民所用、利为民所谋的政权观。

第二，加强农村基层党组织组织力建设要培育一支素质过硬的带头人队伍。农村党员带头人队伍作为农村基层党组织的领头雁，其能力和素质的高低直接决定了农村基层党组织组织力的强弱。我们党加强农村基层党组织组织力建设，始终重视带头人队伍建设，为组织力建设提供人才保障。一是把严农村基层党组织书记选拔的政治关。通过严格的选拔程序，选拔政治立场坚定、忠实执行党的决议、工作能力出众的优秀党员为村党支部书记。同时建立村党支部书记后备人才的培养机制，通过“一对一”结对培养、“手把手”跟踪培养、实践锻炼等方式，着力建设一支忠诚干净有担当的村党支部书记后备人才队伍。二是依托党校建立村党支部书记常态化的政治教育培训机制，用新思想武装好村党支部书记的头脑，用科学文化知识提升村党支部书记领导农村各项工作的能力，并把参加政治教育作为村党支部书记的硬任务，纳入日常考核任务之中。三是坚持内部监察和外部监督相结合，加强对党员带头人队伍的政治监管。一方面，通过内部专门巡视机构的巡视检查，及时纠正党员带头人的政治偏差，防止党员带头人政治上的蜕化；另一方面拓宽农民群众监督渠道，以农民群众的全方位、全过程监督，倒逼党员带头人提高政治觉悟和政治能力。

二　以走群众路线为组织力建设的根本工作方法

陈云曾指出："只有党与群众密切的联系着，只有党的支部真正成为群众核心的时候，那个党才是一个巩固的党，那个支部才是党在群众中的堡垒。"① 密切党同人民群众的联系，是我们党的优良传统，也是党领导的社会主义事业不断取得成功的重要法宝。新时代农村基层党组织组织力建设之所以能够取得新的发展，重要原因是在建设过程中践行了党的群众路线。

第一，加强农村基层党组织组织力建设要建立网络群众工作新模式。随着互联网技术的发展和广泛应用，网络时代和数字时代已经悄然来临，不仅改变了人们的工作方式，也深刻影响着人们的交往方式，以微信、微博、抖音等为代表的新兴媒介成为人们交流、获取信息的主要载体，人们依靠这些媒介能够快速地获取大量信息、扩展视野和丰富知识。在农村社会中，年轻农民已经成为网络世界中的"常驻军"，而年龄较大的农民群众也表现出强烈的学网、懂网、用网意识。这表明网络领域已成为农民群众活动的重要场域，内在要求农村基层党组织应当根据这一转变创新群众工作的方法和模式。一方面，农村党员干部应当自觉加强学习，尽快把握"数字经济"和"数字时代"的内在规律和发展趋势，尽早了解"数字政府"的内在机理和构建原则，及时转变群众工作的思维和方式，以迎合网络大爆发时代党的群众路线的新特点和新要求，推动建立互联网群众工作新模式。另一方面，以及时、准确、迅捷、透明的思路和方法回应农民群众的关切，避免出现公共信任危机，损害党在农民群众中的形象。网络传播具有速度快、无边界、低成本化的特点，这导致一旦有什么"坏事"，如果未及时回应，就会迅速"传千里"。因此，农村党员干部应当善于利用官方平台以及自媒体平台，时常与群众交流，解除农民群众忧虑、解答农民群众疑惑、回应农民群众关切。同时，对于网络上的不实信息要敢于

① 《陈云文选》（第1卷），人民出版社，1995，第165页。

发言、真实发言，避免出现农民群众被谣言牵着鼻子走的被动局面，只有这样才能守好网络舆论阵地，做好当下的网络群众工作。

第二，加强农村基层党组织组织力建设要推动建立农民群众的利益协调机制。改革开放以来，随着社会主义市场经济逻辑对农村社会影响的深入，农民群体表现出日益多样的利益诉求，这直接导致农村社会利益矛盾的增多和利益冲突的加剧。在加强农村基层党组织组织力建设中，应当立足于农村社会利益博弈已成常态的境况，推动建立农民群众的利益协调机制，通过统筹社会资源、协调群众利益需求，达成最大化的利益共识，做好新时代具有许多新特点的农民群众工作。一方面，以家庭联产承包责任制为根基，保障农民群众的利益和权益。随着乡村振兴战略的实施和推进，越来越多的生产要素流入农村，加速了农村土地资源的流转。放活农村土地经营权应当坚持以家庭联产承包责任制为基础，保障农民的利益不被侵害。另一方面，发展壮大农村集体经济。农民利益纠纷形成的根本原因是可获得的利益少，促进农村经济的发展是解决农民利益纠纷的根本途径。习近平指出："集体经济是农民共同致富的根基，是农民走共同富裕道路的物质保障。"[①] 发展壮大集体经济是解决农民利益纠纷的切入点和落脚点。农村党员带头人应当积极利用国家的资源下乡和项目下乡以及回流到乡村的社会资本、技术和人才，盘活农村集体资源和资产，夯实和壮大农村的集体经济，把蛋糕做大做强，促进农民共同富裕。

第三，加强农村基层党组织组织力建设要杜绝形式主义和官僚主义的工作方法。形式主义和官僚主义与党的宗旨、党的工作方法背道而驰，不仅影响了党同人民群众的关系，也危害了人民群众的利益。新时代，加强农村基层党组织组织力建设应当以杜绝形式主义和官僚主义工作方法为着力点，切实改进农村基层党组织的工作作风，确保农村基层党组织真正成为农民群众的主心骨和贴心人。一方面，坚持以农民为中心的工作立场。农民群众是农村基层党组织克服重重困难、永葆领导事业不断取得胜利最坚实的支撑和最深厚的底气。因此，新时代加强农村基层党组织组织力建设应当始终坚持以人民为中心，即以深厚的农民情怀把农民群众的事当成

① 习近平：《摆脱贫困》，福建人民出版社，1992，第143页。

自己的事办，解决农民群众在生产生活中出现的难事、要事。另一方面，农村党员干部要树立正确的政绩观。农村党员干部最大的政绩是为农民群众办实事、好事，但是，不能主观臆断也不能片面化，应当深入农民群众之中，了解农民群众的真实需求，以农民群众的满意度为政绩评判的重要指标。

三　以党建引领乡村治理为组织力建设的根本途径

从结构主义角度看，组织力包含对内的自我革命和对外的社会革命两个组成部分，同样农村基层党组织组织力包括农村基层党组织的自我革新和引领农村社会治理两部分内容。这样的内容构成逻辑决定了加强农村基层党组织组织力建设，既要注重农村基层党组织的自身建设，也要以建强的农村基层党组织引领农村社会治理。新时代，在全面从严治党逻辑的指引下，农村基层党组织始终坚持以“严”的标准和“严”的基调加强自身建设，实现自身治理和建设从“宽松软”到“严紧硬”的转变，为更好引领乡村治理现代化提供了坚实基础，同时乡村的善治也反过来提升了农村基层党组织建设的水平，两者互为表里、互相支撑、互相作用，极大提升了新时代农村基层党组织组织力。

第一，农村基层党组织组织力建设要以乡村治理拓展农村基层党组织建设的路径。促进乡村治理是加强农村基层党组织建设的直接目的，因此，要坚持目标导向，把乡村治理的现实需要作为农村基层党组织建设的内容，从而有效拓展农村基层党组织建设的路径。一是以乡村治理的内容为农村党员干部提升素养的根本依据，从而增强农村基层党组织建设的动力。在农村基层党组织建设中，农村党员干部作为被建设的重要对象，需要在践行党的群众路线中，提高自身的理论素养和业务素养。乡村治理是农村党员干部的实践场域，也是农村党员干部践行群众路线的场所，这决定了应当将农村党员干部联系群众、服务群众、组织群众和发动群众的成效作为其工作考核的指标，实现乡村治理的成效与农村基层党组织建设的成效有效对接，从而激发农村党员干部提升自身素养的内生动力。二是以乡村治理的实践为加强农村基层党组织建设的实践路径。党领导乡村治理的实质是在农村党员干部服务群众中推动乡村迈向善治，因此，在乡村治理实践中承载着农村基层党组织建设的实践活动，即党群互动关系的建构，并且这一建构过程贯穿于乡村治理实践活动的全过程。农村党员干部应当利用乡村治理的实践活动这一载体，深入农民群众，与农民群众建立良性的互动关系，为推动党中央决策部署在农村落实奠定良好的基础。三是以乡村治理中出现的问题倒逼农村基层党组织的建设。从目标导向看，加强农村基层党组织组织力建设，是为了更好推动乡村治理，那么乡村治理中出现的许多新问题、新矛盾，要求农村基层党组织积极做出调适，以有效应对这些问题和矛盾。

第二，农村基层党组织组织力建设要以农村基层党组织建设引领乡村治理的现代化发展。农村基层党组织建设对乡村治理现代化的引领作用主要表现在引领力、凝聚力和影响力等方面，农村基层党组织应当在乡村治理实践中坚定政治立场、凝聚主体合力、建立制度机制，提高“三力”发挥的效能。一是以坚定的政治立场确保引领力的发挥。农村党员干部应当以极高的理论素养和坚定的政治品格，确保乡村治理方向不跑偏。同时以党的政治路线为引领，推动马克思主义理论与农村治理实践相结合，坚持以习近平总书记关于基层治理的重要论述为指导，在不断满足农民群众的多元化需求中，赢得农民群众的支持和信任，夯实党在农村中的执政根基。二是通过汇聚乡村治理主体的合力，提升乡村治理的凝聚力。“多元主体协同治理是推进国家治理现代化的有效路径。”[①] 乡村治理现代化作为国家治理现代化的重要构成，也应当通过多元主体协同治理推动乡村治理的现代化。农村基层党组织是乡村治理的领导核心，但并不是唯一治理主体，乡村治理主体还包括村委会和广大农民群众，推动乡村治理现代化，要以现代化治理思维为指导，最大限度吸纳村委会、党员和农民群众等多元主体的参与，从而以高度凝聚的主体合力，更好推动乡村治理的现代化。三是以完善的运行机制，提高农村基层党组织在乡村治理中的影响力和持久力。农村基层党组织引领乡村治理不是一时之事，而是农村基层党

① 包心鉴：《多元主体协同治理是推进国家治理现代化的有效路径——〈社会组织发展与国家治理现代化〉评介》，《光明日报》2016 年 3 月 16 日。

组织不断为之奋斗的使命任务，需要久久为功。制度更具根本性和长期性，农村基层党组织要想更好引领乡村治理需要加强制度建设。一方面，建立科学完善的利益协调机制，解决农村社会中普遍的利益矛盾和纠纷，这是推动乡村善治最根本的要求；另一方面，建立健全资源整合机制，这是在资源下乡的背景下合理利用和开发资源为乡村治理创造良好环境的内在要求。

四　以创新组织设置为组织力建设的坚实基础

组织体系是组织力的基本载体，加强组织力建设内在要求加强组织体系建设，以载体的建设推动组织力的不断提升。对此，提升农村基层党组织组织力，要立足于农村社会结构的转型，通过创新农村基层党组织组织设置和扩大农村基层党组织的覆盖面，完善农村基层党组织的组织体系，确保农村基层党组织的组织设置适应新时代农村的经济结构和社会关系的深刻变革，确保农村基层党组织嵌入农村社会中的各行业、各领域和各群体，为农村基层党组织组织力建设提供坚实的载体基础。

第一，加强农村基层党组织组织力建设要创新农村基层党组织的组织设置方式。农村基层党组织的组织设置方式是由农村基层党组织所领导的农村各项工作决定的，其设置是否科学合理，直接影响着农村基层党组织所领导事业的成效。改革开放以来，特别是党的十八大以来，随着农村改革的不断深化和全面推进，原来的“以行政村为单位设置党支部的传统组织设置模式”[①] 带有封闭性和狭隘性，越来越不适应农业农村现代化的发展趋势。以改革创新精神推动组织设置方式的变革，是农村生产关系变革和生产力不断发展的必然要求，也是提高农村基层党组织领导力、战斗力从而加强农村基层党组织组织力建设的内在要求。新时代，创新农村基层党组织的组织设置方式，应当遵循以下思路。一是横向联合，即推动农村基层党组织与其他行政村、企业或者居委会建立联系，从而实现以强带弱、以富带贫，实现优势互补，促进共同发展。二是纵向整合，即在规模

① 曾志伟主编《最新农村党支部书记工作规程方法与案例启示》，人民出版社，2010，第5页。

比较大、经营比较稳的乡村企业中单独建立党支部，或者在乡村中存在的中小企业建立跨行业的经济联合党组织，这些新建立的党支部或者联合党组织以及与原行政村的党支部的隶属关系由所在县、乡党委根据本地区发展的实际通过商议再作决定。三是动静结合，即针对外出务工农村党员教育管理比较薄弱的困境，通过建立临时党组织或者流动党组织加强对这部分人的教育和管理。四是特色推进，即根据本村产业结构变化的特点和趋势，建立功能多样的党小组，以克服传统农村基层党组织设置狭隘、封闭的缺点。

第二，加强农村基层党组织组织力建设要扩大农村基层党组织的覆盖面。乡村振兴是一项涉及面广、牵扯人员众多、内容纷繁复杂的系统工程，这需要充分发挥农村基层党组织的战斗堡垒作用和领导核心作用，推动乡村社会的全面振兴。然而，农村社会结构的转变和社会关系的转型，对农村基层党组织在党员的吸纳、管理和党员干部的培育等方面提出了许多新挑战。例如，农村基层党组织对新党员的吸纳力逐渐变弱，对流动党员的教育和管理难度增大、对村后备干部队伍建设的力量逐渐降低，这降低了农村基层党组织的覆盖率，阻碍了农村基层党组织组织力建设。对此，党的十八大以来，我党提出要“扩大基层党组织覆盖面”①。新时代，我们党在加强农村基层党组织组织力建设的过程中，通过各种方式健全农村基层党组织的组织体系，极大扩大了农村基层党组织的组织覆盖面和工作覆盖面。一是通过单独组建、挂靠组建或者跨行业统建的方式和方法，推动农村地区的非公有制企业或者新兴的社会组织的党组织建设工作，实现“哪里有群众哪里就有党的工作、哪里有党员哪里就有党组织、哪里有党组织哪里就有健全的组织生活和党组织作用的充分发挥”②。二是通过“互联网+党建”的模式加强对流动农村党员的教育和管理。在市场经济条件下，农村流动党员的数量急剧增加，这对农村基层党组织教育和管理党员的工作提出了新挑战。为改变这一现状，农村基层党组织把党建的阵地由现实空间拓展到网络空间，利用互联网搭建教育和管理流动党员的平

---

① 《十九大以来重要文献选编》（上），中央文献出版社，2019，第46页。

② 《全面从严治党理论与实践研究》，人民出版社，2016，第221页。

台，设立流动党员网络服务站，不管党员流动在哪里，都能确保党组织的教育和管理工作依旧有序稳定推进。

五　以灵活的工作方法为组织力建设的重要途径

农村基层党组织在具体的乡村治理实践中会遇到形形色色的问题，这些问题既具有一定的共性，也彰显出一定的个性，因此，农村基层党组织应当根据变化了的环境和具体的工作内容，采取灵活的工作方法，调动农村党员干部的积极性和创造性，从而促进组织力的提升。正如习近平总书记指出，基层党组织“要结合各自具体实际开拓创新，特别是在前沿实践、未知领域，鼓励大胆探索、敢为人先，寻求有效解决新矛盾新问题的思路和办法，努力创造可复制、可推广的新鲜经验”①。新时代以来，农村基层党组织把唯物辩证法的思想方法贯彻到组织力建设的始终，坚持随机而动、顺势而为、因势而谋，在灵活的工作中极大提升了农村基层党组织组织力。

第一，加强农村基层党组织组织力建设要善于观察形势。“善战者，求之于势。”善于观察形势、认识形势和掌握形势是习近平总书记一贯坚持的工作方法。例如，经济发展新常态的提出正是基于习近平总书记敏锐的观察力和洞察力。那么，何谓形势？形势就是指事物发展的趋势以及事物构成要素之间相互联系、相互制约所形成的复杂的客观事实。任何事物的发展都有一个形势，准确认识这一形势是推动工作顺利开展的根本前提。习近平总书记告诫党员干部：“要牢固树立政治意识、大局意识、责任意识，善于观大势、谋大事，自觉在大局下想问题、做工作。”② 在乡村全面振兴的背景下，农村党员干部要站在政治高度和战略高度，判断乡村改革和发展的总体趋势和主要方向，准确把握推动乡村治理的内在规律和其中隐藏的风险挑战，在把握乡村振兴的战略全局中，找准推动工作开展的切入点和立足点，从而以强大的组织力引领乡村全面振兴。

第二，加强农村基层党组织组织力建设要善于顺势而为。“因天之时，

① 习近平：《推进中国式现代化需要处理好若干重大关系》，《求是》2023 年第 19 期。

② 《习近平关于全面从严治党论述摘编》，中央文献出版社，2016，第 78 页。

因地之势，依人之利而所向无敌。”因势而动、乘势而上是习近平总书记在治国理政中始终坚持的工作方法。例如，习近平总书记始终用“顺势”思维加强对宣传工作、外交工作和网络安全工作的领导。所谓顺势而为是指在准确观察形势的基础上，顺应形势发展的趋势和方向，采取与之相适应的工作方法推动事物发展的一种工作方法和治理思维。在全面建成小康社会的时代背景下，习近平总书记向全党发出号召，“我们要乘势而上开启全面建设社会主义现代化国家新征程”①。在乘势而上过程中，农村党员干部要坚持党性和科学性相统一，在保持政治热忱的前提下，在尊重新时代乡村治理的发展规律的基础上，明晰自身必须做的工作和能够做的工作，确立当下工作的逻辑，为发挥创造性划定框架，确保工作顺利推动。

第三，加强农村基层党组织组织力建设要善于因势而谋。“肯取势者可为人先，能谋势者必有所成。”在认识形势、顺势而为的基础上，习近平总书记要求“危机中育新机、于变局中开新局”②。所谓因势而谋是指在准确把握事物发展的形势的基础上，通过科学分析和谋划，提出战略和策略，并坚定战略定力，引领事物发展的趋势。在推动乡村全面振兴的背景下，党和国家以大局意识和战略眼光，作出了推动乡村全面振兴的战略部署，新时代新征程，农村党员干部必须增强战略定力，推动乡村振兴战略在农村地区的贯彻执行。但是，在具体贯彻执行的实践过程中，农村党员干部要在坚持“变”与“不变”的唯物辩证法和准确把握农民诉求的前提下，根据乡村治理的发展变化的基本趋势，调整工作思路、完善政策主张，以强有力的组织力推动乡村治理的全面推进。

① 《习近平谈治国理政》（第4卷），外文出版社，2022，第162页。
② 《习近平谈治国理政》（第4卷），外文出版社，2022，第183页。

第五章

乡村振兴战略下农村基层党组织组织力建设的态势分析

农村基层党组织组织力在建设过程中所编织的组织力概念和组织力范畴体系，在乡村场域中构成了一个农村基层党组织组织力建设的现实图景，也构成了越来越坚实的“阶梯”。新时代新征程，要深入推进农村基层党组织组织力建设，必须深刻把握农村基层党组织组织力建设的发展态势，即把握好继续推进农村基层党组织组织力建设的优劣势。不断变革的社会生产关系和不平衡、不充分的发展是当前加强农村基层党组织组织力建设的最大“实际”，如期实现第二个百年奋斗目标“最艰巨最繁重的任务在农村，最广泛最深厚的基础在农村，最大的潜力和后劲也在农村”[①]，我们必须准确把握和深刻分析这一最大“实际”，为更好推动农村基层党组织组织力建设找准方位、明确方向。

第一节　乡村振兴战略下农村基层党组织组织力建设的坚实基础

党的二十大报告鲜明指出：“我们党作为世界上最大的马克思主义执政党，要始终赢得人民拥护、巩固长期执政地位，必须时刻保持解决大党

① 《习近平关于“三农”工作论述摘编》，中央文献出版社，2019，第 11 页。

独有难题的清醒和坚定。”[①]“大党独有难题”表明作为世界上第一大的政党，中国共产党在全面建设社会主义现代化国家新征程中必然会遇到“组织管理、自我调适、长期执政、永葆初心”[②]等世界上其他执政党不会遇到的“独有难题”，因此，必须在政治上保持“清醒和坚定”，以有效解决“大党独有难题”。[③]对于农村基层党组织而言，亦是如此。新时代新征程，加强农村基层党组织组织力建设必须以实事求是的态度发现问题、正视问题，同时也要清醒地认识到深入推进农村基层党组织组织力建设所具有的政治、理论、制度、组织、精神等方面的优势，唯有如此，才能增强以强大的农村基层党组织组织力实现乡村全面振兴的信心和决心。

一 坚持以人民为中心的政治优势

坚持以农民为中心是中国共产党坚持以人民为中心的执政理念在农村地区的具体体现，是农村基层党组织组织力建设的价值导向。在加强农村基层党组织组织力建设的过程中，我们党始终把为农民谋利益放在第一位，把依靠农民、尊重农民的意愿作为根本工作原则，把使用贴近农民生活的语言作为工作方法，把农民的满意度作为评价工作的重要指标，为把农村基层党组织组织力建设引向深入奠定了坚实的政治优势。

为农民谋幸福是中国共产党的初心使命在农村地区的具体体现。中国共产党在百余年奋斗历程中，既仰望星空，刻画指引农民共富的梦，也脚踏实地，始终扎根于广大农民群众的生产生活中，用实际行动按照“解放农民、富裕农民、幸福农民”的行动逻辑，一步步为广大农民群众创造幸福生活。解放农民是富裕农民的根本前提。在新民主主义革命之前，广大农民群众因为土地资源的匮乏、战争的扰乱、土匪的欺压、军阀的剥削等，日趋穷困潦倒。新民主主义革命时期，中国共产党通过土地革命，把束缚在封建土地所有制之中的农民解放出来，使农民群众在经济上获得了

① 习近平：《高举中国特色社会主义伟大旗帜 为全面建设社会主义现代化国家而团结奋斗——在中国共产党第二十次全国代表大会上的报告》，人民出版社，2022，第63页。

② 戴伟安、陶周颖：《“大党独有难题”的内涵解析与应对之道》，《思想理论教育》2023年第2期。

③ 刘红凛：《中国共产党百年大党的独特优势》，《思想理论教育导刊》2023年第1期。

主体地位；鼓励农民参加革命斗争，推翻“三座大山”的剥削和压迫，使农民群众在政治上获得了独立自主。农民群众在经济和政治上的独立，为其走向富裕、幸福创造了条件、奠定了基础。富裕农民是为农民谋幸福的核心议题。新中国成立后，翻身做主的广大农民虽不再受到剥削和压迫，但其分散的小农经营方式造成了低效率、低产量。对农业进行社会主义改造，目的是将广大农民有效组织起来发展集体产业，“使农民能够逐步完全摆脱贫困的状况而取得共同富裕和普遍繁荣的生活”①。虽然农业的社会主义改造并没有解决农民的穷困问题，但是我们党致力于实现农民富裕的一次伟大尝试，对以后的农业、农村改革具有很强的镜鉴价值。改革开放以后，党中央从农村的实际出发，以解决广大农民群众的温饱问题为目标指引，推行家庭联产承包责任制，并配套其他一系列有利于农民增收的“三农”政策，到20世纪末总体上解决了农民群众的温饱问题。党的十八大以来，党中央把全面建成小康社会作为价值指引，通过脱贫攻坚，致力于消除绝对贫困，通过资源下乡、项目下乡，多层次、多方面满足农民群众不断增长的物质需求和精神需求，到2020年底全面建成小康社会，使农村的面貌焕然一新。从上述可知，为农民谋幸福的百余年奋斗史充分彰显了坚持以农民为中心是中国共产党在农村地区的执政理念，也是党的初心使命在农村地区的具体体现，既赢得了广大农民群众的衷心拥护，也为新时代新征程持续深入加强农村基层党组织组织力建设奠定了政治优势。

尊重农民主体性是农村基层党组织组织力建设的基本遵循。马克思主义关于人的解放学说揭示了“马克思对真正的‘以人为本’的价值理想的承诺”②，即马克思致力于探寻人的全面发展的实现过程和价值标准。中国共产党作为以马克思主义为指导思想的政党，始终把实现人的全面发展作为自己全部历史活动和整个历史过程的唯一旨趣，竭力把广大农民群众从“异化”的境遇中“解放”出来，回归自身的主体性。农民群众作为农业农村建设的主体，其主体性应该体现在建设的全过程、全方面。中国共产

① 《建国以来重要文献选编》（第4册），中央文献出版社，1993，第662页。

② 孙正聿：《人的全面发展与当代中国人的解放的旨趣、历程和尺度——关于马克思人的全面发展学说的思考》，《学术月刊》2002年第1期。

党百余年的奋斗史就是党解放农民史，也是提升农民主体性、让农民当家作主史。总结我们党百余年奋斗史的基本经验可知，发挥农民群众的主体作用是我们党领导的事业不断取得成功的重要保障。党的十八大以来，我们党以充分尊重农民意愿，激发农民的积极性、主动性和创造性为目标导向，通过增权、赋能、补短板等方式，极大增强了农民群众的主体意识。一是增权于农民。即通过改革和重构土地制度、集体产权制度、新型农业经营体系等，提升广大农民的经济权利意识；通过完善村民自治制度和建立多元参与的乡村治理体系，提升农民群众的政治主体意识。二是赋能于农民。在激发农民群众主体意识的基础上，我们党致力于通过组织、教育等途径培养农民群众的生产能力、经营能力、政治参与能力等，提升农民群众的综合素质，从而为发挥农民群众的主体作用提供能力支撑。三是通过资源下乡、项目下乡，补齐农民生产生活短板，为农民更好发挥主体作用提供民生保障。恩格斯指出，“历史不过是追求着自己目的的人的活动而已”[①]，百余年来我们党积极发挥农民群众的主体作用，尊重农民群众的意愿推动农村改革，极大地提升了农民群众的获得感、幸福感和安全感。

农民群众是农村基层党组织组织力发挥效用的最大底气。习近平总书记指出，“人民是我们党执政的最大底气”[②]。对农村基层党组织组织力建设而言，农民群众也是其最大底气。一是农民群众为农村基层党组织组织力建设提供方向指引。农民群众是农村基层党组织组织力的服务对象，建设什么样的农村基层党组织组织力、如何提高农村基层党组织组织力，应该由农民群众的所思、所想、所盼决定，农村党员干部在推动农村基层党组织组织力建设过程中要时刻问需于民、问计于民，把实现最广大农民群众的利益作为组织力建设的指明灯，把农民群众的意见和建议作为组织力建设的导航仪，把农民群众的满意度作为组织力建设的晴雨表。二是农民群众为农村基层党组织组织力建设提供不竭力量。新时代新征程，乡村振兴这一伟大事业是由党带领亿万农民群众推进的，农民群众所具有的勤奋进取的精神、务实肯干的品质、任劳任怨的毅力、开拓创新的智慧、艰苦

① 《马克思恩格斯文集》（第1卷），人民出版社，2009，第295页。
② 《习近平谈治国理政》（第3卷），外文出版社，2020，第137页。

奋斗的勇气等，都是农村基层党组织组织力建设必备的要素和精神品质，农村基层党组织可以从农民群众中汲取不断前行的力量。三是农民群众为农村基层党组织组织力建设提供监督保障。习近平总书记指出：“我们不能关起门来搞自我革命，而要多听听人民群众意见，自觉接受人民群众监督。”① 对于农村基层党组织组织力建设而言，亦是如此。农村基层党组织组织力的施力对象是广大农民群众以及农民群众的生产和生活，农村基层党组织组织力的施力方向是否正确、施力领域是否合理、施力效果是否达标，农民群众的感触最深，及时听取农民群众的监督评价，才能更好提升农村基层党组织组织力建设的质量。

二　坚持与时俱进的理论优势

指导思想作为一种渗透性因素，对农村基层党组织组织力建设发挥着深沉和持久的影响。回溯百余年党史，如果说中国共产党对思想理论建设的高度重视始于自发，那么，随着中国共产党所领导的社会主义事业的深入推进，其对思想理论建设的能力日趋达到了自觉和自信的境界。农村地区作为党执政的根基，我们党坚持马克思主义的立场、观点和方法，立足于不同发展阶段农村社会的发展实际，立足于为农民谋幸福的价值归依，不断推动理论与时俱进，为新时代新征程农村基层党组织组织力建设提供了坚实的理论基础。

马克思主义是农村基层党组织组织力建设不断取得新发展的根本所在。中国共产党作为马克思主义政党，从成立之初就把马克思主义写在自己的旗帜上，成为立党、兴党、治国、兴国的根本指导思想。从马克思主义的理论特质来看，与时俱进是其鲜明的理论品格。恩格斯晚年提出的“马克思主义不是教条”的命题可以充分验证马克思主义的这一理论品格。中国共产党遵循马克思主义与时俱进的理论品质，始终坚持马克思主义基本原理与中国具体实际相结合，形成了既一脉相承又具时代特色的中国化马克思主义理论体系，指导着中国共产党领导的革命、建设、改革、复兴事业的不断胜利。正因如此，我们党把坚持理论创新作为中国共产党百年

① 《习近平谈治国理政》（第 3 卷），外文出版社，2020，第 533 页。

奋斗的十条历史经验之一，把坚持守正创新作为不断开辟中国化马克思主义新境界的基本方法。农村是党领导革命和建设事业的重要场域，为农民谋幸福是党不懈奋斗的重要目标导向，农村基层党组织是党在农村全部工作的基础，注重农村工作理论的创新是我们党的优良传统。1927 年，毛泽东在农村的调查研究工作，开启了党对农业、农村、农民问题的研究历史。百余年来，正是基于党对农村问题的调查研究以及在马克思主义立场、观点、方法指导下所形成的关于“三农”问题的思想理论，确保了不同时期党在农村工作的顺利开展，不仅为革命和建设提供了理论支撑、经济支撑和政治支撑，也推动了农业农村的极大发展、农民生活的不断富裕。党关于“三农”问题的思想理论无疑成为中国共产党在农村地区开展工作的独特理论优势，也成为农村基层党组织组织力建设的理论基础。

马克思主义具有其他理论无法比拟的理论优势。当今世界大约存在万余个政党、两百多个国家和地区，它们的思想理论或主流意识形态种类繁多、内容丰富，价值取向多样。然而，“一切脱离人民的理论都是苍白无力的，一切不为人民造福的理论都是没有生命力的”[①]。只有那些站在人民立场、坚持人民至上、为人民谋幸福的思想理论才能被广大人民群众认可和拥护；只有根据时代的发展守正创新的思想理论才能与时俱进、实现理论之树常青。这种理论才是符合社会历史发展规律的、富有生机活力的理论。马克思主义之所以具有其他思想理论不具有的理论优势，根本在于马克思主义的人民性、科学性、革命性、实践性、开放性以及发展性。其一，人民性是马克思主义的本质属性。马克思主义诞生于马克思、恩格斯指导工人运动的实践中，它既揭示了工人运动的目标、方式、方法，也揭示了人民群众在历史中的伟大作用。因此，可以说人民性是马克思主义拥有无限活力的根基。中国共产党坚持和继承马克思主义的人民性特质，在坚持人民立场、依靠人民、造福人民中不断开辟着马克思主义发展的新境界。其二，科学性和革命性的统一是马克思主义的基本特征。马克思主义的科学性是指马克思主义正确揭示了人类社会发展的规律，正如习近平总

① 习近平：《高举中国特色社会主义伟大旗帜 为全面建设社会主义现代化国家而团结奋斗——在中国共产党第二十次全国代表大会上的报告》，人民出版社，2022，第 19 页。

书记所评价道，马克思主义“为人类指明了从必然王国向自由王国飞跃的途径，为人民指明了实现自由和解放的道路”①。马克思主义的革命性由其辩证法和阶级基础所决定，唯物辩证法指明了一切事物都在发展变化之中，并指出旧事物的必然灭亡和新事物的必然产生，这一旧事物就是资产阶级的统治，这一新事物就是由无产阶级所领导的革命和建设事业。马克思主义之所以是科学性和革命性相统一的思想理论，根本依据在于马克思主义揭示了工人阶级的利益与社会发展方向的一致性。其三，实践性、开放性以及发展性是马克思主义的基本品格。马克思主义是立场、观点和方法，而不是一成不变的教条，它会随着实践的发展不断丰富其内涵，拓展其外延，这是马克思主义在21世纪依旧表现出强大活力的根本原因。百余年来，中国共产党对马克思主义理论品格的坚持和发展，开辟了马克思主义中国化的新境界，为革命、建设、改革和复兴提供了强大的理论优势。

农村基层党组织组织力建设与中国化马克思主义同向偕行，在马克思主义关于农业农村发展的理论以及基层党组织建设的思想与中国农村发展实际相结合的过程中，农村基层党组织组织力不断得以提升。一是与时俱进的中国化马克思主义为新时代新征程农村基层党组织组织力建设指明了方向。马克思主义基本原理与农村基层党组织引领乡村改革和发展的实践相结合孕育出越来越深刻的思想内涵和价值体系，为农村基层党组织组织力建设规定了基本内容、实践框架、价值导向和目标旨归，为农村基层党组织组织力在这一思想理论的指导下建设得更加符合农业农村发展规律，为实现农业农村现代化提供了源源不断的力量支撑。二是党的理论创新不断丰富了农村基层党组织组织力的内涵。各个不同时期党的理论创新赋予了农村基层党组织组织力坚持真理、服务农民、英勇斗争、上通下达、精准务实、攻坚克难、开拓进取、自强不息、干事创业、创优争先、艰苦奋斗等内涵，为新时代新征程加强农村基层党组织组织力建设提供强大的动能。三是党的理论创新为农村基层党组织组织力建设提供理论智慧。社会主义话语体系下的农业农村现代化发展道路作为一项史无前例、没有现成方案可以借鉴的现代化发展道路，需要具有哲学原则高度的理论智慧对其作

① 习近平：《在纪念马克思诞辰200周年大会上的讲话》，人民出版社，2018，第8页。

出富有创造性的理论架构。构筑一套农村基层党组织引领乡村发展的理论体系成为实现党对农村工作的领导、实现农业农村现代化的基石性工作。各个时期党的理论创新对农村基层党组织组织力建设的重难点、主要任务、方式方法等内容的规定，提升了农村基层党组织组织力建设的质量。

三　坚持农村基层党组织统一领导的制度优势

“制度优势是一个政党、一个国家的最大优势。”① 领导制度是确保党关于人民至上的思想理论贯彻落实的根本制度保障。坚持和加强党的全面领导，是中国共产党自成立以来的优良传统和宝贵经验。第一部党章就明确了全国代表大会及中央执行委员会的绝对权威，提出全体党员必须遵守它们的决议，同时规定了少数服从多数的民主集中制原则。党的四大在党的历史上第一次明确提出无产阶级在民主革命中的领导权和工农联盟问题，会议认为，中国的民主革命运动，无产阶级必须取得领导的地位，才能够得到胜利；会议还阐明了农民是无产阶级同盟军的思想，指出没有农民的支持，无产阶级要想取得领导地位以及使革命取得成功，都是不可能的。百余年的奋斗历程充分证明，坚持和加强党的全面领导是确保中国共产党领导的事业不断取得胜利的根本所在。对此，《中共中央关于党的百年奋斗重大成就和历史经验的决议》指出：“中国人民和中华民族之所以能够扭转近代以后的历史命运、取得今天的伟大成就，最根本的是有中国共产党的坚强领导。”② 党史充分彰显，坚持和加强党的全面领导是不断推动党和国家事业发展进步最根本的优势，只有在党的全面领导下，才能为社会主义事业的发展集中人力、物力、财力，才能筑牢最广泛的统一战线，才能团结一切可以团结的力量攻坚克难。同样，要全面推进乡村振兴，实现农业农村现代化，“必须坚持党的全面领导特别是党中央集中统一领导，坚持民主集中制，确保党始终总揽全局、协调各方”③，否则极容易走偏方向。新时代新征程在坚持和加强党的全面领导的话语体系和实践

---

① 《习近平关于力戒形式主义官僚主义重要论述选编》，中央文献出版社，2020，第 14~15 页。

② 《中共中央关于党的百年奋斗重大成就和历史经验的决议》，人民出版社，2021，第 65 页。

③ 《中共中央关于党的百年奋斗重大成就和历史经验的决议》，人民出版社，2021，第 65 页。

逻辑下，农村基层党组织组织力建设不仅有方向，而且后劲足、有力量。

加强领导力是农村基层党组织组织力建设的最本质要求。组织力作为农村基层党组织以自身建设引领农村改革发展的理论基础，坚持和加强“领导”是关键环节和根本保障。正是因为建立起全面领导制度，才能确保农村基层党组织在农村各项工作中发挥领导核心作用，才能促使亿万农民心往一处想、劲往一处使，共同攻坚克难，实现乡村全面振兴。一方面，在农村基层党组织内，党的领导制度体系有助于在组织内形成合力，增强组织的“内聚力”，有助于在组织内形成团结统一、行动一致的政治局面，从而使组织上下齐心为破解农业农村改革发展难题而努力奋斗。党的百余年奋斗历史经验已经确证，党内团结统一，则党就会迸发强有力的战斗力和生命力，由党领航的社会主义事业巨轮也会破冰前行，一往无前；党内分裂，则会导致派系纷争，各派系各行其是，党内一盘散沙，从而瓦解执政党执政根基。另一方面，在深化农村改革和发展层面，只有充分发挥农村基层党组织的领导核心作用，才能把党中央关于农业农村的方针政策贯彻落实到农业农村改革和发展的全过程、各方面、各环节，才能充分发挥党总揽全局、协调各方的领导核心作用；才能有效增强农村基层党组织的动员力、统筹力、协调力和执行力，把农民群众组织起来，汇聚起磅礴力量破解改革和发展难题；才能立足于为农民谋幸福的初心使命来持续发力，确保农业农村现代化始终沿着正确方向不断推进。

党的领导事关农业农村发展的大局，是农村基层党组织组织力不断推动农村发展的根本保证。习近平总书记指出：“办好农村的事情，实现乡村振兴，关键在党。”① 坚持和加强农村基层党组织在农村社会中的领导地位是不断加强农村基层党组织组织力建设的基本前提。一方面，在推动乡村治理现代化层面，加强农村基层党组织组织力建设的根本目的是更好地适应和引领乡村振兴，逐步实现农民群众对美好生活的向往。其中，党在农村社会中的领导地位是实现农民群众富裕梦的根本保障，没有党的领导，实现乡村美、农民富、产业旺就无从谈起，因为，中国共产党代表了最广大人民的根本利益，没有自己特殊的利益，始终把为中国人民谋幸

① 习近平：《论“三农”工作》，中央文献出版社，2022，第261页。

福、为中华民族谋复兴作为自己的初心使命。另一方面，在提高农村基层党组织组织力建设质量层面，塑造农村基层党组织权威是发挥农村基层党组织组织力、建强党在农村社会中的战斗堡垒的根本保障。农村基层党组织权威作为一种政治动员力和政治影响力，是农村基层党组织有效获取和统筹农村社会资源以更好领导和推动乡村治理的基础，只有塑造农村基层党组织的权威，才能在党内外形成上下联动、各方协同、团结一致的良好局面，为推动乡村全面振兴提供强大的力量支撑。

新时代，我们党探索出了提升农村基层党组织领导力的理论逻辑和实践逻辑，有力地巩固了党在农村社会中的领导地位，为新时代新征程农村基层党组织组织力建设打下了坚实的制度优势。一方面，党的十八大以来，以习近平同志为核心的党中央把农村基层党组织建设作为重大时代课题，对“如何提高农村基层党组织建设质量以更好适应乡村振兴战略”提出了许多富有创造性的见解。例如，关于党员带头人队伍的建设问题、关于农村基层党组织组织体系的建设问题、关于农村基层党组织的领导责任制度建设问题等，这一系列思想深邃、立意高远的新论断、新思想、新观点，为提升农村基层党组织组织力提供了理论指导。另一方面，在新思想的指导下，强化农村基层党组织领导核心地位的制度体系得到进一步完善。一是农村基层党组织负责人能上能下机制不断健全。新时代，我们党逐渐探索出了村党组织书记后备队伍建设机制、党建责任机制、考核评价机制，推动农村基层党组织的组织体系进一步健全。二是政经分开制度进一步完善。新时代，我们党探索出了农村集体经济组织制度和运行机制，理顺了集体经济组织与村民委员会之间的职能分工，促进农村基层党组织治理能力的现代化。三是建立健全农村基层党组织议事制度。新时代，我们党建立健全村级重大问题由农村基层党组织研究讨论机制、矛盾调解化解机制、监督检查机制等，巩固了农村基层党组织的领导核心地位。四是工作机制进一步完善。新时代，我们党探索建立了“四议两审两公开”工作机制，提高了农村基层党组织引领乡村治理的能力和水平。五是建立和健全乡村治理体系。新时代，自治、德治、法治机制不断健全且更加融合，有效破解党的领导与村民自治“两张皮”的难题，推进农村治理体系现代化。

四 具有严密组织体系、严明纪律的组织优势

“党的力量来自组织。党的全面领导、党的全部工作要靠党的坚强组织体系去实现。”[①] 严密的组织体系和严明的纪律规矩是中国共产党全部影响力和战斗力的来源和载体，是中国共产党作为马克思主义政党，相较于世界上其他执政党而言的优势所在，是中国共产党以强有力的组织力引领党和国家事业不断前进的力量所在。自党成立之初，就自上而下设置了四级党组织体系，经过百余年的改革和完善，当前我们党形成了包括中央、地方、基层在内的三级组织体系，各级组织体系之内又根据职能、职责、级别、地域等划分不同的组织，这种上下贯通、横向协调的组织体系，为党的发展壮大提供了坚实的组织基础，也确保了党的全面领导，实现了党的工作的全覆盖。同时，铁的纪律是无产阶级政党的鲜明特性。作为马克思主义政党，我们党自成立以来就把纪律严明写在了自己的旗帜上，根据不同时期党建工作出现的新问题和新情况，推动建立了包括政治纪律、组织纪律、生活纪律、工作纪律等在内的党的纪律体系。严密的组织体系和严明的组织纪律相辅相成，确保了党以强大的战斗力、凝聚力、引领力和影响力不断开辟党和国家事业的新境界。从根本上看，严密的组织体系和严明的纪律是每个组织组织力形成的基础，也是提升组织力的突破口。农村基层党组织作为党在农村地区的基层组织，具有组织体系严密和组织纪律严明的天然基因，为新时代新征程提升农村基层党组织组织力奠定了独特的组织优势。

严密的组织体系为提升农村基层党组织组织力提供了载体支撑。组织体系是组织力的载体，组织力是否能够有效发挥，依赖于组织体系是否健全。自党成立伊始，我们党就十分重视农村党支部的建设，规定农村党支部是党在农村的基本组织，要求不断发展壮大农村党支部，为革命工作提供物质支撑和力量支撑。社会主义革命和建设时期，为了巩固新生政权，

---

① 《切实贯彻落实新时代党的组织路线 全党努力把党建设得更加坚强有力》，《人民日报》2018年7月5日。

面对各地区农村经济发展水平参差不齐的现实，党中央提出因地制宜建立农村基层党组织。随后，为了适应农业合作化和人民公社运动，党中央确立"公社—生产大队—生产队"三级农村基层党组织，为农业合作化运动和人民公社运动的顺利推进提供了组织保证。改革开放以来，随着家庭联产承包责任制的全面推广和社会主义市场经济体制的确立完善，党中央重塑了农村基层党组织的组织体系，建立了按照行政村设置农村基层党组织的基本原则，实现了农村基层党组织与农村产业发展的同频共振。新时代，为了扩大农村基层党组织的覆盖面，应对农村基层党组织面临的被边缘化的危机，党中央提出打破按照行政村设置党组织的传统、灵活设置农村基层党组织的要求。新时代，我们党探索建立了包括村企联建、村村联建、村居联系等在内的农村基层党组织建设模式，提升了农村基层党组织体系建构的科学化水平，有效应对了农村经济结构和农民经营方式的深刻变革给农村基层党组织带来的新挑战，扭转了农村基层党组织持续被边缘化的态势，为新时代新征程农村基层党组织组织力建设奠定了坚实的组织基础。

严明的组织纪律为提升农村基层党组织组织力提供了纪律保障。纪律严明则组织步调一致、团结统一，纪律松弛则组织腐败丛生、软弱涣散。"纪律严明是党的光荣传统和独特优势"①，为农村基层党组织组织力建设提供了坚实纪律保障。一是加强农村党员干部的纪律意识，为农村基层党组织组织力建设筑牢思想防线。在引领乡村建设的实践中，纪律教育确保了农村党员干部时刻守住红线，坚守纪律底线、政治底线、道德底线，推动农村党员干部常修为农民群众服务的为政之德、常思贪污腐败的贪欲之害、常怀以党内法规为根本行为准则的律己之心。二是建立和健全纪律规范，为农村基层党组织组织力建设奠定有纪可依的制度基础。党的十八大以来，我们党观照现实，针对纪律建设中出现的新问题和新矛盾，建立和健全党的纪律和规矩，避免了纪律和规矩内容模糊而执行不到位、弹性空间过大而刚性约束失效的问题。三是强化纪律监督，为农村基层党组织组织力显著提升提供动力。纪律执行是纪律建设的最终环节和根本目的。党

---

① 《习近平关于严明党的纪律和规矩论述摘编》，中央文献出版社、中国方正出版社，2016，第3页。

的十八大以来，我们党不断强化执纪监督，用执纪问责这一利器确保纪律执行真正落地生根。

农村基层党组织组织力建设与组织体系的完善和组织纪律的健全同向同行，在严密的组织体系和严明的组织纪律相辅相成、相互作用中推动农村基层党组织组织力的跃升。党的组织体系建设内在包含党的组织纪律建设，两者都是维护党的全面领导和党中央权威的根本保障。一方面，党的组织体系的建设需要党的组织纪律提供法规保障。党的组织体系内涵丰富，具体包括纵向的组织架构、横向的组织功能、党员队伍建设、党组织制度建设等。党的组织体系的每一方面建设都需要党内法规这一“戒尺”提供行为标准和基本遵循，从而确保组织体系建设方向不偏移、目标不改变。另一方面，党的纪律建设的对象是党组织和党员干部，目的是确保全党在思想上政治上行动上保持一致，确保党在不同阶段的任务顺利实现，这决定了纪律建设必须依托于一定的组织体系和党员队伍，否则就无法发挥效用。党的二十大报告指出，“坚持大抓基层的鲜明导向”①。新时代，在大抓基层导向的指导下，农村基层党组织的覆盖面扩大、职能更加清晰、党员队伍不断优化，规范组织体系建设的纪律规范更具针对性和可操作性，农村基层党组织组织力在这两者的相辅相成中得到了新的跃升。

五 具有勇于自我革命的精神优势

“党无精神则不立”②，对一个政党而言，要想稳中求进、赓续发展、谋求未来，必须依靠强大的精神力量和坚定的理想信念。“我们党之所以历经百年而风华正茂、饱经磨难而生生不息，就是凭着那么一股革命加拼命的强大精神”③，“自我革命精神是党永葆青春活力的强大支撑”④。这深刻揭示了自我革命精神在党的建设和党领导治国理政中“精神变物质、物

① 习近平：《高举中国特色社会主义伟大旗帜 为全面建设社会主义现代化国家而团结奋斗——在中国共产党第二十次全国代表大会上的报告》，人民出版社，2022，第 67 页。

② 刘红凛：《中国共产党百年大党的独特优势》，《思想理论教育导刊》2023 年第 1 期。

③ 《习近平谈治国理政》（第 4 卷），外文出版社，2022，第 514 页。

④ 《中共中央关于党的百年奋斗重大成就和历史经验的决议》，人民出版社，2021，第 70 页。

质变精神”的独特作用。在庆祝中国共产党成立100周年大会上，习近平总书记对伟大建党精神作了精确概括，即“坚持真理、坚守理想，践行初心、担当使命，不怕牺牲、英勇斗争，对党忠诚、不负人民”①。这一伟大建党精神的形成不是一蹴而就的，而是形成于早期建党过程中，丰富于百余年党的建设实践中，充分彰显了党的政治信仰与初心使命，集中体现了党的革命精神和奉献精神。作为中国共产党的精神之源，伟大建党精神包含了以自我净化、自我完善、自我革新、自我提高为主要内容的自我革命精神，为自我革命的实践提供了精神支撑、理论指引和价值规范。中国共产党在百余年的历史进程中不断发展壮大，靠的就是以伟大建党精神推进党的建设伟大工程，在精神和物质的交互作用中，取得了党的建设和党的事业的伟大胜利。农村基层党组织是党在农村社会的战斗堡垒，其建设的好坏直接影响组织力的强弱，进而影响党在农村社会的执政基础。伟大建党精神是深入推进党的建设的宝贵精神资源，同样也是深入推进农村基层党组织建设的宝贵精神资源。百余年历史进程中形成的伟大建党精神以及构建的中国共产党人精神谱系为农村基层党组织组织力建设奠定了深厚的精神基础。

伟大建党精神为农村基层党组织组织力建设筑牢了信念支撑。作为代表最广大人民利益的政党，中国共产党一开始就把为农民谋幸福写在了自己的旗帜上，致力于实现农民群众对美好生活的向往。农村基层党组织是党在农村全部工作的基础，在加强农村基层党组织组织力建设过程中弘扬伟大建党精神有助于筑牢其理想和信念。一方面，伟大建党精神为农村基层党组织组织力建设指明了使命任务。“坚持真理”指明了坚持马克思主义科学真理是中国共产党的内在基因。马克思主义是指引人类解放的科学理论，服务人民、为人民利益而奋斗是其内核。用马克思主义科学真理武装起来的农村基层党组织必然时刻围绕着“实现农民的利益”想问题、办事情。从建设社会主义新农村到建设宜居宜业和美乡村，都关系到影响农民群众幸福的方方面面，体现了党全心全意为人民服务的根本宗旨，是马克思主义真理在农村社会的实践。伟大建党精神所蕴含的追求真理、坚守

① 习近平：《在庆祝中国共产党成立100周年大会上的讲话》，人民出版社，2021，第8页。

真理的精神要求中国共产党始终坚持马克思主义立场、观点和方法，始终坚持推进马克思主义中国化，并用创新的理论成果武装头脑，始终牢记党“是什么、为了什么”的问题。另一方面，伟大建党精神为农村基层党组织组织力建设指明了道路。“坚守理想”指明了实现共同富裕是中国共产党追求的理想目标。乡村振兴是破解“农业农村是社会主义现代化薄弱环节”这一难题的战略举措，为农村基层党组织组织力建设提供了目标导向。伟大建党精神所蕴含的对理想目标的追求，有助于夯实农村基层党组织团结奋斗的精神根基，确保农村基层党组织组织力在引领乡村振兴的实践过程中目标不偏移、方向不偏离。

伟大建党精神为农村基层党组织组织力建设提供了强大精神动力。党的二十大报告鲜明指出：“全面建设社会主义现代化国家，是一项伟大而艰巨的事业，前途光明，任重道远。”① 随着脱贫攻坚任务的圆满完成，乡村振兴进入了新的发展阶段，但“全面建设社会主义现代化国家，最艰巨最繁重的任务仍然在农村”②，农民收入水平依然偏低且持续增长的困难较大、不同区域之间的农村发展水平不平衡比较突出、城乡发展差距依旧很大、农村市场化机制落后等，成为新时代新征程农村社会发展面临的突出难题。问题和矛盾给农业农村现代化建设带来的许多不确定，更加需要我们弘扬伟大建党精神，以狭路相逢勇者胜的英雄气概，迎难而上，去进行具有许多新的历史特点的伟大斗争。一方面，伟大建党精神有助于凝聚起推动农业农村现代化的强大意志。农村党员干部可以从伟大建党精神中学习把握历史发展规律、掌握历史主动的能力，在机遇面前不犹豫、不观望；可以培养不退缩、不回避、不推诿、迎难而上的奋斗精神；可以发扬不躲闪、不畏缩、积极应对的斗争精神，从而以不怕压、不信邪的底气、志气和骨气打开农村社会现代化发展的新天地。另一方面，伟大建党精神有助于培植农村基层党组织的领导本领和领导能力。伟大建党精神是中国共产党的精神之源，同时，中国共产党在长期奋斗中构建起中国共产党人

① 习近平：《高举中国特色社会主义伟大旗帜 为全面建设社会主义现代化国家而团结奋斗——在中国共产党第二十次全国代表大会上的报告》，人民出版社，2022，第26页。

② 《习近平著作选读》（第1卷），人民出版社，2023，第25页。

精神谱系，为新时代新征程加强农村基层党组织组织力建设提供了丰富的精神滋养。

伟大建党精神为农村党员干部队伍建设提供了宝贵的教育资源。“精神，如果内化于心，就是道德品质；如果外化于行，那就是道德言行。”①伟大建党精神彰显中国共产党人鲜明政治品格，蕴含了丰富的党性教育价值，为开展农村党员干部队伍教育提供了宝贵的教育资源。一是以伟大建党精神锤炼农村党员干部的精神品格。马克思主义是我们立党立国的根本指导思想，也是党员干部的看家本领。农村党员干部绝不能主观抽象地学习马克思主义，而应当在农村社会的实践场域中自觉将马克思主义基本原理与农村改革和发展的具体实践相结合，不断锤炼自身干事创业的精神品质。二是以伟大建党精神强化农村党员干部的宗旨意识。人民立场是伟大建党精神的根本立场，为人民谋幸福是伟大建党精神的价值导向。农村党员干部应当在伟大建党精神的学习中牢记初心使命、坚定人民立场，培养热爱农民、服务农民、发展农民的优良品质。三是以伟大建党精神激发农村党员干部的奋进意志。伟大建党精神蕴含着牺牲和斗争的政治品格，农村党员干部应当从中培植不惧奉献、敢于斗争、勇于斗争的精神品质。四是以伟大建党精神坚定农村党员干部的政治立场。对党忠诚是中国共产党人的最根本的政治品格，是百余年来中国共产党人在经历重重磨难之后汇聚起来的精神力量，为农村党员干部指明了成长方向、提供了行动指南。

第二节　全面推进乡村振兴视角：对农村基层党组织组织力提出新要求

党的十九大提出乡村振兴战略以来，农村社会迎来了“再度繁荣发展”的新契机，经过五年的渐次推进，农业农村现代化取得了历史性成就、发生了历史性变革，为新时代新征程全面推进乡村振兴战略提供了思路、方法和举措。习近平总书记指出：“我们必须坚持解放思想、实事求

---

① 许徐琪、季正聚：《伟大建党精神的历史内涵与当代价值》，《中国特色社会主义研究》2022 年第 Z1 期。

是、与时俱进、求真务实，一切从实际出发，着眼解决新时代改革开放和社会主义现代化建设的实际问题，不断回答中国之问、世界之问、人民之问、时代之问，作出符合中国实际和时代要求的正确回答，得出符合客观规律的科学认识，形成与时俱进的理论成果，更好指导中国实践。”① 新时代新征程，乡村振兴战略进到了“全面推进”的新阶段，我们必须坚持问题导向，增强问题意识，聚焦在实现“产业兴旺、生态宜居、乡风文明、治理有效、生活富裕”过程中遇到的新问题、深层次问题、农民群众急难愁盼的问题，为加强农村基层党组织组织力建设找准突破点和着力点，从而以更具现实针对性的农村基层党组织组织力绘就乡村全面振兴的宏伟蓝图。

一　要求提升经济发展能力

“经济发展是民生改善的物质基础，离开经济发展谈改善民生是无源之水、无本之木。”② 乡村要振兴，首先要实现产业振兴，为其他振兴提供经济基础和前置条件。新时代新征程，产业振兴要求以提高“自我造血功能”为根本，以提高村民收入为目标，以提高乡村经济可持续发展能力为导向，以立足本村、本地区资源禀赋为基础，以科学、合理的顶层设计为路线图，推动乡村产业的高质量发展。农村基层党组织作为乡村各项工作的领导核心，决定了其在乡村产业振兴中的作用和地位。产业兴旺要求领导核心革新发展理念、突破陈规束缚、敢于开拓创新，积极探索适合本地区特点的产业兴旺的实现路径，为实现农业农村现代化提供坚实的物质基础。一是农村基层党组织应当提升顶层设计的能力和水平。农村基层党组织的经济发展力，首先体现在经济政策的设计能力上，因为理念是行动的先导，经济政策设计得是否合理，直接决定了乡村经济发展的方向和性质。新时代新征程，农村基层党组织应该加强调查研究，深入农民群众，并结合党中央关于推动乡村产业振兴的政策优势和资源支持，规划好本村

① 习近平：《高举中国特色社会主义伟大旗帜 为全面建设社会主义现代化国家而团结奋斗——在中国共产党第二十次全国代表大会上的报告》，人民出版社，2022，第 17~18 页。

② 《习近平新时代中国特色社会主义思想学习纲要》，学习出版社、人民出版社，2019，第 157 页。

的产业发展路径，确保村内各种生产要素优化组合，发挥最大效能，推动本村产业经济的高质量发展。二是农村基层党组织应当提升打造乡村特色产业的能力和水平。习近平总书记在福建考察时强调："要加快推进乡村振兴，立足农业资源多样性和气候适宜优势，培育特色优势产业。"[①] 要想打造特色优势产业，农村基层党组织应当坚持创新思维，利用资源禀赋，因地制宜发展别具一格的"一村一品"的项目产业，从而提升产业的竞争优势。三是农村基层党组织要提升引进资金、引进人才、引进技术的能力和水平。农村基层党组织应当善于引进经营主体，实现经营主体与乡村产业的有机融合，优化乡村产业的生产体系，提升乡村产业的内生动力；应当善于争取科研单位的技术支援，提升农民群众的技能素质，为乡村产业发展提供智力支撑；应当善于利用网络信息技术发展智慧农业、智慧产业，提升乡村产业的管理效率和生产水平。

二　要求提升生态建设能力

习近平总书记强调："建设生态文明是关系人民福祉、关系民族未来的大计。"[②]"生态宜居"是在农村地区落实党关于加强生态文明建设战略部署的必然要求，也是推进乡村振兴战略的内在要求。新时代，美丽乡村建设的质量和水平不断提升，乡村生态呈现良好的发展态势，但是由于乡村地域分布广泛，治理水平参差不齐，依旧存在诸多问题，农村基层党组织亟须提升生态建设能力，建设和美乡村。一是在保护乡村生态环境的基础上实现乡村产业的可持续发展。改革开放40余年来，农村地区在有效供给农产品方面得到质的提升，但很多农村地区是以牺牲当地的生态环境为代价的，虽然提高了经济效益，却造成环境污染和生态失衡。面对我国部分农村地区生态与效益失衡现象严重的现状，党中央提出"在资源环境硬约束下保障农产品有效供给和质量安全、提升农业可持续发展能力，是必须应对的一个重大挑战"[③]。如何处理好生态与效益的关系，成为农村基

① 《在服务和融入新发展格局上展现更大作为 奋力谱写全面建设社会主义现代化国家福建篇章》，《人民日报》2021年3月26日。

② 《习近平关于社会主义生态文明建设论述摘编》，中央文献出版社，2017，第7页。

③ 《十八大以来重要文献选编》（中），中央文献出版社，2016，第273页。

层党组织面临的一项重大而紧迫的现实课题。二是在坚持“保护生态环境就是保护生产力，改善生态环境就是发展生产力”① 理念的基础上推动农村经济发展方式的转型。在大部分农村地区，受知识水平、发展理念等多重因素的制约，采取了以牺牲生态环境为代价的粗暴式发展方式，因此，在全面推进乡村振兴中，农村基层党组织要打破经济发展和生态环境保护不可兼得的悖论，促进农村经济发展方式的变革，推动农村经济走绿色可持续发展道路。三是提高农村生态环境治理水平，改善农村生态环境。民生作为最大的政治，改善民生，就是党和国家一切工作之根本。生态环境治理作为民生的重要组成部分，是农村基层党组织的工作内容和工作目标，农村基层党组织唯有提高生态环境治理的领导能力和领导水平，才能推动实现农村生态环境治理体系的现代化水平。概言之，“生态宜居”工程是一项系统工程，一方面，要求农村基层党组织立足本村的生态资源，探索出将生态优势转化为经济价值的路径和方式；另一方面，要求农村基层党组织正确处理好生态与效益的关系，在为村民提供富裕生活的同时注重生态环境的保护，走宜居宜业的可持续发展之路。

三　要求提升价值引领能力

习近平指出，“真正的社会主义不能仅仅理解为生产力的高度发展，还必须有高度发展的精神文明”②。这表明农业农村现代化，不仅指“物”的现代化，还指“精神”的现代化。但在发展主义的话语体系下，农村发展更多强调经济发展。农民群众更多追求物质利益，忽视了精神文明建设，导致农村发展长期处于经济发展和精神文明建设的失衡状态。2022 年 12 月党中央召开的中央经济工作会议以及 2023 年 1 月中共中央、国务院下发的《关于做好 2023 年全面推进乡村振兴重点工作的意见》表明，新时代新征程推进的农业农村现代化是全面的现代化，是“物质生产”和“精神生产”相得益彰、互生互长的现代化，这对农村基层党组织组织力建设提出了许多新要求。一是进一步树立农民群众的主体意识。在农村，

---

① 《习近平关于全面建成小康社会论述摘编》，中央文献出版社，2016，第 163 页。

② 习近平：《摆脱贫困》，福建人民出版社，1992，第 111 页。

精神文明建设的首要问题和最根本的问题是农民群众作为精神文明建设主体的自我意识的觉醒以及整体性精神的回归，即充分发挥农民群众在农村精神文明建设过程中的主体作用。2019年，中共中央办公厅、国务院办公厅印发《关于加强和改进乡村治理的指导意见》，拉开了乡村治理现代化的序幕，各地乡村的治理效能得以明显提升，但农民作为治理主体的权力意识和责任意识仍有待提高。二是进一步坚定广大农民群众的理想和信念。社会主义精神文明建设的核心内容是坚定理想信念。中国特色社会主义共同理想和共产主义远大理想是农业农村现代化的“灵魂”和“血脉”，脱离了共同理想和远大理想的信念支撑，农业农村现代化就如无源之水、无本之木，极容易失去动力、偏离方向。新中国成立以来，正是基于广大农民群众对党的路线方针政策发自内心的认同和支持，我国才在农业农村结构重塑的背景下实现了农村经济的快速发展、农村社会的长期稳定。新时代新征程，在全面推进乡村振兴的战略背景下，依然需要共同理想和远大理想提供源源不断的精神动力。随着脱贫攻坚战的全面胜利，如何以坚定的理想信念激发农民群众强大的内生动力，以精神文明的现代化为农业农村现代化提供精神动力，是农村基层党组织组织力建设面临的重大时代课题。三是进一步提振农民群众的“精气神”。“精气神”是农民群众精神状态的表现形式，以乡风文明为载体。乡风文明指一定区域内的农民群众所遵守的“道德规范、伦理礼节、风俗习惯等方面的总和，通常以乡规民约及家风民风的形式呈现”[①]。在五千年的历史画卷中，优良的乡风文明跃然纸上，在调节农村秩序、规范乡村生活、推动乡村发展等方面发挥了巨大作用。然而，随着乡村社会的转型，乡规民约式微、家风民风堕落的现象愈发突出。在乡村全面振兴的背景下，如何在加强优良乡风文明建设的基础上推动新型乡风文明的理性建构成为农村基层党组织组织力建设面临的紧迫任务。

四　要求提升农村治理能力

党的十八大以来，我们党对治国理政的规律性认识达到了新高度。

① 蒙象飞：《农村社会主义精神文明建设现状探析》，《毛泽东邓小平理论研究》2021年第11期。

农村治理是基层治理的组成部分，是实现“治理有效”的本质要求，提升农村治理水平的战略意义不言而喻。从新中国成立到党的十八大召开，中国农村的治理模式经历了“政权下乡”、“政社合一”和“乡政村治”三个发展阶段，它们在每一个阶段都促进了农村社会的发展，但随着农村人口的迁移、农业经济结构的转型、农村利益结构的变革，原有的治理模式在组织体系、运行机制、治理结构等方面的问题日益凸显，制约着农村治理的水平。对此，2018 年中央一号文件提出“健全自治、法治、德治相结合的乡村治理体系，让农村社会既充满活力又和谐有序”①，至此“多元共治”的农村治理模式正式被提出。但当前农村社会治理依旧处于从“乡政村治”向“多元共治”转型的关键时期，对农村“治理有效”提出了许多新问题。一是传统的村民自治模式无法适应农村的结构化转型。当前，村民自治是在城乡二元结构的背景下设计的，而城乡融合发展战略的推进以及合村并镇的逐渐实施，改变了农村社会的管理主体和管理格局，如何革新传统的村民自治模式以适应农村治理的发展态势成为农村基层党组织组织力建设面临的现实难题。二是农村青壮年人口大量流入城市，虚化了村民自治。三是农村集体经济的衰败削弱了农村治理的经济基础。四是农民群众维权难、维权渠道不畅通，众多矛盾和利益纠纷经过累积，极容易诱发农村治理危机。五是随着新型农业经营主体流入乡村，他们在推动农村经济发展的同时，却没能获得参与农村治理的机会，无法发挥新型农业经营主体治理潜能。农村基层党组织作为乡村治理体系的领导主体，唯有不断增强自身引领乡村治理的能力，方能破解转型时期构建“多元共治”的现代乡村治理体系所遇到的困境，推动实现农村治理体系和治理能力的现代化。

五　要求提升群众凝聚能力

“生活富裕”是乡村振兴的价值旨归和目标所在，是我们党以人民为中心的执政理念在乡村社会的具体体现。要想实现农民群众生活的富足，

---

① 《习近平关于“三农”工作论述摘编》，中央文献出版社，2019，第 135 页。

必须提升农村基层党组织的凝聚力，将自身的政治优势与农民群众的集体行动结合起来，将自身的组织优势与农民群众的智慧结合起来，集聚实现“生活富裕”的力量与智慧。因此，提升农村基层党组织的群众凝聚能力成为全面推进乡村振兴的内在要求。

第六章

乡村振兴战略下农村基层党组织组织力建设的路径探析

习近平总书记指出："正视和解决自身存在的问题需要勇气，但这样做最主动。"① 虽然新时代推进乡村振兴面临历史包袱和现实困境双重压力，但"中国共产党发现它必须处在一个永恒的循环中：改革——调整——再改革——再调整……在这个循环中，每一次改革都会带来某些后果（有些是预料之中，有些则是意料之外），接下来又导致调整和进一步的改革。在这个不可逆转的动态过程中……对于中国共产党来说，最重要的是保持调适性和灵活性"②。农村基层党组织组织力正是通过革命性锻造保持了这种调适性和灵活性以实现与乡村振兴的良性互动。伴随着脱贫攻坚战的伟大胜利，农村基层党组织组织力建设水平也随之提升，过往的实践经验为新时代新征程提升农村基层党组织组织力建设质量提供了创新理论和现实启示。面对新时代新征程全面推进乡村振兴中艰巨、繁重的任务，怎样在立足全面建成社会主义现代化强国的大局、农村社会的实际、党和国家关于"三农"的政策的基础上，实现农村基层党组织组织力建设应然和实然的统一，是新时代新征程我们必须解答好的一项现实考题。新时代新征程加强农村基层党组织组织力建设只有

① 《习近平谈治国理政》，外文出版社，2014，第376页。

② 〔美〕沈大伟：《中国共产党：收缩与调适》，吕增奎、王新颖译，中央编译出版社，2011，第5页。

锚定一定的价值目标、坚持一定的基本原则、开展有效的创新实践，才能以强劲的农村基层党组织组织力引领乡村全面振兴。

第一节　乡村振兴战略下农村基层党组织组织力建设的价值目标

新时代新征程农村基层党组织组织力建设依然是我们迫切需要思考和研究的重大时代课题，不仅是农村的经济、社会、文化、生态等的深刻变革对"以党的自我革命引领社会革命"在农村社会的实践造成的困境的倒逼，也是伟大目标的牵引。新时代新征程"中国共产党的中心任务就是团结带领全国各族人民全面建成社会主义现代化强国、实现第二个百年奋斗目标，以中国式现代化全面推进中华民族伟大复兴"①。"没有农业强国就没有整个现代化强国；没有农业农村现代化，社会主义现代化就是不全面的。"② 由此可知，新时代新征程加强农村基层党组织组织力建设的主要目标就是"实现农业农村现代化"，具体而言，就是增强农村基层党组织的政治功能和组织功能，把农村基层党组织建设成有效贯彻落实党中央关于"三农"政策的坚强战斗堡垒。

一　凸显农村基层党组织的政治功能

所谓政治功能，就是加强农村基层党组织的政治建设，使农村基层党组织在农村经济社会发展各方面的工作中都展现出强大的战斗力、凝聚力和号召力。新中国是由中国共产党领导全国各族人民共同缔造的，决定了坚持和加强党的全面领导关乎国家的发展、社会的进步、民族的复兴和人民的福祉。基于对这一问题的准确认知，党的十九大把政治建设放在了党的建设的首要位置，其目的就是增强党的政治引领功能，更好发挥党的领导核心作用。农村基层党组织是党在农村社会的"神经末

① 习近平：《高举中国特色社会主义伟大旗帜 为全面建设社会主义现代化国家而团结奋斗——在中国共产党第二十次全国代表大会上的报告》，人民出版社，2022，第21页。
② 《锚定建设农业强国目标 切实抓好农业农村工作》，《人民日报》2022年12月25日。

梢”，是党联系广大农民群众的桥头堡，乡村振兴战略是顺应农民对美好生活向往的顶层设计。新时代新征程，要做好全面推进乡村振兴这篇大文章，必须凸显农村基层党组织的政治功能，使农村基层党组织组织力在贯彻落实党中央关于“三农”的主张和决定、团结广大农民群众推动农村社会改革和发展中焕发出朝气蓬勃的伟力。

第一，凸显农村基层党组织的政治领导功能。从党的文本角度看，2018 年，《中共中央国务院关于实施乡村振兴战略的意见》把“强化农村基层党组织领导核心地位”① 作为突出农村基层党组织政治功能的重要任务；党的二十大修改通过的《中国共产党章程》明确把“团结、组织党内外的干部和群众，努力完成本单位所担负的任务”② 确定为基层党组织的基本任务之一，由此可见，政治领导功能是农村基层党组织政治功能的重要组成部分，也是农村基层党组织的首要政治属性。从实践形态角度看，农村基层党组织作为党的方针政策的宣讲者和贯彻者，农村社会治理、改革、发展的领导者和推动者，以及团结和组织农村群众的动员者和组织者，是确保乡村振兴战略部署在农村社会落地、生根的根本保障和根本依托。农村基层党组织通过有效的政治传导，把党中央关于推动农村社会改革和发展的方针、政策、决策和部署准确传递到农村，引导广大农民群众深刻体悟党致力于实现农民对美好生活的向往，从而把党关于推进农业农村改革的各项举措作为自己的自觉行动，确保在农村基层党组织的领导下稳步推进农村改革和发展，最终实现乡村全面振兴。新时代新征程，农村改革和发展面临更为严峻的考验、更为复杂的利益矛盾，必须“毫不动摇地坚持和加强党对农村工作的领导，健全党管农村工作领导体制机制和党内法规，确保党在农村工作中始终总揽全局、协调各方，为乡村振兴提供坚强有力的政治保障”③，从而为巩固农村基层党组织在农村社会中的领导核心地位打造和谐稳定的乡村政治生态。

第二，凸显农村基层党组织的思想引领功能。“加强宣传教育，做好

---

① 《中共中央国务院关于实施乡村振兴战略的意见》，人民出版社，2018，第 20 页。

② 《中国共产党章程》，人民出版社，2022，第 24 页。

③ 《中共中央国务院关于实施乡村振兴战略的意见》，人民出版社，2018，第 6 页。

农民群众的思想工作，宣传党的路线方针和强农惠农富农政策，引导农民听党话、感党恩、跟党走”①，是农村基层党组织的基本职责和重要任务，这内在决定了思想引领是农村基层党组织的基本功能。我国幅员辽阔，村庄类型种类多样，加之当前农村社会正在经历前所未有的大变革，导致农村社会思想观念更具复杂性、流变性，这阻碍着乡村振兴战略在农村社会的顺利贯彻落实。作为农村社会的领导核心，农村基层党组织必须强化对乡村思想文化的引领，巩固社会主义核心价值观和先进文化在农村社会中的主导地位。一方面，采取农民群众喜闻乐见的方式和方法、通俗易懂的语言和文字，推动习近平新时代中国特色社会主义思想、党的二十大精神入脑入心，使党的意志、声音、主张及时达至农村社会，不断增强广大农民群众的思想自觉和行动自觉。另一方面，农村党员干部要在深刻领会党中央关于乡村振兴顶层设计的精神内核的基础上，掌握党中央和国务院各部门下发的贯彻实施乡村振兴战略的政策内容，并采取农民群众易于接受、理解的方式宣传推进乡村振兴的具体政策，把乡村振兴的文本举措转化为实际行动。同时要坚持理论和实际相结合，结合本地区的实际制定发展举措，不仅有利于推动乡村振兴战略真正落实、落地，也有利于提高农民群众对乡村振兴战略的认可度、满意度，从而汇聚起最为广泛的智慧和共识，形成全面推进乡村振兴的强大合力。

第三，凸显农村基层党组织的凝聚动员功能。“团结就是力量，团结才能胜利。全面建设社会主义现代化国家，必须充分发挥亿万人民的创造伟力。”② 乡村振兴是一项涉及农村方方面面的宏伟战略，需要对农村的产业、生态、乡风文明等各方面进行革新，尤其是要推动农村的产业转型和经济结构的升级，这都不是“轻轻松松、敲锣打鼓”就能实现的，需要农村党员、干部的担当作为和全力以赴，需要广大农民群众的共同参与和久久为功。新时代新征程，实现中华民族伟大复兴进入了不可逆的历史进程，但农业、农村依旧是社会主义现代化建设中最薄弱的环节，需要农村

① 《中共中央国务院关于坚持农业农村优先发展做好“三农”工作的若干意见》，《人民日报》2019年2月20日。

② 习近平：《高举中国特色社会主义伟大旗帜 为全面建设社会主义现代化国家而团结奋斗——在中国共产党第二十次全国代表大会上的报告》，人民出版社，2022，第70页。

基层党组织聚集起亿万农民群众的智慧和力量，对农村各项事业的改革和发展作出符合本地区实际的科学的决策，需要广大农民群众发挥积极性和主动性参与到乡村振兴战略的实践中，使乡村振兴战略真正为实现农业农村现代化提供有力支撑。“历史和现实充分证明，我们党是全心全意为人民服务的党，是坚持立党为公、执政为民的党，始终保持同人民群众血肉联系是我们党的最大政治优势。”① 农村基层党组织要坚持群众路线，深入农民群众当中，了解农民群众所思、所想、所盼，努力解决农民群众的急、难问题，增强农民群众的获得感，凝聚起农民群众的力量，为乡村振兴提供不竭的力量源泉。

二　增强农村基层党组织的组织功能

“严密的组织体系是党的优势所在、力量所在”②，“只有党的各级组织都健全、都过硬，形成上下贯通、执行有力的严密组织体系，党的领导才能‘如身使臂，如臂使指’”③。重视加强组织体系建设，是我们党的优势所在和光荣传统。自成立之日起，中国共产党就高度重视并不断探索组织建设，形成了高度严密的组织体系，这是世界上其他政党都无法比拟的强大优势。“基础不牢，地动山摇。”农村基层党组织作为党的组织体系中的“基本单元”，增强农村基层党组织的组织功能是健全党的组织体系的重要环节。新时代新征程，面对农村经济社会结构的深刻变革对农村基层党组织组织功能提出的新要求，唯有不断提升农村基层党组织组织力，使农村基层党组织在引领乡村振兴中持续发挥强大的组织效能，方能稳固党在农村社会的执政根基。

第一，健全农村基层党组织的组织体系。组织体系是发挥组织功能的前提条件，组织体系是否健全决定农村基层党组织在引领乡村振兴中能否把握主动、赢得优势。新时代新征程，农村基层党组织软、弱、涣、散等问题依旧存在，制约着其组织功能的发挥，必须根据新情况新问题，

---

① 孟祥锋：《永远保持党同人民群众的血肉联系》，《人民日报》2021 年 12 月 28 日。

② 习近平：《高举中国特色社会主义伟大旗帜 为全面建设社会主义现代化国家而团结奋斗——在中国共产党第二十次全国代表大会上的报告》，人民出版社，2022，第 67 页。

③ 《习近平谈治国理政》（第 4 卷），外文出版社，2022，第 503 页。

健全组织体系，为其组织功能的发挥提供坚强的载体支撑。首先，不断扩大农村党支部建设的覆盖面。新时代，农村基层党组织根据农村经济社会的深刻变革对其提出的新要求，通过变革传统的以行政村为基本单位建立党支部的设置原则，创新党支部的设置方式，按照“凡是符合《中国共产党章程》规定具备建立党支部条件的都要建立党支部”的原则，通过选举、派驻等方式确定新建党支部的带头人，扩大其覆盖面和工作面，这为新时代新征程健全农村基层党组织的组织体系提供了基本遵循。其次，不断加强农村党员干部队伍的建设。党员是党组织的细胞，细胞是否健康决定了党组织的功能能否有效发挥。新时代新征程，要针对部分党员干部存在的相关问题，通过严管和厚爱、惩戒和教育相结合的方式，整顿农村党员干部队伍，提高农村党员干部发挥先锋模范作用的意识和能力。最后，不断提高农村基层党组织阵地建设的标准和规范。新时代新征程，应当从组织生活的正常化、工作体系的制度化、阵地建设的合理化等方面入手，确保农村基层党组织活动有保障、工作有章法、办公有场所。

第二，发挥好农村党员干部的先锋模范作用。农村基层党组织组织功能的实现，需要每一个农村党员干部充分发挥先锋模范作用，以此激发农村党员干部的干事创业动力，使之积极争当先锋，这是激活农村基层党组织组织功能最根本、最有效的方式。首先，不断强化农村党员干部的宗旨意识，树立为农民服务的价值观。思想是行动的先导。农村党员干部能否坚定这一最能体现党的初心使命的宗旨意识，直接关系到农村基层党组织组织力的作用方向和施力对象。新时代新征程，农村党员干部要牢固树立以农民为中心的理念，自觉强化宗旨意识，主动提高服务农民群众的能力，为实现农民群众对美好生活的向往而不懈奋斗。其次，不断严格和规范组织生活，强化农村党员干部的组织意识。任何组织都需要规矩和规范，否则就会杂乱无章，影响组织功能的实现。组织规范通过组织形式和组织活动体现出来。新时代新征程，农村基层党组织要以《中国共产党章程》《关于新形势下党内政治生活的若干准则》《中国共产党农村基层组织工作条例》等为基本遵循，以“严”的标准执行组织生活制度和开展党内政治生活，切实提高农村党员干部自我净化、自我完善、自我革新、自我提高的能力。最后，充分尊重农村党员干部的主体地位，不断激发农村党员干部的创造活力。任何一名党员，都是具有主体意识的行为主体，其展现出来的能动性和创造性是农村基层党组织发挥组织功能的体现，也是提升农村基层党组织组织力的内在要求。新时代新征程，要建立健全激励机制、容错纠错机制，激发农村党员干部的创造力和战斗力。

第三，拓宽组织农民群众的渠道。组织农民、发动农民，让广大农民群众成为党关于“三农”路线方针政策的拥护者和践行者，是农村基层党组织组织功能的核心内容。新时代新征程，农村基层党组织的组织功能能否得以充分发挥，最终是要看能否把广大农民群众组织起来，投身到全面推进乡村振兴的伟大实践中。首先，以农民群众喜闻乐见、易于接受的方式，用习近平新时代中国特色社会主义思想教育引导农民群众了解乡村振兴的各项具体措施，增强农民群众对乡村振兴战略的认同感。其次，要帮助农民群众解决“急难愁盼”的问题，增强农民群众对农村基层党组织的信任感。农村基层党组织既要着眼于关系农民群众民生的“大事”，进行整体谋划，也要着眼于发生在农民群众身边的小事，尽力而为、踏踏实实帮助农民群众解忧愁、办实事，让农民群众有更多的获得感、幸福感和安全感。最后，善于倾听农民群众的声音、汲取农民群众的智慧。农民群众是农业农村现代化建设的推动者、实践者，也是农业农村现代化的受益者，因此，新时代新征程，农村基层党组织应当变革工作方法、改进工作作风，拓宽倾听农民声音的渠道，汇聚农民群众的智慧，为农业农村现代化事业提供智力支撑。

三　完善农村基层党组织的服务功能

基于全心全意为人民服务的根本宗旨，党的十八大报告向全党宣告了建设服务型马克思主义执政党的战略目标，提出“以服务群众、做群众工作为主要任务，加强基层服务型党组织建设”[①]。服务型政党需要彰显其为人民服务的本质属性。农村基层党组织作为党在农村地区的基础，是中国

① 胡锦涛：《坚定不移沿着中国特色社会主义道路前进 为全面建成小康社会而奋斗——在中国共产党第十八次全国代表大会上的报告》，人民出版社，2012，第54页。

共产党服务功能实现的底端触角，因此，完善农村基层党组织的服务功能是提升中国共产党现代化建设水平的必然要求。在党政关系高度同构的计划经济时代，农村基层党组织主要依靠强制的行政权力领导农村社会的各项工作。改革开放后，党政分开，农村基层党组织的领导功能“从传统的利用行政权力的方式转变为在现代政党活动空间内以非权力方式来实现”[①]。服务是人民群众普遍能够接受的非权力方式。新时代新征程，针对农业农村不断改革发展的实际，农村基层党组织必须突破原有的空间界限，拓展服务功能的内容边界，为服务功能的有效发挥提供强有力的支撑。

第一，把握好全面推进乡村振兴战略下农村基层党组织服务功能的空间界限。农村基层党组织发挥服务功能的过程就是“由过去以自我为中心的权力运行逻辑向以群众为中心的社会服务逻辑转变，将抽象的组织关怀转化为具体的服务供给”[②] 的过程。那么，农村基层党组织如何科学界定其服务的界限以避免服务面过宽导致“服务不足”或者服务面过窄导致“服务不到”的问题呢？一方面，农村基层党组织应当理顺其与村民委员会及其他村级组织的关系和职能。这就需要农村基层党组织处理好“分与合”的关系，即把属于村民委员会的职能从原来的“党政合一”的逻辑框架下解放出来，确保村民自己管理自己的事务，实现农民真正当家作主；同时，发挥农村基层党组织在农村各项事务中的领导核心作用，确保农村基层党组织在农村重大事务中的决策权、领导权和监督权。另一方面，农村基层党组织应当建立健全制度机制，构建有利于全面推进乡村振兴战略的服务工作体系，引导农村党员干部运用组织资源而非行政资源回归农村社会、介入乡村的治理结构，积极提供具体服务。

第二，把握好全面推进乡村振兴战略下农村基层党组织服务功能的内容边界，恪守本职的服务工作。“现代意义上的服务，是以公益和互益为轴心的，是治理体系的最基本精神和原则。这种服务与多元利益关系（经

---

① 李毅弘、曾浩超：《农村基层党组织服务功能定位及边界探析》，《科学社会主义》2014年第3期。

② 肖纯柏：《党在农村的服务群众工作体系探析》，《党政论坛》2009年4期。

济、政治、文化和社会）联系在一起的；与多元的利益需求（个体的、群体的、现实的、未来的、全局的、局部的）联系在一起的。"① 这要求农村基层党组织根据本地区的实际，因地制宜构建具有本地特色的服务内容体系，确保自身的服务既不"越俎代庖"，也不"畏葸不前"。一是完善服务党员的内容体系，提升党内关怀的水平。党员具有双重身份，即集政治身份和社会身份于一体，这决定了党员不仅是被监督和被管理的对象，也是被服务的对象。2020 年 12 月，党中央根据形势的发展，修改和完善了《中国共产党党员权利保障条例》，目的是"细化党章规定的党员权利，完善保障举措，压实党组织、领导干部的职责任务，保障党员正确行使权利"②，把全体党员紧密团结在党的周围，为实现社会主义现代化汇聚坚实可靠的力量。农村基层党组织应当在遵循《中国共产党章程》和《中国共产党党员权利保障条例》基本原则的基础上，制定符合本地区特点的服务党员内容体系，切实保障农村党员的权益，特别是为处于弱势地位的农村党员提供更为贴心的服务，为推进农业农村现代化建设凝聚力量。二是构建具有本地特色的党员服务农民的内容体系。例如，建立"三位一体"的服务体系，即提升农村党员干部为农民群众服务的能力，使之能够带领农民群众调整本地区的产业结构和经济发展方式，以适应社会主义市场经济的发展趋势，提升本地区可持续发展的能力和水平；提升党员志愿者队伍服务农民群众的能力，通过开展各种便民活动，扩大示范效应；提升党员服务农民群众的能力，通过搭建责任刚性化、目标具体化、操作规范化的为农民群众服务的平台，发挥好党员在村级各社会组织中的作用。三是构建网络化的农村基层党组织建设格局，提升农村基层党组织服务的整体效能。新时代新征程，面对部分自然村逐渐萎缩、"空壳村"不断增多对农村基层党组织服务功能的发挥带来严峻挑战的现实，农村基层党组织必须整合党建资源、转变建设方式，构建"以中心村党组织为龙头的网络体系"③，

---

① 张荣明编著《农村基层服务型政府的构建：以昆明市为例》，云南民族出版社，2008，第 31 页。

② 《中共中央印发中国共产党党员权利保障条例》，《人民日报》2021 年 1 月 5 日。

③ 夏行：《由城乡二元党建向城乡统筹的基层党建新格局跨越的战略路径选择》，《学习论坛》2009 年第 12 期。

提升农村基层党组织的服务效能；面对农村基层党组织与回流农村的新经济社会组织存在错位、缺位的问题，农村基层党组织应当通过找准其与新经济社会组织发展目标的结合点，利用协调、沟通等方式加强对新经济社会组织的帮助和扶持，以“有为”赢得在新经济社会组织中的“有位”，推动新经济社会组织的健康发展。

第二节　乡村振兴战略下农村基层党组织组织力建设的基本原则

习近平总书记指出：“一个国家走向现代化，既要遵循现代化一般规律，更要符合本国实际，具有本国特色。”① 同样，以农村基层党组织组织力建设推动农业农村现代化建设既要遵循党领导社会主义现代化建设的一般性原则，以确保组织力建设方向的正确性，也要根据新时代新征程全面推进乡村振兴战略的艰巨性、复杂性、多变性、未知性，遵循农村基层党组织组织力建设的特殊性原则，以确保在推进农业农村现代化的实践过程中生发灵活高效的方法路径。习近平总书记强调治党理政要“正确处理好顶层设计与实践探索、战略与策略、守正与创新、效率与公平、活力与秩序、自立自强与对外开放等一系列重大关系”②，这为新时代新征程加强农村基层党组织组织力建设提供了原则遵循。在全面推进乡村振兴背景下，加强农村基层党组织组织力建设必须坚持顶层设计与实践探索相结合的系统性原则、战略与策略相结合的实践性原则、守正与创新相结合的方法论原则、效率与公平相结合的协调性原则、组织领导与自信自强相结合的主体性原则、政治性和人民性相统一的方向性原则。

一　坚持顶层设计与实践探索相结合的系统性原则

新时代新征程加强农村基层党组织组织力建设要处理好顶层设计与实践探索的关系，既要在准确把握农民群众对幸福生活的共同愿景的基础上，深

① 《正确理解和大力推进中国式现代化》，《人民日报》2023年2月8日。
② 《正确理解和大力推进中国式现代化》，《人民日报》2023年2月8日。

入探索农村经济和社会发展的规律，制定体现时代性、把握规律性和富有创造性的政策；又要在实践的过程中大胆创新，以改革创新推动农业农村现代化事业的发展，绝不能故步自封、守株待兔。

第一，新时代新征程加强农村基层党组织组织力建设要坚持顶层设计。这既包括从党百余年的奋斗历程中总结农村基层党组织引领乡村治理的经验，也包括从整体层面把握新时代新征程提升农村基层党组织组织力所面临的时代条件、实践基础和主要矛盾等，还包括党中央制定的关于提升农村基层党组织组织力的战略目标、战略原则和实施意见等。首先，要对农村基层党组织引领乡村治理的百余年历史进行梳理和总结。党和国家要加大科研投入力度，建立专门的研究团队深入推进对农村基层党组织组织力以及农村基层党组织引领乡村治理的历史研究，探索其中关于农村基层党组织组织力建设的一般性和普遍性规律，以有效指导新时代新征程农村基层党组织组织力建设实践。其次，要科学判断新时代新征程农村基层党组织组织力建设所面临的现实状况。党和国家要从历史方位、使命任务、国家安全的角度，对新时代新征程加强农村基层党组织组织力建设的意义、方向、目标等作出科学研判；农村基层党组织要基于现实对新时代新征程农村基层党组织组织力建设所面临的问题和挑战、优势和短板作出正确判断。最后，要擘画新时代新征程农村基层党组织组织力建设的未来。党和国家要立足于全面从严治党向基层延伸、全面建设社会主义现代化国家的战略层面对新时代新征程加强农村基层党组织组织力建设作出的系统谋划，为农村基层党组织加强组织力建设提供方向遵循、目标遵循和原则遵循，确保农村基层党组织对组织力建设的清醒认知。

第二，新时代新征程加强农村基层党组织组织力建设要坚持实践探索。习近平总书记指出，“推进中国式现代化是一个探索性事业，还有许多未知领域，需要我们在实践中去大胆探索”[①]。同样，推进农业农村现代化也是一项探索性事业，农村基层党组织组织力作为实现农业农村现代化的推动力，也需要在实践中大胆探索。坚持实践探索，既需要高扬历史主动精神，也需要弘扬伟大斗争精神。一方面，加强农村基层党组织组织力

① 《正确理解和大力推进中国式现代化》，《人民日报》2023 年 2 月 8 日。

建设有其规律，但人在其中并不是消极被动的，农村党员干部要发挥历史主动精神，在机遇面前，不犹豫、不观望，主动出击，推动农村基层党组织组织力建设更上一层楼；在困难面前，不退缩、不推诿，以“踏平坎坷成大道，斗罢艰险又出发”的坚强意志迎难而上；在风险面前不逃避、不畏缩，以“明知山有虎，偏向虎山行”的顽强意志积极应对。另一方面，新时代新征程加强农村基层党组织组织力建设是永葆农村基层党组织生机活力、走好农业农村现代化之路的必由之路。在这过程中，会面临许多风险挑战，需要农村党员干部发挥斗争精神，在关乎农业农村发展的前途命运的关键时刻能够敢于亮剑、在危及农民群众生命安全的危险时刻能够挺身而出、在危害党组织政治生态的歪风邪气面前敢于坚决斗争。

第三，在顶层设计和实践探索的相互作用中推动农村基层党组织组织力建设。习近平总书记强调：“必须以更大的政治勇气和智慧，坚持摸着石头过河和加强顶层设计相结合，不失时机、蹄疾步稳深化重要领域和关键环节改革，更加注重改革的系统性、整体性、协同性，提高改革综合效能。”① 这是对百年来党领导社会主义现代化建设事业实践经验的深刻总结，既为新时代新征程继续坚持顶层设计和实践探索相结合以提高党的领导本领提供了基本遵循，也为新时代新征程加强农村基层党组织组织力建设提供了原则遵循。一方面，党和国家要根据农村基层党组织建设的实践以及农村基层党组织引领农村改革和发展的成功实践作好战略谋划和政策安排，为农村基层党组织组织力建设提供正确的方向引导和规范的实践指导。另一方面，农村基层党组织要在坚持党和国家关于农村基层党组织组织力建设的本质要求、战略目标、重大原则的基础上，结合本地区具体情况进行勇敢的实践探索，确保组织力建设的航向不偏、行稳致远。新时代新征程的农村经济社会改革，更具系统性、整体性和协同性，涉及农村的方方面面，只有农村基层党组织组织力建设始终坚持顶层设计和实践探索相结合，才能在有效应对不断出现的新情况、新问题的基础上确保改革的方向始终沿着社会主义方向前进。

---

① 《十九大以来重要文献选编》（中），中央文献出版社，2021，第763页。

二　坚持战略与策略相结合的实践性原则

“战略和策略作为理论向实践转化的中介，作为引导实践的行动规律，历来为革命导师们所关注。”[①] 战略是立基于全局、长远和大势对事物发展作出的判断和决策，策略是在战略的指导下为解决问题所采取的方式和方法。[②] 正是始终坚持战略、灵活采取策略才确保了党领导的事业不断取得进步。新时代新征程加强农村基层党组织组织力建设，既要坚持战略的原则性，坚定不移践行乡村振兴战略，也要灵活采取策略，因地制宜推动农村基层党组织组织力建设。

第一，新时代新征程加强农村基层党组织组织力建设要坚持战略的原则性。这既包括准确把握农村基层党组织组织力建设的规律，增强战略的前瞻性，也包括站在党和国家事业的全局科学谋划加强农村基层党组织组织力建设的目标任务，增强战略的全局性，还包括建立健全制度机制，增强战略的稳定性。首先，增强战略的前瞻性。新时代新征程，党和国家要站在时代前沿思考农村基层党组织组织力建设的问题，在准确把握农村基层党组织组织力提升必然趋势的基础上做到把谋当下与谋未来结合起来，即把破解当前问题与谋划未来发展结合起来，做到以科学的战略引领农村基层党组织组织力未来的建设之道。其次，增强战略的全局性。农村基层党组织组织力是一种综合力，其发力对象涉及农村基层党组织自身以及农村的政治、经济、文化、生态、治理等方方面面。因此要以全局性的眼光整体谋划加强农村基层党组织组织力建设的目标、举措。最后，增强战略的稳定性。农村社会复杂多变，提升农村基层党组织组织力必然会遇到许多不可预料的矛盾，需要建立健全体制机制，提升农村党员干部的战略定力，确保农村基层党组织组织力建设的战略不随意改变、不随便终止。

第二，新时代新征程加强农村基层党组织组织力建设要坚持策略的灵

---

① 孙显龙：《马克思主义原理应研究战略和策略问题》，《教学与研究》1992 年第 5 期。

② 《处理好战略与策略的关系（人民观点）——推进中国式现代化需要处理好若干重大关系②》，《人民日报》2023 年 2 月 22 日。

活性。习近平总书记指出："正确的战略需要正确的策略来落实。策略是在战略指导下为战略服务的。"[①] 农村经济社会的深刻转型和变革，使得实施农村基层党组织组织力的环境发生了深刻的变化，这需要采取灵活的策略、方法，做到"在因地制宜、因势而动、顺势而为中把握战略主动"[②]。一方面，要深刻把握战略的原则性。在战略的总体框架内确定具体的行动内容，同时要时刻对照战略进行自我检查，并及时纠正偏离战略方针的工作举措，只有这样才能确保提升农村基层党组织组织力的实践不偏离方向、不远离航线，使农村基层党组织组织力建设在以伟大自我革命引领伟大社会革命的逻辑框架下得到新的跃升，为乡村振兴战略的全面贯彻落实提供强大的力量保证。另一方面，根据遇到的新问题、新情况，农村基层党组织要充分发挥主观能动性，制定和执行符合本地区实际的工作方法和工作策略，从而以创造性的工作推动农村基层党组织组织力的提升。

第三，新时代新征程加强农村基层党组织组织力建设要坚持战略的原则性和策略的灵活性的统一。"思深方益远，谋定而后动。"加强农村基层党组织组织力建设，不仅需要长远的战略谋划，还需要灵活的策略方法确保战略的实施。一方面，农村党员干部对党和国家关于推进农村基层党组织组织力建设的战略决策要坚定支持，对党和国家关于提升农村基层党组织组织力的具体部署要笃行不怠，绝不能忘记自身所担负的使命和责任；同时农村党员干部要善于识变、应变、求变，善于从工作的细微变化中发现事物的发展趋势，从而开创工作新局面。另一方面，农村党员干部要持续用创新思想武装头脑，深入学习"两个确立"在伟大变革中的决定性意义，增强"四个意识"、坚定"四个自信"、做到"两个维护"，确保把自身的思想和行动统一到党中央关于农村基层党组织组织力建设的决策部署上；同时，农村党员干部在具体执行过程中要"不拘一格"，因时因地灵活采取方法。战略是策略的前提，策略是确保战略实现的方法，只有始终

① 《习近平谈治国理政》（第4卷），外文出版社，2022，第31页。

② 《处理好战略与策略的关系（人民观点）——推进中国式现代化需要处理好若干重大关系②》，《人民日报》2023年2月22日。

坚持战略的原则性和策略的灵活性，才能有效推动农村基层党组织组织力建设。

三　坚持守正与创新相结合的方法论原则

习近平同志在党的二十大报告中深刻指出：“我们从事的是前无古人的伟大事业，守正才能不迷失方向、不犯颠覆性错误，创新才能把握时代、引领时代。”[①] 守正和创新是以党的自我革命引领社会革命的重要方法论原则，是贯穿新时代新思想的鲜明品格和方法遵循。百余年来，我们党坚持以马克思主义为指导，用马克思主义的真理不断清除党领导革命、建设、改革和复兴事业过程中的“迷雾”，既守住了党为中国人民谋幸福、为中华民族谋复兴的初心和使命，也结合不同时期的特殊性，推陈出新，使党始终焕发出生机活力，创造了伟大的成就。农村基层党组织组织力建设作为以党的自我革命引领社会革命的创造性实践和创造性转化，必须悉心吸取以党的自我革命引领社会革命的进程中凝结的坚持守正和创新相结合的经验，为新时代新征程农村基层党组织组织力建设提供方法论遵循。

第一，新时代新征程加强农村基层党组织组织力建设要坚持“守正”。这包括对马克思主义的始终坚守、对为农民谋幸福价值旨归的始终坚守、对农民群众满意度校验依据的始终坚守。一是始终坚持以马克思主义为指导。马克思主义为农村基层党组织组织力建设提供了世界观和方法论的指导。一方面，唯物辩证法为农村基层党组织组织力建设提供了根本方法论。例如，对立统一规律、量变质变规律和否定之否定规律，有利于农村党员干部坚持真理、修正错误。另一方面，中国化马克思主义为农村基层党组织组织力建设提供了行动指南。根据实践创新不断推动理论创新是我们党的优良传统和不断取得成功的重要法宝。新时代，以习近平同志为核心的党中央坚持把马克思主义基本原理同中国具体实际相结合、同中华优秀传统文化相结合，形成了丰硕的理论成果，为农村基层党组织组织力建设提供了行动指南。二是始终坚持为农民谋幸福的价值依归。以自我革命

① 习近平：《高举中国特色社会主义伟大旗帜 为全面建设社会主义现代化国家而团结奋斗——在中国共产党第二十次全国代表大会上的报告》，人民出版社，2022，第20页。

引领社会革命的目的是加强和巩固党自身的力量以更好引领广大人民群众改造客观世界，因此，引领社会革命是其最终的价值旨归。农村基层党组织组织力建设作为以党的自我革命引领社会革命在农村社会的实践，决定了改造农村社会、满足农民群众对幸福生活的向往是其最终价值旨归。三是始终坚持以农民群众的满意度为评判标准。群众路线是党的根本工作路线。全心全意为农民群众服务是农村基层党组织组织力建设的根本立场，也是加强农村基层党组织组织力建设的出发点和落脚点。一方面，加强农村基层党组织组织力建设要坚持把取信于农民群众作为其建设成效的根本依据；另一方面，应当把实现好、维护好、发展好农民群众的根本利益作为加强农村基层党组织组织力建设的最高标准。

第二，新时代新征程加强农村基层党组织组织力建设要坚持"创新"。创新包括两层含义，即创造新事物以及推动旧事物的创造性转化和创新性发展，因此可以说，创造和转化是创新的两层含义。新时代新征程加强农村基层党组织组织力建设坚持"创新"，也应当包括创造和转化，具体而言体现在以下四个方面。一是农村基层党组织组织力建设主题的转化，应当由原来的脱贫攻坚转化为推动乡村的全面振兴。二是农村基层党组织组织力建设路径的创新和转化，即根据新时代新征程农村社会的新变化和新发展，运用"符合于改变了的环境的办法"①，提高建设路径的配适度和契合度。三是农村基层党组织组织力建设动力的转化，除了一以贯之地实现农民群众对美好生活向往的根本动力，问题倒逼、物质保障、干部先行等具体动力也发生了变化，对农村基层党组织组织力建设提出了许多新要求。四是农村基层党组织组织力建设目标的转化，脱贫攻坚战略下加强农村基层党组织组织力建设的目标主要是脱贫，全面推进乡村振兴战略下加强农村基层党组织组织力建设的主要目标转变为建设农业强国、建设宜居宜业和美乡村等。

第三，新时代新征程加强农村基层党组织组织力建设要坚持守正和创新的统一。坚持守正和创新的辩证统一，守正为创新提供基础和遵循，创新为守正注入活力和动力，两者在相互作用中推动事物的不断发展。新时代新征程，加强农村基层党组织组织力建设会遇到各种可以预料和难以预

---

① 《马克思恩格斯全集》（第31卷），人民出版社，1972，第523页。

料的风险和挑战，唯有守正创新，才能不断以农村基层党组织的建设引领农村社会的改革和发展。一方面，要“坚持夯实理论根基和发展时代指南的有机统一”[①]。新时代新征程，加强农村基层党组织组织力建设既要加强马克思主义基本原理的学习，为组织力建设提供强大的思想武器；同时，还要以党的创新理论为指导，拓展组织力的内涵和外延，拓宽组织力提升的路径，以更好指导新征程上农村基层党组织组织力建设的新实践。另一方面，要“坚持汲取历史经验和推进创新发展的有机统一”[②]。总结历史经验是百余年来中国共产党不断取得胜利的密码。我们应当总结和反思农村基层党组织组织力建设的历史经验，为新时代新征程组织力建设提供经验和智慧。同时，新时代新征程农村基层党组织应当紧跟农村社会的发展步伐、顺应农村改革和发展的实践，“敢于说前人没有说过的新话，敢于干前人没有干过的事情”[③]，以积极的创新精神，不断探索提升组织力的新路径，提高组织力建设的成效。

四　坚持效率与公平相结合的协调性原则

习近平总书记指出：“中国式现代化既要创造比资本主义更高的效率，又要更有效地维护社会公平，更好实现效率与公平相兼顾、相促进、相统一。”[④] 在经济学中，效率和公平的本质是以财富为最终指涉，在对待效率和公平的关系上，往往强调在优先提高效率的基础上兼顾公平。但以财富最大化为最终追求目标的效率、公平观不符合中国式现代化以人民为中心的本质追求。正如党的十九大报告开宗明义指出“中国共产党人的初心和使命，就是为中国人民谋幸福”[⑤]。在中国式现代化的语境下，为人民谋幸福是效率和公平观的根本指涉，即处理好效率和公平的关系最终是为了实

① 马朝琦、黄翌：《中国共产党自我革命进程中的“守正”与“创新”》，《陕西师范大学学报》（哲学社会科学版）2023 年第 1 期。

② 马朝琦、黄翌：《中国共产党自我革命进程中的“守正”与“创新”》，《陕西师范大学学报》（哲学社会科学版）2023 年第 1 期。

③ 习近平：《高举中国特色社会主义伟大旗帜 为全面建设社会主义现代化国家而团结奋斗——在中国共产党第二十次全国代表大会上的报告》，人民出版社，2022，第 20 页。

④ 习近平：《推进中国式现代化需要处理好若干重大关系》，《求是》2023 年第 19 期。

⑤ 习近平：《决胜全面建成小康社会 夺取新时代中国特色社会主义伟大胜利——在中国共产党第十九次全国代表大会上的讲话》，人民出版社，2017，第 1 页。

现人民的幸福。农村基层党组织组织力建设面对的是广大农民群众以及影响到广大农民群众幸福的方方面面的事业，唯有处理好效率和公平的关系，才能切实满足广大农民群众对美好生活的向往。

第一，加强农村基层党组织组织力建设要不断提高效率。在经济学话语体系中，效率是投入少，产出多，但在中国式现代化话语体系下，效率是“投入与目的实现的效果之比”[①]。人类的实践是有目的的活动，最根本的目的只能是实现幸福。这决定了提高效率的实践活动必然是实现人民幸福的实践活动，效率的高低由实现人民幸福的程度决定。加强农村基层党组织组织力建设要提高效率，根本是要提高农民群众的幸福感。一方面，满足农民群众对物质生活的需求。物质是实现农民群众幸福的经济支撑，因此，加强农村基层党组织组织力建议要以增加农民群众的收入为重要目标，要推动农村经济发展方式的转型和升级，提升农村经济的发展质量和水平，推动农村经济的绿色发展和可持续发展。另一方面，满足农民群众对精神、生态、文化等非物质生活的向往和追求。财富是实现人民幸福生活的必要条件，但不是唯一条件，正如习近平总书记所指出的：“我们的人民热爱生活，期盼有更好的教育、更稳定的工作、更满意的收入、更可靠的社会保障、更高水平的医疗卫生服务、更舒适的居住条件、更优美的环境，期盼孩子们能成长得更好、工作得更好、生活得更好。”[②] 因此，加强农村基层党组织组织力建设，应当不断满足农民群众更加多样化的精神文化生活需求、对美丽乡村的向往、对和谐乡村社会的追求等。

第二，加强农村基层党组织组织力建设要确保公平。这既包括合理确定分配对象，也包括科学确定分配方式。一方面，坚持人民共享的分配方式。习近平总书记指出：“生活在我们伟大祖国和伟大时代的中国人民，共同享有人生出彩的机会，共同享有梦想成真的机会，共同享有同祖国和时代一起成长与进步的机会。”[③] 这启示我们，党领导的社会主义事业的发展成果应当由全体人民共享。农村基层党组织组织力建设的价值目标也应

---

① 贺汉魂、许银英：《习近平效率、公平观的人民幸福旨趣探析》，《湖南第一师范学院学报》2018 年第 1 期。

② 《习近平谈治国理政》，外文出版社，2014，第 4 页。

③ 《十八大以来重要文献选编》（上），中央文献出版社，2014，第 235 页。

当是全体农民群众共同享有农业农村现代化建设的成果，农民群众是否公平享有发展成果是评判农村基层党组织组织力建设成效的依据。另一方面，坚持公平的分配原则。个人的天然禀赋不同，导致主体之间的发展存在较大差异。农村基层党组织组织力建设应当遵循公平的分配原则，根据农民主体生存和发展的差异，在确保公平分配的基础上突出重点，对那些在机会和发展成果方面分享不够的农民群体应当有所偏重。

第三，加强农村基层党组织组织力建设要同时兼顾公平和效率。效率是生产的价值追求，公平是分配的核心要义，因此，处理好生产和分配的关系内在要求处理好效率和公平的关系。农村基层党组织组织力作为引领农村生产和分配的动力，必须正确处理效率和公平的关系，把激发农村社会的创造活力与实现每个农民的利益结合起来，实现农民对美好生活的向往。要想处理好效率和公平的关系，应当避免顾此失彼、左支右绌，一方面，不能片面追求生产效率，造成马太效应，导致严重的贫富两极分化；另一方面，也不能片面追求公平，抑制农村社会的发展活力，出现生产不足的问题；应当做到统筹兼顾、不可偏废，通过提升生产效率，做大做强农村社会的大蛋糕，通过促进公平分配，分好农村社会这个大蛋糕，才能既推动实现农业农村现代化，又使农民群众共享发展成果。

五　坚持组织领导与自信自强相结合的主体性原则

加强农村基层党组织组织力建设既要从组织层面破解“以农村基层党组织建设引领乡村全面振兴”过程中存在的普遍问题，也要依靠组织力建设的主体——农村党员干部发挥主观能动性解决建设过程中出现的具体问题。因此可以说，加强农村基层党组织组织力建设是一项组织和个人相互促进的伟大实践，要始终坚持组织领导与自信自强相结合的主体性原则，为组织力建设提供可靠的主体支撑。

第一，新时代新征程加强农村基层党组织组织力建设要不断强化组织领导。“办好中国的事情，关键在党，关键的关键在坚持和加强党的领导。”[①]新时代新征程加强农村基层党组织组织力建设作为以农村基层党组织建设

---

① 《十九大党章学习手册》，人民出版社，2017，第34页。

引领乡村改革和发展的实践，更加需要依靠农村基层党组织的坚强领导。党的领导体系是实现党的领导作用的根本制度保障，因此，坚持和加强农村基层党组织的领导，需要不断优化农村基层党组织的领导体系。新时代新征程，我们必须以创新精神不断推动农村基层党组织领导体系的完善。一是要健全农村基层党建领导体制和工作机制。加强农村基层党组织建设以强化农村基层党组织在农村各项事务中的领导核心作用，确保农村各项事务在农村基层党组织的领导下有条不紊推进。二是创新农村基层党组织领导的村民自治制度。要从法律和制度上理顺村两委的关系，确保农村基层党组织在乡村治理体系中的领导核心地位，推动建立共建、共治、共享的多元化乡村治理体系。三是创新农村基层党组织设置方式。扩大农村基层党组织的领导范围，通过探索建立"专业合作组织+支部""龙头企业+支部""产业链+支部"等党组织建设新模式，以减缓农村经济社会机构的调整、农村党员流动性不断提升、城乡互动日益频繁对传统农村基层党组织领导核心地位的冲击。

第二，新时代新征程加强农村基层党组织组织力建设要充分发挥农村党员干部自信自强的精神。习近平总书记指出："人无精神则不立，国无精神则不强。"① 不管是个人还是国家，都需要精神的支撑。每个时代都有彰显其特殊性的精神标识，党的二十大向全国人民宣扬要以自信自强铸就全面建设社会主义现代化国家的精神动力。这指明了自信自强是新时代新征程中国人民和中华民族的鲜明品格和精神标识。自信表现为对理论、制度、文化、道路、历史的自信，自强表现为对现状的不满足和对未来的执着追求。新时代新征程，为开创农村基层党组织组织力建设的新格局，农村党员干部必须增强对党中央关于推动农业农村现代化的理论、政策、道路、体制机制的自信，并把这种自信转化为探索破解农业农村发展难题的规律和方法的精神自觉，同时，农村党员干部要增强全面推进乡村振兴、实现农业农村现代化的信心、决心、骨气、志气，以昂扬的精神状态破解实现农业农村现代化过程中出现的难题。

第三，新时代新征程加强农村基层党组织组织力建设要坚持组织领导

① 《习近平谈治国理政》（第2卷），外文出版社，2017，第47页。

与自信自强相结合的主体性原则。在唯物史观中，组织和个人作为一对重要范畴，存在辩证联结关系，即个体需要依附于组织生存和发展，同时组织是由多个个体组成的。同样，对于政治组织与组织内的成员而言，也具有相互依存、相互联结的关系，一方面，个体的发展需要依附强大的组织，这是由于在阶级社会中，个体独立性的存在必然是组织性的存在，离开组织的个体无法生存和发展，同时强大的组织必然会为个体的成长和发展提供广阔的平台，可以推动个体的快速成长和进步。另一方面，组织的强大需要个体的强大。组织是由单个个体按照一定的规则组成的群体，离开个体，组织也就不复存在。组织可以发挥出大于组织成员之和的力，但要想发挥最大组织力必须依靠强大的个体能力，任何个体出现短板，都会削弱组织力量。因此，在新时代新征程中，加强农村基层党组织组织力建设，既要抓组织建设，提升农村基层党组织的领导力，也要抓党员干部素质的培育，通过培育农村党员干部自信自强的精神品质，增强农村党员干部敢于斗争、善于斗争的意志和本领，从而形成党的坚强领导与党员干部自信自强相映生辉的生动局面，为农村基层党组织组织力建设提供坚强的主体保障。

六　坚持政治性和人民性相统一的方向性原则

政治性和人民性是一致的，这既是马克思主义的基本观点，也是中国共产党一以贯之的根本准则。建党之初，中国共产党通过高度的政治动员，塑造和确立了人民群众的主体性，在此后的革命、建设、改革和复兴的实践中，中国共产党通过建立统一战线、领导为人民谋幸福的实践、不断使人民获得实惠，赢得了人民的信任、支持和拥护，为党成功领导社会主义现代化建设事业提供了强大的力量支撑。可见，坚持政治性和人民性相统一，是中国共产党始终坚守的根本原则，也是中国共产党不断取得成功的密码。农村基层党组织作为党在农村各项工作的基础，其组织力建设必须积极总结百余年来中国共产党在坚持政治性和人民性相统一的实践进程中积累的宝贵经验，为新时代新征程农村基层党组织组织力建设提供方向指引。

第一，新时代新征程加强农村基层党组织组织力建设要突出政治性。政治性是政党的第一属性和根本属性，中国共产党作为马克思主义政党，在加强自身建设的过程中，始终旗帜鲜明讲政治。农村基层党组织作为党在农村社会的战斗堡垒，其组织力建设要突出政治性。一是以政治建设为统领。首先，农村基层党组织要提升群众工作能力和落实党中央政策的能力，为组织力建设凝聚力量；其次，农村基层党组织要提高防范、驾驭、应对政治风险的能力，为组织力建设提供政治保障；最后，农村基层党组织要建立健全运行机制、工作机制和监督机制，确保组织力建设在制度化、规范化的轨道上顺利推进。二是以突出政治功能为要求。政治功能是确保农村基层党组织组织力有效、有劲的根本保障。农村基层党组织要加强理论教育，提升农村党员干部的理论素养，为组织力建设筑牢思想阵地；要加强思想宣传，守好意识形态主阵地，为组织力建设筑牢舆论阵地；要用创新思想加强理论武装，不断提高农村党员干部运用党的创新理论解决实际问题的能力，为组织力建设提供能力支撑。三是以强调政治过硬为标准。广大农村党员干部唯有政治过硬，才能在面对风险、挑战、诱惑时守得住政治立场、政治方向、政治路线，始终依靠农民、组织农民、服务农民。

第二，新时代新征程加强农村基层党组织组织力建设要始终坚持人民性。人民性是党治国理政的根本属性，这是由全心全意为人民服务的根本宗旨所决定的，也是由马克思主义政党的性质所决定的。农村基层党组织组织力作为党领导农村工作的综合力，其建设要突出人民性。一是要突出农民群众的主体地位。习近平总书记强调："必须坚持人民主体地位和党的领导的统一，紧紧依靠人民推进改革开放。"① 在加强农村基层党组织组织力建设的过程中，要坚持需求导向、服务导向和问题导向，以满足农民群众的需求、服务农民群众、解决农民群众的问题为根本工作导向。二是要突出以人为本的价值追求。实现人的全面自由发展，是马克思主义政党的远大理想，也是中国共产党治国理政的根本价值追求。加强农村基层党组织组织力建设，要注重党组织的建设与农民群众的培养的统一性，发挥

---

① 《习近平关于全面深化改革论述摘编》，中央文献出版社，2014，第138页。

农村基层党组织思想建设的基础性作用，全面提高农村党员干部和农民群众的思想道德素养；要注重群众路线和民生工作的一致性，实施高质量的民生工程，为农民群众的安居乐业提供基础保障。三是践行全心全意为人民服务的根本宗旨。全心全意为人民服务是党的根本宗旨，是党执政为民的价值取向。加强农村基层党组织组织力建设必须践行全心全意为人民服务的根本宗旨。一方面，农村基层党组织是党在农村全部工作和战斗力的基础，只有其坚强有力，党才会有强大的战斗力，而农民群众是农村基层党组织的力量之源，农村基层党组织在引领农村社会改革和发展的过程中唯有服务农民才能获得支持和拥护；另一方面，农村党员干部是直接面对、接触广大农民群众的队伍，其宗旨意识的强弱直接影响党在农民群众心中形象的好坏。

第三，新时代新征程加强农村基层党组织组织力建设要始终坚持政治性和人民性的统一。政治性和人民性的关系，决定了在加强农村基层党组织组织力建设的过程中要坚持政治性和人民性的统一。一是要坚持以农民为中心谋划组织力建设的工作。在谋划组织力建设的工作时，要时刻铭记农民群众在农村改革和发展中的主人翁地位，始终坚持以农民为中心，筑牢为农民服务的公仆意识，永不脱离、轻视和漠视农民群众，切实解决农民群众关心的现实问题。二是以强化农民群众的主体地位为组织力建设的重点工作。组织力建设的力量源于农民群众，所以应当以真挚的农民情怀滋养为农民群众谋幸福的初心，以全心全意为农民服务的宗旨意识践行立党为公、执政为民的执政理念；以坚持农民群众首创精神，调动农民群众在农村改革和发展中的积极性、主动性和创造性。三是将农民群众的满意度作为农村基层党组织组织力建设的评判标准。习近平总书记指出："把人民拥护不拥护、赞成不赞成、高兴不高兴、答应不答应作为衡量一切工作得失的根本标准，使我们党始终拥有不竭的力量源泉。"① 加强农村基层党组织组织力建设，要始终坚持对党负责和对农民负责的统一，在培养负责精神、提升负责意识、锻造负责能力的基础上不断增强为农民群众服务的本领，从而提高农民群众的满意度。

---

① 《习近平关于全面从严治党论述摘编》，中央文献出版社，2016，第 169 页。

第三节　乡村振兴战略下农村基层党组织组织力建设的创新路径

加强农村基层党组织组织力建设，应该在农村基层党组织组织力建设的价值目标和基本原则的指引下，致力于突破农村基层党组织组织力建设的瓶颈，将农村基层党组织组织力建设引向深入，开创农村基层党组织组织力建设的新局面。新时代新征程，加强农村基层党组织组织力建设，要充分调动各方面的积极因素，通过增强农村基层党组织组织力建设的意识、提升农村基层党组织组织力建设的能力、创新农村基层党组织组织力建设的方法、完善农村基层党组织组织力建设的制度体系、构建农村基层党组织组织力的话语体系，推动实现乡村振兴战略下农村基层党组织组织力建设的目标。

一　增强农村基层党组织组织力建设的意识

“认识到位行动才会自觉”①，意识是加强农村基层党组织组织力建设的基本要素，增强意识是提升农村基层党组织组织力的首要环节。正如习近平总书记所说的：“干部干部，干是当头的，既要想干愿干积极干，又要能干会干善于干，其中积极性又是首要的。”② 可见，主观意识是“干成事”的首要因素。新时代新征程，加强农村基层党组织组织力建设面临复杂多变的时代环境和实践环境，唯有不断增强意识方能冲破桎梏，开创新局面。增强农村基层党组织组织力建设的意识，不仅是在思维层面认识到加强农村基层党组织组织力建设的重要性，更是要增强包括对农村基层党组织组织力建设的精神认同、政治认同、服从意识等在内的建设意识，从而将农村基层党组织组织力建设从“应然状态”转化为“实然状态”，为乡村振兴提供强大的精神力量保证。因此，新时代新征程要增强农村基层党组织组织力建设的意识，既要培养农村党员干部的精神认同，也要增进农村党员干部

① 李章军：《认识到位行动才会自觉》，《人民日报》2013年8月6日。
② 《习近平关于全面建成小康社会论述摘编》，中央文献出版社，2016，第209页。

的政治认同，同时还要强化农村党员干部的服从意识。

1. 培养农村党员干部的精神认同是前提

农村基层党组织组织力建设意识首先体现在农村党员干部干事创业的决心和信心上。新时代新征程，在全面推进乡村振兴的大背景下，农村党员干部要时刻保持“开天辟地、敢为人先的首创精神，坚定理想、百折不挠的奋斗精神，立党为公、忠诚为民的奉献精神”[①]，确保在加强农村基层党组织组织力建设的过程中勇于攻坚克难、敢于开拓创新。

第一，发挥农村党员干部的首创精神。农村党员干部是农村基层党组织组织力建设的主导力量，充分发挥农村党员干部的首创精神是加强农村基层党组织组织力建设的基础。新时代新征程，乡村振兴进入“全面推进”阶段，意味着对农村基层党组织组织力建设提出更高的要求，同时，随着农村社会改革进入“深水区”，提升农村基层党组织组织力的艰巨性、复杂性极大增强，只有充分发挥农村党员干部的首创精神，才能开创农村基层党组织组织力建设的新局面。发挥农村党员干部的首创精神，必须在制度机制上给予保障，要建立健全农村党员干部干事创业的容错纠错机制，在坚持正确政治方向的基础上，给农村党员干部提供更大的“施展拳脚”的自由空间，让农村党员干部有发挥首创精神的可能性。

第二，激发农村党员干部的奋斗精神。“‘奋斗’作为‘实践’‘劳动’等唯物史观核心概念时代化、中国化、大众化的表达，是能够超越现存生活状态，达到更高层次生活形态的基本途径。”[②] 奋斗精神是激励全党全国各族人民在曲折中奋勇前进的精神财富和精神基因。新时代新征程，加强农村基层党组织组织力建设是一项艰巨的历史任务，面对农民群众的多元化需要、复杂多变的农村社会以及金钱利益的诱惑，农村党员干部要坚持和弘扬伟大奋斗精神，就要始终坚持以为农民群众谋幸福为价值立场、以推动实现农业农村现代化为价值目标，以敢挑重任的精神风貌继续奋斗、以凝心聚力的精神风貌共同奋斗、以舍身忘我的精神姿态顽强奋

---

① 习近平：《论中国共产党历史》，中央文献出版社，2021，第 185 页。

② 邱吉、许鹏：《习近平关于人民“美好生活”重要论述的历史唯物主义意蕴》，《思想教育研究》2020 年第 9 期。

斗、以坚持不懈的精神状态艰苦奋斗，防范化解加强农村基层党组织组织力建设过程中出现的风险矛盾，抵制金钱和权力的诱惑，为农民创造幸福生活，实现农业农村的现代化。

第三，培养农村党员干部奉献精神。讲奉献是党员干部一生的必修课，奉献精神是党员干部的基本品格。习近平总书记指出，要想实现中华民族伟大复兴，就“要积极弘扬奉献精神，凝聚起万众一心奋斗新时代的强大力量”①。新时代新征程，加强农村基层党组织组织力建设，要培养农村党员干部的奉献精神。农村党员干部要把广大农民群众的利益放在首要位置，兢兢业业脚踏实地为关系农民群众切身利益的事业作贡献；要树立为农民服务的意识，时刻把农民群众放在心中最高位置，常思富农之策、常念农民所需、常做利农之事，真正做到权为民所用、情为民所系、利为民所谋。

2. 增进农村党员干部的政治认同是基础

政治认同关乎方向和道路，具有根本性、全局性意义。增进党员干部的政治认同，具体而言，就是要增进党员干部对共产主义远大理想和中国特色社会主义共同理想的认同；增进党员干部对党的执政方针、政策、理念的认同。在加强农村基层党组织组织力建设的话语体系下，增进农村党员干部的政治认同包括对中国特色社会主义乡村振兴道路的认同以及对党关于农村基层党组织组织力建设理念的认同。

第一，增进农村党员干部对中国特色社会主义乡村振兴道路的认同。中国作为一个农业大国，面对城乡发展不平衡、农业农村发展不充分的现实难题，要想补齐农业农村发展的短板、实现乡村全面振兴，需要依靠中国人民自己探索、走自己的路。党的十八大以来，在以习近平同志为核心的党中央的领导下，我们探索出具有中国特色的乡村振兴道路，为新时代新征程实现乡村的全面振兴提供了方向指引和实践遵循。农村党员干部必须增进对中国特色社会主义乡村振兴道路的认同，确保农村基层党组织组织力建设的方向正确、轨道不偏。这需要农村党员干部加强对党的创新理论的学习，准确把握中国特色社会主义乡村振兴道路的本质、内涵、特征、目标等内容，深化对中国特色社会主义乡村振兴道路的认识；需要增

① 习近平：《论中国共产党历史》，中央文献出版社，2021，第32~33页。

强对中国特色社会主义乡村振兴道路的自信，面对加强农村基层党组织组织力建设过程中的诸多矛盾和问题，党员干部要理直气壮地坚定党和国家的选择、人民的选择，毫不犹豫地走好中国特色社会主义乡村振兴道路。

第二，增进农村党员干部对党和国家关于加强农村基层党组织组织力建设的方针、政策、理念的认同。中国共产党作为无产阶级政党，没有自己特殊的利益，始终代表最广大人民的根本利益，因此，党的一切决策、政策和执政理念都是为了实现最广大人民的根本利益。要加强农村基层党组织组织力建设，农村党员干部就要学懂弄通党的创新理论，用习近平新时代中国特色社会主义思想指导实践、推动工作；要学懂弄通党和国家关于推进农村基层党组织组织力建设的重要指示精神和大政方针，确保自身的思想和行动同党中央保持高度一致。这就需要加强对农村党员干部的学习教育，通过政治理论的学习，深化农村党员干部对党的创新理论以及党和国家关于加强农村基层党组织组织力建设的方针政策的认识，为新时代新征程顺利提升农村基层党组织组织力提供思想理论保障。同时，面对农民群众更加多样和立体的生活需求，面对更加复杂的乡村治理问题，农村党员干部只有在深入了解党的创新理论、深刻领会党中央精神的基础上，才能做到理论和实践的深度结合，从而使农村基层党组织组织力更加符合乡村全面振兴的现实需求和更好满足农民对美好生活向往的现实需要。

3. 强化农村党员干部的服从意识是根本

在马克思主义执政党建设的话语体系下，服从意识具体指对领导核心的服从、对上级的服从，即对党中央集中统一领导的服从、对上级领导决策的服从。服从意识是能够提供的最直接的加强农村基层党组织组织力建设的意愿。如果服从意识缺乏，可能会直接削弱农村党员干部推动农村基层党组织组织力建设的积极性，导致农村党员干部“慢干”“怠干”，甚至会出现搞“独立王国”的现象。因此，新时代新征程加强农村基层党组织组织力建设，必须以强化农村党员干部的服从意识为根本。

第一，切实增强农村党员干部的核心意识。“塑造领袖核心及其权威是马克思主义政党建设理论所坚持的基本政治原则。”① “中国化马克思主

① 刘先春、孙志程：《论“两个确立”的四重维度》，《思想理论教育导刊》2022 年第 4 期。

义党建理论始终强调塑造和维护党的领导核心及其权威。”① 党的十八届六中全会明确提出“以习近平同志为核心的党中央”，确立了习近平同志党中央的核心、全党的核心地位。党的十八大以来，在以习近平同志为核心的党中央的领导下，党和国家的事业取得了历史性进步，开辟了中国特色社会主义事业新境界。事实证明，以习近平同志为核心的党中央一心为民、开拓进取、担当实干，深受全国人民的信任和爱戴，也得到了国外广泛赞誉和肯定。农村基层党组织是党的神经末梢，农村党员干部要增强核心意识，通过加强马克思主义理论和中国化马克思主义理论的学习，筑牢认同党的领导核心的思想基础；通过严守党的政治纪律和政治规矩，做到在政治方向、政治立场、政治行动上同党中央保持高度一致；通过经常用党中央的决议、精神对标对表自身的言行，及时把牢行动之舵，做到忠诚、干净、担当，为农村基层党组织组织力建设奠定坚实的政治基础。

第二，切实增强农村党员干部对上级决策的服从意识。民主集中制是党的根本组织方式，其核心就是下级服从上级、个人服从集体。加强农村基层党组织组织力建设是一项系统工程，既需要农村党员干部发挥首创精神，根据本地区的实际，为组织力建设提供源源不断的动力，也需要上级组织的统筹规划，确保农村基层党组织组织力建设更加科学合理。农村党员干部要树立政令如山的意识，做到上级的决策坚决贯彻执行、上级的决定坚决认真落实；做到对上级的决议和政策如有不同的意见或者建议，不消极抵抗、阻挠，而是按照既定的程序向上级组织反映；做到内心深处认同组织、相信组织，把自己的思想和行动同上级组织的政策和决定保持一致。

二 提升农村基层党组织组织力建设的能力

提升农村基层党组织组织力建设的能力是新时代新征程加强农村基层党组织组织力建设的重要保障。农村基层党组织组织力建设的能力是组织力建设的主体——农村党员干部以及农村基层党组织，在把农村基层党组织组织力理论转化为农村基层党组织组织力建设实践的过程中所呈现出来

① 刘先春、孙志程：《论“两个确立”的四重维度》，《思想理论教育导刊》2022年第4期。

的能力。农村基层党组织组织力建设的能力不是固定不变的，而是要根据农村基层党组织组织力建设实践的需求变化进行调适。新时代新征程，全面推进乡村振兴对农村基层党组织组织力建设提出更高的要求，农村基层党组织和农村党员干部必须根据这一新变化，及时调整、改善和提高自身加强农村基层党组织组织力建设的能力，确保农村基层党组织组织力建设的实践成效符合全面推进乡村振兴的战略要求、符合实现广大农民群众对美好生活向往的价值需求、符合推动实现全面建设社会主义现代化国家的时代要求。

1. 提升政治领导力

农村基层党组织是政治组织，政治领导力是农村基层党组织应当具备的首要能力。党的十九大报告和党的二十大报告均提出要突出农村基层党组织的政治功能，这为提升农村基层党组织的政治领导力指明了方向。新时代新征程，农村基层党组织应该把握正确“政治方向、牢记政治使命、强化政治担当、增强政治本领、严肃政治生活”[①]，以强有力的政治领导力为农村基层党组织组织力建设保驾护航。一是要把握正确政治方向，确保农村社会改革和发展的正确方向。农村基层党组织要始终坚持用党的创新理论引领农村的改革和发展，坚定不移走中国特色农村发展道路，坚决维护党中央在农村社会的权威、维护其在农村社会的领导核心地位。二是要牢记政治使命，永葆为农民谋幸福的初心。新时代新征程，农村基层党组织要实现为农民群众谋幸福的政治使命，必须树立马克思主义群众观、义利观、宗旨观；必须始终坚持权为民所用、情为民所系、利为民所谋，把为农民谋幸福的价值追求记在心上、体现在行动上；必须始终践行群众工作路线，充分发挥密切联系群众的工作作风，真正做到发展依靠农民、发展为了农民、发展成果由农民共享。三是强化政治担当，始终成为农村各项事业的坚强领导核心。新时代新征程，随着农村改革和发展的深入推进，各种难以预料的风险挑战增多，农村基层党组织要发挥敢为天下先的斗争精神，始终成为农村改革发展事业中的主心骨。四是农村党员干部要增强政治敏锐性、政治判断力和政治执行力，确保真正贯彻落实党和国家

① 张克兵：《中国共产党农村基层组织组织力研究》，博士学位论文，中共中央党校，2019。

关于“三农”工作的决策部署。五是加强思想政治教育，提高农村党员干部的政治意识，严肃党内政治生活，在农村基层党组织营造风清气正的政治环境。

2. 提升乡村治理的能力

“治理是通过一定的权力的配置和运作对社会加以领导、管理和调节，从而达到一定的目的的活动。”① 经过系列改革，目前在农村社会形成了包括农村基层党组织、村民委员会、乡村社会组织等在内的多元治理格局，他们共同参与、相互协作、相互作用，其中，农村基层党组织在农村治理体系中处于领导地位，决定着农村公共权力的配置和运作。农村社会改革的深入发展，对农村基层党组织领导农村治理的能力提出了新要求。例如，治理内容复杂化、治理主体多元化迫切需要农村基层党组织创新治理模式、梳理治理主体之间的关系，从而解决农村社会改革中出现的矛盾纠纷、缓解治理主体之间的张力，推动农村社会治理体系和治理能力现代化。一方面，创新农村社会治理模式。农村党员干部应当在协同治理理念、人民至上理念、农民主体地位理念的指导下，建立健全党的农村治理体制机制，确保在农村基层党组织的领导下，农村社会形成国家权力和村民自治相互配合、相互协作的农村治理新模式，确保农村社会有序、规范运行。另一方面，理顺治理主体之间的关系。多元化的治理主体是农村治理逻辑发展的必然结果，符合农村社会的发展规律，也符合唯物史观的基本要求。但多元的治理主体极容易因权责不明确而导致治理僵化，需要理顺它们之间的关系，破解农村多元治理的僵局。一是理顺两委关系，即理顺农村基层党组织委员会和村民委员会的关系。党的十八大以来，我们党探索建立了“一肩挑”机制、“四议两公开”机制、“两推一选”机制等，为新时代新征程理顺两委关系提供了制度支撑。二是理顺党群关系。农村基层党组织要加强对新型农村社会组织的领导，确保其在推动乡村治理能力现代化中发挥积极作用，还要积极践行群众路线，保持党同农民群众的密切联系，确保党的路线方针政策能切实维护最广大农民的根本利益。

---

① 徐勇：《中国农村村民自治》，华中师范大学出版社，1997，第22页。

3. 提升群众凝聚能力

《中国共产党章程》明确规定团结动员群众是农村基层党组织的重要职责。提升群众凝聚能力是农村基层党组织实现动员和团结的根本。新时代新征程，农民群众对幸福生活有了更高层次的追求，农村基层党组织的群众工作内容、环境和方法发生了许多新变化，对提升农村基层党组织的群众凝聚力提出新的更高要求。一是要充分发挥“领头雁”的引领示范作用。农村基层党组织书记是引领乡村改革和发展的关键主体，在提升农村基层党组织的群众凝聚力中发挥着关键作用。一方面，要遴选政治觉悟高、工作能力强、心中有农民的优秀党员到领导岗位，以其自身的先锋模范作用，当好农民群众的表率，影响、带动、团结农民群众共同参与到农业农村的现代化建设事业之中。另一方面，通过建立健全监督和考核机制，以铁的制度让农村党员干部时刻牢记为农民群众服务的初心和使命。二是要坚持权力在阳光下运行。农村基层党组织所使用的权力直接关系到农民群众的切身利益，因此，农村基层党组织要大力发扬党内民主，通过完善民主议事制度，确保农村基层党组织行使权力时刻接受农民群众的监督，从而赢得广大农民群众的信任和支持；通过完善政务公开制度，确保农村基层党组织的工作公开、透明，在农民群众中树立良好形象。三是农村党员干部要有亲和力。亲和力是密切联系农民群众的“黏合剂”，也是化解党群矛盾的“稀释剂”。农村党员干部要放下官架子，多用农民群众听得懂的“大白话”、少搬用文件上的“官话”，多用暖心的“家常话”、少用脱离农民生活的“空话”，多用为农民谋幸福的“真心话”、少用群众不愿听的“假话”，用有温度的“群众语言”，获得农民群众的支持和信任。

4. 提升经济引领能力

发展经济是全面推进乡村振兴战略的基本方面和核心内容。农村基层党组织是农村经济建设和经济发展的领导核心，其功能和作用的发挥体现在对农村经济的引领方面。这决定了提升农村基层党组织的经济引领能力是加强农村基层党组织组织力建设的必然要求。新时代新征程，农村基层党组织应当直面农村经济发展中的困难和挑战，坚持问题导向，突出经济功能，不断提升自身引领经济发展的能力。一是农村基层党组织要吸纳致富能力强的党员进入领导岗位，吸纳致富能手到党员干部队伍中，从整体上提高农村基层党组织的经济引领能力。同时，农村基层党组织可以通过培训、教育等方式提高党员干部队伍引领经济发展的能力，激发党员干部创业致富的积极性，并鼓励党员干部带领农民群众共同发展进步。二是农村基层党组织要积极发展集体经济，拓宽村集体收入的渠道。集体经济是农村基层党组织提高服务质量、增加农民群众收入、解决农民群体生存问题的物质基础，因此，提升农村基层党组织的经济引领能力，首先需要提升其恢复和发展村集体经济的能力。农村基层党组织可以通过组建村集体经济组织架构、健全集体经济运营管理制度以及监督机制，确保集体经济在科学的轨道上高质量发展。三是农村基层党组织要整合分散资源，集中统一提供村公共产品。分散性是农村经济发展壮大的主要制约因素。农村基层党组织要发挥领导核心作用，带领农民群众做好土地的规划和整合、做好下乡的国家资源的分配和整合、做好涉农服务平台的建设和管理。

5. 提升自我革新能力

习近平总书记指出，我们党“为什么能够始终走在时代前列、成为中国人民和中华民族的主心骨？根本原因在于我们党始终保持了自我革命精神，保持了承认并改正错误的勇气”①。农村基层党组织作为党的基层组织，要想提升组织力，亦需要自我革命精神，需要根据农村社会的发展和变化，不断变革自身的组织设置方式和活动方式，不断提高党员队伍和干部队伍的建设质量，不断提高政治、思想、作风等方面的建设能力，使自身始终成为领导农村各项事业的坚强战斗堡垒。一是建立和完善运行机制，确保农村基层党组织运转的高效性、科学性和长期性。这需要农村基层党组织完善民主机制，确保关乎农民群众集体利益的决策经过党员大会的充分讨论、科学论证和民主决策，避免“一言堂”的现象；完善党员参与机制，充分激发党员在引领乡村改革和发展中的活力。这是由于“对于政党来说，其活力首先来自党员，其次才是来自党的基本组织，如果党员本身在整体上无法给政党带来活力，那么党的基本组织的实际功效就要受到影响”②。加强农

① 《十八大以来重要文献选编》（下），中央文献出版社，2018，第590页。
② 林尚立：《中国共产党与国家建设》，天津人民出版社，2009，第50页。

村基层党组织组织力建设必须通过构建科学的机制为党员“施展拳脚”提供广阔的舞台，为农村基层党组织更好引领农村发展提供不竭力量源泉。二是加大组织资源投入力度，为农村基层党组织建设提供资源保障。组织资源是组织建设的物质基础，没有充足的组织资源作为支撑，即使有再优秀的党员干部团队，也无法确保组织的正常运行。因此，加大对农村基层党组织的投入力度，为其提供丰富的组织资源，是提高自我革新能力的物质基础。地方财政要提供一定的财政支持，为农村基层党组织的活动场所的标准化建设提供物质支持，要建立农村党员干部工资制度，在确保农村党员干部基本报酬的基础上实现正常的收入增长，要建立支持村集体经济发展的专项资金制度，对集体经济发展薄弱的村庄给予支援，为农村基层党组织提高引领经济发展能力提供经济支撑。三是建设一支素质高、业务能力强、政治立场坚定的党员干部队伍。一方面，吸纳农村中的优秀人才到党员干部队伍中，例如，重点将农村中的致富能人、“土专家”、“创业能手”、退伍军人等纳入党组织的考察对象，同时主动把有文化、能力强的青年群体发展为党员。另一方面，建立常态化的培训教育机制，对农村党员、干部加强培训和教育，增强他们贯彻落实党中央决策部署、引领改革和发展、服务农民群众的本领。

三　创新农村基层党组织组织力建设的方法

创新方法是新时代新征程加强农村基层党组织组织力建设的有效举措。新时代新征程，要想开创农村基层党组织组织力建设的新局面，必须破除因循守旧、墨守成规的传统思维，以创新思维、与时俱进思维探索新路子、新方法，以更好应对随时可能出现的新矛盾和新问题。正如毛泽东所说：“我们不但要提出任务，而且要解决完成任务的方法问题。我们的任务是过河，但是没有桥或没有船就不能过。不解决桥或船的问题，过河就是一句空话。不解决方法问题，任务也只是瞎说一顿。”[①] 新时代新征程，要加强农村基层党组织组织力建设，必须重视方法的问题，在坚持马克思主义方法论的基础上，尤其要“把握好新时代中国特色社会主义思想

① 《毛泽东选集》(第1卷)，人民出版社，1991，第139页。

的世界观和方法论，坚持好、运用好贯穿其中的立场观点方法”[①]，并用好指导加强农村基层党组织组织力建设的基本方法和具体方法，为农村基层党组织组织力建设提供方法论支撑。

1. *以马克思主义方法论为指导*

马克思主义方法论是农村基层党组织组织力建设的方法论之源。具体而言，马克思主义哲学的两个组成部分——辩证唯物主义和历史唯物主义，为我们提供了认识世界和改造世界的方法论，这也构成了新时代新征程农村基层党组织组织力建设的方法论基础。一方面，辩证唯物主义中蕴含的方法论为农村基层党组织组织力建设提供了方法论指导。一是辩证唯物主义认为，世界是物质的，物质决定意识，这要求我们必须从客观实际出发、实事求是，这要求新时代新征程加强农村基层党组织组织力建设坚持一切从实际出发，确保制定的政策与乡村全面振兴对农村基层党组织组织力建设提出的要求相一致，施行的举措与制约农村改革和发展的矛盾和问题相匹配，建设的目标与实现农业农村现代化的时代要求相符合。二是唯物辩证法认为，矛盾是普遍的，矛盾是推动事物发展变化的根本原因，这要求新时代新征程加强农村基层党组织组织力建设坚持问题导向，敢于面对农村的改革和发展对农村基层党组织组织力建设提出的众多问题，特别是要善于抓住主要矛盾和矛盾的主要方面，通过致力于解决主要矛盾的主要方面，开创农村基层党组织组织力建设的新局面。三是辩证唯物主义认为，世界不是一分为二的，而是辩证的、联系的，这要求新时代新征程加强农村基层党组织组织力建设不能片面看问题，而是要坚持辩证思维，善于寻找党关于“三农”的政策决策与本地区农村改革和发展的结合点；善于找准自身工作实际与上级制定的工作落实标准之间存在的薄弱环节；善于探究问题的深层次原因，解决问题，举一反三，控制住工作的总体局面。四是唯物辩证法认为，实践决定认识，认识反过来指导实践，这要求新时代新征程加强农村基层党组织组织力建设坚持实践第一的观点，既以历史经验指导新实践，也以创新精神破解新问题，在守正与创新相结合之

---

① 习近平：《高举中国特色社会主义伟大旗帜 为全面建设社会主义现代化国家而团结奋斗——在中国共产党第二十次全国代表大会上的报告》，人民出版社，2022，第18页。

中把农村基层党组织组织力建设引向新境界，同时在实践基础上推动理论创新，自觉运用党的创新理论指导新实践。另一方面，历史唯物主义中蕴含的方法论为农村基层党组织组织力建设提供了方法论指导。一是历史唯物主义揭示的社会基本矛盾及其运动规律为提高农村基层党组织组织力建设能力提供了方法论指导。乡村振兴战略下农村基层党组织组织力的内容包括引领农村经济发展的能力、引领乡村治理的能力等，这些内容牵涉生产力和生产关系的矛盾运动，社会基本矛盾及其运动规律为农村基层党组织正确把握农村经济发展和正确处理农村社会各种关系提供了方法论指导。二是历史唯物主义认为，经济建设是人类社会生产和发展的基础，这决定了经济建设是农村基层党组织组织力建设的中心工作。新时代新征程，加强农村基层党组织组织力建设要以发展农村经济、提高农村经济效益为中心工作，为农村社会其他改革和发展提供经济基础，为推动实现乡村全面振兴进行物质积累。三是唯物史观指出，人民是历史的创造者和推动者，这决定了加强农村基层党组织组织力建设要以人民为中心。新时代新征程，加强农村基层党组织组织力建设要坚持走群众路线，制定事关农民群众利益的改革决策要与农民群众商量，实施具体的工作任务要跟农民群众讲清楚；要增强做群众工作的本领，经常与农民群众交流，时常听取他们的意见和建议；要提高为农民服务的水平，想农民之所想、思农民之所思，增强为农的责任感和爱农的情怀。

2. 坚持农村基层党组织组织力建设的基本方法

基本方法表现为方法要求。百余年来，我们党致力于通过探索科学的方法推动以党的自我革命引领社会革命的伟大实践，形成了关于以党的自我革命引领社会革命基本方法的正确认识，这些认识在新时代得到了新的升华，并被概括为“坚持实事求是、坚持战略定力、坚持问题导向、坚持全面协调、坚持底线思维、坚持调查研究、坚持抓铁有痕、坚持历史担当”[①]，这为新时代新征程加强农村基层党组织组织力建设提供了方法指南。一是坚持实事求是。实事求是，即“一切从实际出发，理论联系实

① 《新时代 新征程 新思想》，人民出版社、党建读物出版社，2019，第 81 页。

际，在实践中检验真理和发展真理”[①]。新时代新征程加强农村基层党组织组织力建设，要善于认识和发现组织力建设的一般规律，求真务实，确保党的路线方针政策贯彻落实；善于在实践中检验真理、发展真理，不断深化党关于“三农”工作规律的认识。二是坚持群众路线。群众路线是党的根本工作路线，也是加强农村基层党组织组织力建设的根本工作方法。新时代新征程，农村基层党组织要始终坚持以人民为中心，把为农民谋利益作为各项工作的出发点和落脚点；要紧紧依靠农民，从农民群众中获取经验和智慧；要自觉接受农民群众的检验，把农民群众满意不满意、答应不答应、高兴不高兴作为评判一切工作的首要标准。三是坚持全面协调。坚持全面协调就是以系统的眼光、整体的眼光、联系的眼光看待事物。农村基层党组织组织力作为一种综合力，加强其建设是一项系统工程，需要处理好农业、农村、农民之间的关系问题，需要处理好经济、政治、文化、社会、生态等各方面的问题，需要处理好改革、发展、稳定问题等。因此，需要加强顶层设计、系统谋划，不可顾此失彼。四是坚持问题导向。问题是推动事物发展的突破点。新时代新征程加强农村基层党组织组织力建设，要增强问题意识，敢于直面问题，绝不能忽视问题、绕着问题走；要善于分析问题，探究问题的本质和症结所在；要善于找准、找对解决问题的方法和对策。五是坚持底线思维。底线思维是指在充分考量潜在风险的基础上再采取进一步的行动的思维方式。新时代新征程加强农村基层党组织组织力建设要增强风险意识，即在准确、科学评估潜在和现实存在的风险后，考虑自身可以承受的风险程度，并在此基础上设计应对的策略，做到谋定而后动，避免把建设工作推向困境。六是坚持调查研究。习近平总书记指出：“没有调查，就没有发言权，更没有决策权。”[②] 新时代新征程，加强农村基层党组织组织力建设要大兴调查研究，通过听真话、察实情，真正把情况摸清、把问题找准，从而为真正解决阻碍农村基层党组织组织力提高的问题提出切实可行的对策和办法。七是坚持

① 《习近平谈治国理政》，外文出版社，2014，第 25 页。

② 《习近平关于“不忘初心、牢记使命”论述摘编》，党建读物出版社、中央文献出版社，2019，第 211 页。

抓铁有痕。抓铁有痕是指行动上要做到务求实效。新时代新征程加强农村基层党组织组织力建设要大力发扬钉钉子精神，善于抓重点，善于一抓到底，不搞花架子、不搞形式主义；要持之以恒，把党中央绘就的乡村全面振兴蓝图干长远、干到底；要有甘为孺子牛的务实奉献精神，在广阔的农村舞台脚踏实地甘当为农民群众服务的公仆。八是坚持历史担当。新时代新征程加强农村基层党组织组织力建设要时刻以为农民谋幸福为己任，先之劳之，做到“我将无我，不负人民”；要增强历史思维，善于用历史思维总结农村基层党组织组织力建设的规律和方法；要坚持担当实干，时刻以强烈的责任感和使命感激励自己为实现农民幸福而奋斗。

四　完善农村基层党组织组织力建设的制度体系

完善农村基层党组织组织力建设的制度体系是新时代新征程加强农村基层党组织组织力建设的重要基础。党领导农村事业发展的历史已经证明，农村基层党组织如果按照制度化、规范化的程序运行，会极大程度调动广大农民群众的积极性，提升自身领导农村改革和发展的能力，反之，农村基层党组织如果制度设置无章法、纪律建设不严格，可能会激化党群矛盾，削弱自身在农村社会的领导地位。因此，制度建设对提升农村基层党组织组织力意义重大。党的十八大以来，在制度治党、依规治党的治党逻辑下，我们党陆续出台了《中国共产党农村基层组织工作条例》等党内法规和制度，为新时代新征程完善农村基层党组织组织力建设的制度体系提供了基本遵循。

1. 以党章为根本，以民主集中制为核心，创新制度体系

党章是党的根本大法，对农村基层党组织的职责、行为、纪律、组织等都做了原则规定，成为制定农村基层党组织组织力建设的制度体系的根本依据。正如习近平总书记所强调的：“建立健全党内制度体系，要以党章为根本依据。”① 新时代新征程，完善农村基层党组织组织力建设的制度体系，要时刻牢记党章的最高权威地位，以党章关于农村基层党组织的各

① 习近平：《认真学习党章 严格遵守党章》，《人民日报》2012 年 11 月 20 日。

项规定为根本遵循和根本依据。民主集中制是百余年来党成功领导革命、建设、改革、复兴事业的根本组织制度和领导制度，也是农村基层党组织组织力建设制度体系的核心内容。这是由民主集中制的地位和作用决定的。新中国成立初期，毛泽东就指出，“没有民主集中制，无产阶级专政不可能巩固”[①]。改革开放初期，邓小平强调，“民主集中制是党和国家的最根本的制度”[②]。在党的十五大报告中，江泽民再次重申中国共产党要“在马克思主义指导下按照民主集中制组成统一的整体，为实现共同的目标而奋斗，这是巨大的组织优势”[③]。党的十七大把民主集中制纳入党的制度建设的重点内容。习近平总书记强调民主集中制“是科学合理而又有效率的制度”[④]。从党的百余年的制度建设史可以发现，以民主集中制为核心加强党的制度建设，不仅可以提高党的制度建设的科学性和合理性，而且有利于提高人民群众对党的信任和支持，确保党“始终走在时代前列、人民衷心拥护、勇于自我革命、经得起各种风浪考验、朝气蓬勃的马克思主义执政党”[⑤]。完善农村基层党组织组织力建设的制度体系，要以民主集中制为核心，不仅可以保障农村基层党组织在农村社会中的领导核心地位，还可以充分发挥党员干部的模范带头作用，为农村基层党组织更好引领乡村振兴提供支撑。党章和民主集中制为完善农村基层党组织组织力建设的制度体系打好了基础框架，注入了灵魂，但是需要加强具体制度的建设，提升制度体系的完备性和有效性。因此新时代新征程，需要坚持在以党章和民主集中制为根本和核心的基础上，从纵和横两个层面建章立制，纵向上是指“完善中央、省级、市级、县级以及农村等各个层级的党内制度”[⑥]，横向上是指把制度建设贯穿到农村基层党组织政治、思想、作风等方面建设之中。

---

① 《毛泽东文集》（第8卷），人民出版社，1999，第297页。

② 《邓小平文选》（第1卷），人民出版社，1994，第312页。

③ 《江泽民文选》（第2卷），人民出版社，2006，第44页。

④ 《树牢“四个意识”坚定“四个自信”坚决做到“两个维护”勇于担当作为 以求真务实作风把党中央决策部署落到实处》，《人民日报》2018年12月27日。

⑤ 《十九大以来重要文献选编》（中），中央文献出版社，2021，第120页。

⑥ 王久高等：《新时代中国共产党农村基层组织建设研究》，安徽教育出版社，2021，第353页。

2. 推动党中央顶层制度设计与农村基层党组织实践探索的融合，实现两者良性互动

充分发挥中央和地方两个积极性是我们党的一贯做法和优良传统。毛泽东曾在《论十大关系》中指出：“我们的国家这样大，人口这样多，情况这样复杂，有中央和地方两个积极性，比只有一个积极性好得多。”① 新时代新征程，完善农村基层党组织组织力建设的制度体系，要注重发挥两个积极性，实现党中央顶层制度设计与农村基层党组织实践探索相结合，在实现两者的良性互动中推动农村基层党组织组织力建设制度体系科学、合理、有效。一方面，党中央要及时了解、总结各地区农村基层党组织在实践探索中形成的好的做法，通过在部分地区进行试点实验，总结其中的经验，把其上升为体制机制，促进全国范围内农村基层党组织组织力建设制度体系更上一层楼。另一方面，农村基层党组织在贯彻执行党中央关于农村基层党组织组织力建设的制度机制时，要敢于发挥首创精神，在实践中勇于探索好的做法，为党中央的顶层设计贡献智慧和力量。要推动党中央的顶层设计和农村基层党组织的实践探索相融合，坚决贯彻落实党中央制定的关于农业、农村、农民的制度体系，确保党的全面领导在农村地区真正落实，同时也要积极发挥农村基层党组织的首创精神，实现顶层设计和实践探索两者良性互动，以党中央的顶层设计指导、规范农村基层党组织的实践，以农村基层党组织的实践落实、检验党中央的顶层设计，为完善农村基层党组织组织力建设制度体系提供良好的发展环境和发展动力。

3. 提升制度意识和完善制度执行机制，确保制度体系落地见效

制度意识是制度执行的前提，制度执行是把制度优势转化为制度效能的关键环节。完善农村基层党组织组织力建设的制度体系是前提，确保其落地见效是根本，因此制度的生命力在于制度的执行。正如习近平总书记所说的，“制度是用来遵守和执行的，全党必须强化制度意识，自觉尊崇制度，严格执行制度，坚决维护制度，健全权威高效的制度执行机制，加强对制度执行的监督”②。当今“中国经济和社会发展的现代化水平不断提

---

① 《毛泽东文集》（第7卷），人民出版社，1999，第31页。

② 《习近平关于力戒形式主义官僚主义重要论述选编》，中央文献出版社，2020，第15页。

高，与此同时也迎来了复杂社会的时代”[①]。复杂社会中的众多不确定性因素提升了制度执行的难度。对此，习近平总书记提出：“增强驾驭风险本领，健全各方面风险防控机制，善于处理各种复杂矛盾，勇于战胜前进道路上的各种艰难险阻，牢牢把握工作主动权。”[②] 农村基层党组织应当加强宣传教育、构建制度执行机制，激励广大农村党员干部以奋发有为的姿态增强执行农村基层党组织组织力建设制度体系的动力。

一方面，对广大农村党员干部加强制度宣传和教育。一是用已经取得的“可以感触到的”农业农村发展实效作为教育内容，唤起广大农村党员干部对农村基层党组织组织力建设制度体系的认知共鸣。这需要利用鲜活的叙事、翔实的材料、朴实的语言，向广大农村党员干部讲好新时代农村社会取得的重大成就，让农村党员干部充分感知、深刻领悟农村基层党组织组织力建设制度体系的魅力，从而深化对农村基层党组织组织力建设制度体系的感性认知。二是以农村基层党组织组织力建设的制度体系的整体架构和内容安排为教育内容，使农村党员干部增进对其理性认同。这需要从理论层面向广大农村党员干部讲清楚农村基层党组织组织力建设的制度体系的观念图式和理论样态，在农村党员干部的头脑中形成“清晰形象”，增进农村党员干部对农村基层党组织组织力建设的制度体系的理性认同。三是用党的科学理论铸魂，坚定农村党员干部对农村基层党组织组织力建设制度体系的信仰信念。这需要对农村党员干部加强马克思主义经典著作的教育，引导农村党员干部用马克思主义的立场、观点和方法分析和把握农村基层党组织组织力建设的制度体系的客观必然性；对农村党员干部加强党的创新理论的教育，引导农村党员干部用习近平新时代中国特色社会主义思想的立场和观点分析和把握新时代新征程农村基层党组织组织力建设的制度体系的“客观必然性”和“现实规律性”，引导农村党员干部将对其的信仰信念内化为自身的精神追求。

另一方面，完善担当作为制度执行机制。一是构建担当作为制度执行

---

① 陆铭：《探求不确定中的确定——复杂社会的危机及应对》，《探索与争鸣》2022年第9期。

② 习近平：《论坚持党对一切工作的领导》，中央文献出版社，2019，第203页。

机制的一般原则。我国幅员辽阔，农村分布范围广，情况复杂多变，导致无论正负面清单体系多么详细，都有可能出现特殊情况。我们只有站在人民立场，把是否满足广大农民的根本利益作为根本原则，构建基于一般原则的担当作为制度执行机制，才能为农村党员干部立足于实际担当作为提供良好的环境。二是完善容错纠错机制。复杂社会下，制度执行面临更多的风险和挑战，这导致在执行制度的过程中会更容易出现错误或失误。容错纠错机制的基本前提是正确把握失误错误和违法乱纪之间的清晰界限，上级党委应当通过综合考量“问题发生的背景、个人动机、性质与后果等要素，界定执行行为是公心还是私欲，是科学还是草率，是无心之失还是有心之过”①，并敢于为因不可抗力而出现错误的领导干部撑腰担责。三是构建制度执行的多元评价机制。判断制度执行行为结果的好坏不能仅仅依靠一种评价标准，而应当建立由上级机关、农民群众、行业专家、研究机构等构成的多元评价主体共同参与的多元评价体系，提升评价的科学性和合理性。

五 构建农村基层党组织组织力的话语体系

构建农村基层党组织组织力的话语体系是加强农村基层党组织组织力建设的重要支撑。这是由于在党的建设话语体系中，“农村基层党组织组织力”是一个具有自身特色的学术概念，而学术界对它的考证和阐述还不够。对农村基层党组织组织力的话语体系展开研究，打造具有标识性的理论话语和学术话语，构建与农村基层党组织组织力建设这一重大工程相匹配、相衔接、相对等的农村基层党组织组织力话语体系，对以话语体系的创新支撑农村基层党组织组织力理论体系的生成具有重要理论意义，对以话语体系的调适推动农村基层党组织组织力建设的实践发展具有重要的现实意义。新时代新征程，构建农村基层党组织组织力的话语体系，要坚定正确的话语立场、优化话语表达、革新话语内容、提升话语传播力，解决好“为谁说”“怎么说”“说什么”“说话对象”等一系列农村基层党组织组织力话语体系的建构问题。

① 李德国、蔡晶晶：《制度执行的复杂性、行为策略与担当激励》，《南京社会科学》2022年第1期。

1. 坚定正确的话语立场

构建话语体系，最根本的是坚定正确的立场，这是由于立场问题带有根本性和方向性，不同的话语立场对同一事物的话语表达会引致不同的话语内容和话语阐释。这决定了话语立场天然具有阶级性和政治性，具有不同阶级属性和不同政治倾向性的话语立场具有不同的发声对象和服务对象。作为无产阶级政党，中国共产党的无产阶级属性决定了全心全意为人民服务是其根本宗旨，因此，人民立场是中国共产党的根本政治立场。农村基层党组织组织力话语体系是以服务农村基层党组织建设、维护广大农民群众的根本利益为根本宗旨的，这决定了构建农村基层党组织组织力的话语体系也必须坚持农民群众立场。习近平总书记强调："党性和人民性从来都是一致的、统一的。"① 因此，加强党的意识形态建设，要同时坚持党的立场和人民的立场，依据党的性质、广大人民群众的意愿，真正体现党的意志、反映广大人民群众的要求。体现党的意志和实现人民群众的愿望是新时代新征程构建农村基层党组织组织力话语体系的内在要求。新时代新征程构建农村基层党组织组织力话语体系要坚持党性和人民性相统一的话语立场。一方面要讲党性，坚持为农民群众谋幸福，坚持站在党的立场为党立言，同时要加强党性锻炼，不断提高党性修养，始终坚守马克思主义的根本立场不动摇，自觉同各种非无产阶级的言论、思想作坚决斗争。另一方面要坚守人民立场，从农民群众的根本立场出发，尊重农民群众的首创精神、注重从农民群众中汲取智慧和力量；把实现农民群众的利益放在首位，想问题、办事情、做决策坚持从农民群众的立场出发；注重团结农民群众，注重发挥农民群众的主体地位。

2. 优化话语表达

话语表达是指话语的言说方式，是构建话语体系的重要内容。马克思、恩格斯指出："语言是一种实践的、既为别人存在因而也为我自身而存在的、现实的意识。"② 这指明了话语表达最终是为了让表达对象明白、理解被表达的内容，从而达到有效沟通的目的。世界不断发展的根本特

① 《习近平谈治国理政》，外文出版社，2014，第 154 页。

② 《马克思恩格斯文集》（第 1 卷），人民出版社，2009，第 533 页。

性，规定了话语表达的发展性，即要因时、因势优化话语表达。新时代新征程构建农村基层党组织组织力的话语体系要注重革新、优化话语表达。从农村基层党组织组织力的力量源泉的角度看，农村基层党组织组织力的提升与农村党员干部和广大农民群众密切相关。因此，优化农村基层党组织组织力的话语表达，既善于将群众话语凝练总结为学术话语，也善于将学术话语转换翻译为群众语言，实现话语表达的学术性和群众性的统一。一是善于将文件语言转换为具有本地特色的群众语言，让农民群众听得懂、听得进。农村基层党组织组织力的话语在与农民群众交流互动中要接地气，不能空话、套话连篇。要使用方言土语让农民听清、听明白，唯有如此才能达到向农民群众宣传党的方针政策的目的和效果。二是善于从农民群众的方言土语中汲取构建农村基层党组织组织力的话语体系的智慧和养分。要善于倾听农民的声音，善于从农民的声音中提炼和升华好的话语表达并转化为农村基层党组织组织力的学术话语。三是要善于立足于推动实现农业农村现代化这一基本场域，将农村基层党组织组织力的话语表达放置于农村经济社会发展的全局中进行思考。同时还要注重善于借鉴其他学科的优秀表达经验、善于从中华优秀传统文化中汲取养分，推动实现农村基层党组织组织力话语表达的创新。

3. 革新话语内容

话语内容是构建话语体系的核心，话语内容革新是推动话语体系创新的关键。“理论上不彻底，就难以服人。”[①] 理论是话语的核心构成部分，缺失理论的话语必然是苍白无力的，理论阐述不彻底的话语必然是没有信服力的。农村基层党组织组织力话语内容革新的前提是农村基层党组织组织力理论的研究，新时代新征程，要坚持以农村基层党组织组织力理论研究服务农村基层党组织组织力话语内容的革新，在理论研究和话语更新的相互促进中提升农村基层党组织组织力话语内容的魅力。一方面要坚持供给侧结构性改革的思路，结合在加强农村基层党组织组织力建设过程中产生的理论和实践问题推动农村基层党组织组织力话语的革新。实践是理论创新的基础，要善于捕捉在加强农村基层党组织组织力建设过程中出现的

① 《习近平谈治国理政》（第2卷），外文出版社，2017，第34页。

真问题，并展开理论研究，推动农村基层党组织组织力话语在理论与实践的相互促进中革新。另一方面要对农村基层党组织组织力建设中的根本性问题加强理论研究，在解决农村基层党组织组织力建设的基础性问题中推动农村基层党组织组织力话语的革新。在全面建设社会主义现代化国家的背景下，以农村基层党组织组织力建设推动实现农业农村现代化愈加重要。农村基层党组织组织力建设中一些根本性、基础性问题事关其建设的成败，是提升农村基层党组织组织力、实现农村基层党组织组织力话语革新的基础。农村基层党组织组织力理论研究应当在这些重大问题上下功夫，在积极回应农村基层党组织组织力建设的重要关切中，实现农村基层党组织组织力理论创新和话语革新。

4. 提升话语传播力

话语传播是构建话语体系的最终环节和主要目的。提升话语传播力，将农村基层党组织组织力的建设优势转化为农村基层党组织的话语优势，是新时代新征程构建农村基层党组织组织力话语体系的重要目标。新时代新征程，提升农村基层党组织组织力的话语传播力，应当做到美与力的统一，既要体现语言的优美度，又要体现语言的亲和力，从而提升语言的传播力，让农村基层党组织组织力的话语“飞入寻常百姓家”。一是要提高话语传播意识。话语传播并不是一件无关紧要的工作，而是一件非常要紧的工作。要充分认识到话语传播这一工作的重要性，把农村基层党组织组织力话语传播当作一项极为重要的工作，在日常工作进程中常态化推进，推动农村基层党组织组织力话语走入田间地头。二是要优化农村基层党组织组织力话语的传播方式。在网络信息时代和人工智能时代，农村基层党组织组织力话语传播要积极利用网络、大数据、人工智能等的便捷性、及时性、可视化性，提高农村基层党组织组织力话语传播的时效性。三是要搭建农村基层党组织组织力话语的传播平台。我们要打造国内传播平台，向广大农民群众讲好党领导农村改革和发展的故事，提升农村基层党组织组织力话语的吸引力和号召力。我们要建设好国际传播平台，向全世界宣传好中国共产党领导广大农民实现的伟大变革、取得的伟大成就，讲好中国故事、传播好中国声音。

结　语

重农固本是安民之基、治国之要。中国作为一个农业大国，“三农”问题始终是关系国计民生的根本性问题，“三农”工作始终在党和国家事业全局中占有极其重要的位置。党的十九大报告提出了乡村振兴战略，彰显了全党全国各族人民新时代实现乡村振兴的宏伟愿景和伟大决心。党的二十大报告进一步明确全面推进乡村振兴，体现了我们党把乡村振兴蓝图一绘到底的战略定力。2018 年 12 月，党中央印发的《中国共产党农村基层组织工作条例》规定，村党组织是“党在农村的基层组织，是党在农村全部工作和战斗力的基础，全面领导乡镇、村的各类组织和各项工作。必须坚持党的农村基层组织领导地位不动摇”①。不论是从全面建设社会主义现代化国家的全局出发，还是从农村基层党组织的地位和作用出发，实现乡村全面振兴，都需要以农村基层党组织领导农村各项工作的全面进步。为了更好指导农村基层党组织的建设工作及领导工作，发挥好农村基层党组织的政治功能和组织功能，党的十九大提出了提升基层党组织组织力的时代命题。这一重要命题系统回答了如何发挥好农村基层党组织在农村各项工作中的领导地位。党的二十大报告宣告，“从现在起，中国共产党的中心任务就是团结带领全国各族人民全面建成社会主义现代化强国”②。在全面建设社会主义现代化国家的新征程中，我们党要完成的历史重任是实

① 《中国共产党农村基层组织工作条例》，人民出版社，2019，第 5 页。

② 习近平：《高举中国特色社会主义伟大旗帜 为全面建设社会主义现代化国家而团结奋斗——在中国共产党第二十次全国代表大会上的报告》，人民出版社，2022，第 21 页。

现农业农村现代化。农村基层党组织组织力作为党领导农村各项工作的综合力将继续推动解决“三农”问题、推动农业农村现代化。但面对“两个大局”的艰巨性和复杂性，面对农业农村改革和发展进入深水区的现实，如何提升农村基层党组织组织力推动实现乡村全面振兴，这是我们必须思考的重大时代课题。

在全面推进乡村振兴的时代背景和总体要求下，需要对农村基层党组织组织力有一个清晰、全面的认知。在认知思路上要从“以党的自我革命引领社会革命”这一“大党建”的格局下进行考量，从中国共产党是中国特色社会主义事业的领导核心的地位出发，全面统筹农村基层党组织建设与农村各项事业改革和发展之间的关系。我们不仅要站在自我革命的视角，坚持全面从严治党的基层治党导向，通过加强农村基层党组织建设，以打铁必须自身硬的自我革命精神，全面提高农村基层党组织自我净化、自我完善、自我革新、自我提高的能力，从而提升农村基层党组织加强自身建设的能力和水平。同时，我们也应当从推动农村各项事业发展的全局出发，提升农村基层党组织的政治领导力、乡村治理力、群众凝聚力、发展推动力等实现新时代新征程乡村全面振兴所必需的能力，确保农村基层党组织在农村各个组织和各项工作中发挥领导核心作用和战斗堡垒作用。

在全面推进乡村振兴的时代背景和总体要求下，需要以端正的态度正确认识加强农村基层党组织组织力建设的优劣势。在态度上，我们必须坚信在以人民为中心的政治优势，与时俱进的理论优势，农村基层党组织统一领导的制度优势，严密组织体系、严明纪律的组织优势，勇于自我革命的精神优势的作用下，在广大农村党员干部的不懈努力和广大农民群众的积极拥护下，农村基层党组织组织力定能克服各种可以预料和难以预料的风险和挑战，谱写乡村全面振兴的新篇章。同时也要清醒地认识到，农村基层党组织组织力建设存在薄弱环节，对此，我们应当抓住机遇、迎接挑战、发挥优势、顺势而为，在全面推进乡村振兴的道路上不断提升农村基层党组织组织力，并且以提升了的农村基层党组织组织力推动实现乡村全面振兴。

在全面推进乡村振兴的时代背景和总体要求下，需要锚定一定的价值目标、坚持一定的基本原则，开展有效的创新实践。价值目标上，要凸显农村基层党组织的政治功能、组织功能和服务功能，把农村基层党组织建设成有效贯彻落实党中央关于“三农”政策的坚强战斗堡垒。原则上，要坚持顶层设计与实践探索相结合的系统性原则、战略与策略相结合的实践性原则、守正与创新相结合的方法论原则、效率与公平相结合的协调性原则、组织领导与自信自强相结合的主体性原则、政治性和人民性相统一的方向性原则，以确保农村基层党组织组织力建设方向的正确性。实践创新上，要充分调动各方面的积极因素，通过增强农村基层党组织组织力建设的意识、提升农村基层党组织组织力建设的能力、创新农村基层党组织组织力建设的方法、完善农村基层党组织组织力建设的制度体系、构建农村基层党组织组织力的话语体系，推动实现乡村振兴战略下农村基层党组织组织力建设的目标。

马克思指出：“在科学上没有平坦的大道，只有不畏劳苦沿着陡峭山路攀登的人，才有希望达到光辉的顶点。”[①] 农村基层党组织组织力建设是一项复杂的系统工程，提升农村基层党组织组织力，是回应和破解农村改革和发展中的各种问题和矛盾、更好满足农民群众日益增长的对美好生活的需要的关键。加强农村基层党组织组织力建设，还需要在理论和实践上进行长期的探索，而且必然会取得丰硕的理论和实践成果。

① 《马克思恩格斯全集》（第43卷），人民出版社，2016，第13页。

参考文献

一　重要文献

[1]《马克思恩格斯选集》（第 1~4 卷），人民出版社，2012。

[2]《马克思恩格斯文集》（第 1 卷），人民出版社，2009。

[3]《马克思恩格斯文集》（第 2 卷），人民出版社，2009。

[4]《马克思恩格斯全集》（第 1 卷），人民出版社，1995。

[5]《马克思恩格斯全集》（第 2 卷），人民出版社，1957。

[6]《马克思恩格斯全集》（第 3 卷），人民出版社，1960。

[7]《马克思恩格斯全集》（第 25 卷），人民出版社，2001。

[8]《马克思恩格斯全集》（第 34 卷），人民出版社，1972。

[9]《马克思恩格斯全集》（第 36 卷），人民出版社，1975。

[10]《马克思恩格斯全集》（第 38 卷），人民出版社，1972。

[11]《马克思恩格斯全集》（第 42 卷），人民出版社，1979。

[12]《列宁选集》（第 1~4 卷），人民出版社，1995。

[13]《列宁全集》（第 1~4 卷），人民出版社，1984。

[14]《列宁全集》（第 5~8 卷），人民出版社，1986。

[15]《列宁全集》（第 9~13 卷），人民出版社，1987。

[16]《列宁全集》（第 37~39 卷），人民出版社，1986。

[17]《列宁全集》（第 43 卷），人民出版社，1987。

[18]《毛泽东选集》（第 1 卷），人民出版社，1991。

[19]《毛泽东选集》(第2卷)，人民出版社，1991。
[20]《毛泽东选集》(第3卷)，人民出版社，1991。
[21]《毛泽东选集》(第4卷)，人民出版社，1991。
[22]《邓小平文选》(第1卷)，人民出版社，1994。
[23]《邓小平文选》(第2卷)，人民出版社，1994。
[24]《邓小平文选》(第3卷)，人民出版社，1993。
[25]《江泽民文选》(第1~3卷)，人民出版社，2006。
[26]《胡锦涛文选》(第1~3卷)，人民出版社，2016。
[27]《习近平谈治国理政》，外文出版社，2014。
[28]《习近平谈治国理政》(第2卷)，外文出版社，2017。
[29]《习近平谈治国理政》(第3卷)，外文出版社，2020。
[30]《习近平谈治国理政》(第4卷)，外文出版社，2022。
[31]《十二大以来重要文献选编》(上)，人民出版社，1986。
[32]《十二大以来重要文献选编》(中)，人民出版社，1986。
[33]《十二大以来重要文献选编》(下)，人民出版社，1988。
[34]《十三大以来重要文献选编》(上)，人民出版社，1991。
[35]《十三大以来重要文献选编》(中)，人民出版社，1991。
[36]《十三大以来重要文献选编》(下)，人民出版社，1993。
[37]《十四大以来重要文献选编》(上)，人民出版社，1996。
[38]《十四大以来重要文献选编》(中)，人民出版社，1997。
[39]《十四大以来重要文献选编》(下)，人民出版社，1999。
[40]《十五大以来重要文献选编》(上)，人民出版社，2000。
[41]《十五大以来重要文献选编》(中)，人民出版社，2001。
[42]《十五大以来重要文献选编》(下)，人民出版社，2003。
[43]《十六大以来重要文献选编》(上)，中央文献出版社，2005。
[44]《十六大以来重要文献选编》(中)，中央文献出版社，2006。
[45]《十六大以来重要文献选编》(下)，中央文献出版社，2008。
[46]《十七大以来重要文献选编》(上)，中央文献出版社，2009。
[47]《十七大以来重要文献选编》(中)，中央文献出版社，2011。

[48]《十七大以来重要文献选编》(下),中央文献出版社,2013。
[49]《十八大以来重要文献选编》(上),中央文献出版社,2014。
[50]《十八大以来重要文献选编》(中),中央文献出版社,2016。
[51]《十八大以来重要文献选编》(下),中央文献出版社,2018。
[52]《十九大以来重要文献选编》(上),中央文献出版社,2019。
[53]《十九大以来重要文献选编》(中),中央文献出版社,2021。
[54]《习近平关于“三农”工作论述摘编》,中央文献出版社,2019。
[55] 习近平:《高举中国特色社会主义伟大旗帜 为全面建设社会主义现代化国家而团结奋斗——在中国共产党第二十次全国代表大会上的报告》,人民出版社,2022。
[56] 习近平:《决胜全面建成小康社会 夺取新时代中国特色社会主义伟大胜利——在中国共产党第十九次全国代表大会上的报告》,人民出版社,2017。
[57]《中国共产党农村基层组织工作条例》,人民出版社,2019。
[58]《中华人民共和国乡村振兴促进法》,人民出版社,2021。
[59]《中国共产党章程》,人民出版社,2022。
[60]《习近平关于力戒形式主义官僚主义重要论述选编》,中央文献出版社,2020。
[61]《中共中央关于党的百年奋斗重大成就和历史经验的决议》,人民出版社,2021。
[62]《习近平关于全面从严治党论述摘编》,中央文献出版社,2016。
[63]《习近平关于社会主义政治建设论述摘编》,中央文献出版社,2017。
[64] 习近平:《在庆祝中国共产党成立 100 周年大会上的讲话》,人民出版社,2021。
[65] 习近平:《论坚持党对一切工作的领导》,中央文献出版社,2019。
[66]《习近平新时代中国特色社会主义思想学习纲要》,学习出版社、人民出版社,2019。
[67]《三中全会以来重要文献选编》(上),人民出版社,1982。
[68]《中共中央国务院关于“三农”工作的一号文件汇编(1982—

2014）》，人民出版社，2014。
[69]《中国共产党党内法规选编（2012—2017）》，法律出版社,2019。
[70] 习近平：《摆脱贫困》，福建人民出版社，1992。
[71]《关于加强和改进乡村治理的指导意见》，人民出版社，2019。
[72]《中国共产党农村工作条例》，人民出版社，2019。
[73]《中国共产党历次党章汇编（1921—2017）》，中国方正出版社，2019。
[74]《建国以来重要文献选编》（第15册），中央文献出版社，1997。
[75]《习近平扶贫论述摘编》，中央文献出版社，2018。
[76]《建党以来重要文献选编（一九二一——一九四九）》（第2册），中央文献出版社，2011。
[77] 习近平：《之江新语》，浙江人民出版社，2007。
[78]《建党以来重要文献选编（一九二一——一九四九）》（第3册），中央文献出版社，2011。
[79]《中国共产党的一百年：新民主主义革命时期》，中共党史出版社，2022。
[80]《中国共产党的一百年：社会主义革命和建设时期》，中共党史出版社，2022。
[81]《中国共产党的一百年：改革开放和社会主义现代化建设新时期》，中共党史出版社，2022。
[82]《中国共产党的一百年：中国特色社会主义新时代》，中共党史出版社，2022。

二 学术著作

[1] 陈浙闽主编《村民自治的理论与实践》，天津人民出版社，2000。
[2] 张明楚主编《中国共产党基层组织建设史》，福建人民出版社，2017。
[3] 中共中央组织部主编《中国共产党组织工作辞典》，党建读物出版社，2009。
[4] 中共衢州市委党校：《提升组织力》，浙江人民出版社，2018。
[5] 石国亮主编《全面提升农村基层党组织的领导力：新时代农村基层党

组织工作做什么怎么做》，东方出版社，2019。
[6] 中共中央党校（国家行政学院）党建部编《基层党组织如何提升组织力》，人民出版社，2019。
[7] 卞爱美编著《新时代基层党组织组织力提升》，中央党史出版社，2019。
[8] 张戈：《云南农村基层党组织组织力提升研究》，云南人民出版社，2020。
[9] 孙正聿：《马克思主义哲学智慧》，现代出版社，2016。
[10] 王长江：《现代政党执政规律研究》，上海人民出版社，2002。
[11] 张冬冬：《比较视野下的政党组织——成员形态研究》，上海人民出版社，2018。
[12] 王立胜：《中国农村现代化社会基础研究》，济南出版社，2018。
[13] 高新民：《中国共产党活动方式研究》，浙江人民出版社，2006。
[14] 俞吾金：《新十批判书》，商务出版社，2018。
[15] 陈明明：《在革命与现代化之间——关于党治国家的一个观察与讨论》，复旦大学出版社，2015。
[16] 张一兵：《回到马克思：经济学语境中的哲学话语》，江苏人民出版社，2020。
[17] 陈家刚主编《基层治理》，中央编译出版社，2015。
[18] 姜长云等：《乡村振兴战略：理论、政策和规划研究》，中国财经经济出版社，2020。
[19] 郭元凯、谌玉梅编著《组织振兴：构建新时代乡村治理体系》，中原农民出版社、红旗出版社，2019。
[20] 王久高等：《新时代中国共产党农村基层组织建设研究》，安徽教育出版社，2021。
[21] 王沪宁主编《政治的逻辑：马克思主义政治学原理》，上海人民出版社，2004。
[22] 王浦劬、臧雷振编译《治理理论与实践：经典议题研究新解》，中央编译出版社，2017。
[23] 霍军亮：《农村基层党组织引领乡村振兴的理论与实践》，武汉大学

出版社，2021。
[24] 王同昌：《新时期农村基层党组织建设研究》，合肥工业大学出版社，2015。
[25] 郭献功主编《新时期农村基层党组织建设》，中共中央党校出版社，2001。
[26] 薛建中、楚建义、李聚山：《农村基层党组织建设创新研究》，河北人民出版社，2017。
[27] 中共中央组织部组织局编《加强农村党的基层组织建设》，上海人民出版社，1986。
[28] 〔美〕理查德·S. 卡茨、威廉·克罗蒂编《政党政治研究指南》（上、下），吴辉译，江苏人民出版社，2020。
[29] 〔意〕安格鲁·帕尼比昂科：《政党：组织与权力》，周建勇译，上海人民出版社，2013。
[30] 〔美〕塞缪尔·P. 亨廷顿：《变化社会中的政治秩序》，王冠华译，上海人民出版社，2008。
[31] 〔美〕W. 理查德·斯科特、杰拉尔德·F. 戴维斯：《组织理论：理性、自然与开放系统的视角》，中国人民大学出版社，2011。
[32] 〔美〕沈大伟：《中国共产党：收缩与调适》，吕增奎、王新颖译，中央编译出版社，2011。
[33] 〔法〕卢梭：《社会契约论》，何兆武译，商务印书馆，2003。
[34] 〔法〕莫里斯·迪韦尔热：《政党概论》，雷竞璇译，（香港）青文文化事业有限公司，1991。
[35] 〔美〕钱德勒：《规模与范围：工业资本主义的原动力》，张逸人等译，华夏出版社，2006。
[36] 〔英〕艾伦·韦尔：《政党与政党制度》，谢峰译，北京大学出版社，2011。

三　期刊论文

[1] 鲁杰、王帅：《乡村振兴战略背景下农村基层党组织的定位、困境与

发展》,《西北农林科技大学学报》(社会科学版) 2021 年第 6 期。
[2] 欧健:《乡村振兴视域中村支书的角色期望及培养机制建构》,《深圳大学学报》(人文社会科学版) 2021 年第 2 期。
[3] 赵欢春、丁忠甫:《"乡村振兴战略"架构下基层党组织领导乡村治理的能力体系研究》,《江苏社会科学》2021 年第 1 期。
[4] 赵洁、陶忆连:《乡村振兴中提升农村基层党组织组织力研究》,《北京航空航天大学学报》(社会科学版) 2021 年第 1 期。
[5] 李敏:《农村基层党组织要发挥好"头雁效应"》,《人民论坛》2020 年第 27 期。
[6] 杨莹:《基层党组织在乡村振兴中大有可为》,《人民论坛》2020 年第 23 期。
[7] 王重贤:《精准扶贫视角下农村基层党组织民主治理问题研究》,《东吴学术》2020 年第 4 期。
[8] 韩广富、刘欢:《新时代农村基层党组织推进乡风文明建设的逻辑理路》,《理论探讨》2020 年第 2 期。
[9] 胡小君:《从维持型运作到振兴型建设:乡村振兴战略下农村党组织转型提升研究》,《河南社会科学》2020 年第 1 期。
[10] 李胜、郭丽:《以"五力"为抓手切实提升农村基层党组织组织力》,《党建》2020 年第 1 期。
[11] 周宝玉、周红:《着力加强农村基层党组织建设》,《党建》2019 年第 11 期。
[12] 王同昌:《新时代农村基层党组织振兴研究》,《中州学刊》2019 年第 4 期。
[13] 杨根乔:《充分发挥农村基层党组织带头人在乡村振兴中的作用》,《中州学刊》2019 年第 3 期。
[14] 潘传辉:《创新农村基层党建与推进乡村振兴战略》,《人民论坛》2019 年第 8 期。
[15] 于永达:《切实提升乡村振兴战略的领导力》,《人民论坛》2019 年第 6 期,

[16] 禹辉映：《农村基层党组织怎样增强凝聚力》，《人民论坛》2019 年第 3 期。
[17] 霍军亮、吴春梅：《乡村振兴战略下农村基层党组织建设的理与路》，《西北农林科技大学学报》（社会科学版）2019 年第 1 期。
[18] 聂继红、吴春梅：《乡村振兴战略背景下的农村基层党组织带头人队伍建设》，《江淮论坛》2018 年第 5 期。
[19] 汪俊玲：《乡村振兴离不开农村基层党组织的引领》，《红旗文稿》2018 年第 15 期。
[20] 李德、闫昕潮：《以农村党组织为核心实施乡村振兴战略》，《毛泽东邓小平理论研究》2018 年第 6 期。
[21] 霍军亮、吴春梅：《乡村振兴战略背景下农村基层党组织建设的困境与出路》，《华中科技大学学报》（社会科学版）2018 年第 3 期。
[22] 项久雨、张晓骏：《新时代基层党组织组织力提升与政治功能的实现》，《学习与实践》2021 年第 9 期。
[23] 张爱艾：《中国共产党引领基层治理提升组织力的创新路径探索》，《西南民族大学学报》（人文社会科学版）2021 年第 9 期。
[24] 周德祥：《乡村“三治”建设中农村基层党组织组织力提升路径探析》，《中州学刊》2021 年第 8 期。
[25] 夏银平、汪勇：《以农村基层党建引领乡村振兴：内生逻辑与提升路径》，《理论视野》2021 年第 8 期。
[26] 汤德森、王沛杰：《列宁党的组织建设思想及其当代启示》，《湖北大学学报》（哲学社会科学版）2021 年第 4 期。
[27] 项敬尧：《论中国共产党政党能力》，《数学与研究》2021 年第 7 期。
[28] 文丰安：《中国共产党农村基层组织建设百年历程、鲜明特色及现实启示》，《中国农村观察》2021 年第 4 期。
[29] 束赟：《政治结构、行动者与组织力——基于上海市街道党建引领基层治理体制的分析》，《新视野》2021 年第 4 期。
[30] 孙冲亚、何祥林：《国家治理现代化场域中的统一战线：功能、挑战及其进路》，《理论月刊》2021 年第 7 期。

[31] 周云冉:《新时代基层党建引领乡村治理创新的逻辑理路》,《西南民族大学学报》(人文社会科学版) 2021 年第 7 期。

[32] 李重、毛丽霞:《中国共产党领导乡村发展的百年探索和基本经验》,《西南交通大学学报》(社会科学版) 2021 年第 4 期。

[33] 王鹏:《新时代中国共产党组织力结构要素、生成逻辑与提升路径》,《山东社会科学》2021 年第 7 期。

[34] 易新涛:《党的农村基层组织建设: 百年探索与基本经验》,《西南民族大学学报》(人文社会科学版) 2021 年第 6 期。

[35] 唐皇凤、李要杰:《中国共产党基层组织政治功能的百年演进和基本特征》,《华中科技大学学报》(社会科学版) 2021 年第 3 期。

[36] 刘红凛:《制度优势与治理效能何以实现? ——论中国特色社会主义制度优势背后的政治保障、实现机制与价值归依》,《教学与研究》2021 年第 5 期。

[37] 张玉宝:《组织力: 党建研究中的概念解析及学科应用》,《新视野》2021 年第 3 期。

[38] 李沛丽:《“制度—生活” 视角下的农村基层党建: 挑战与对策》,《社会主义研究》2021 年第 2 期。

[39] 霍军亮、王永杰:《基层党组织在重大突发事件中的角色定位与能力建设研究》,《华中农业大学学报》(社会科学版) 2021 年第 4 期。

[40] 王学俭、王秀芳:《中国共产党群众组织力建设的百年回望》,《甘肃社会科学》2021 年第 2 期。

[41] 张士海、任爱芬:《中国共产党群众组织力建设的百年历史经验》,《理论探讨》2021 年第 1 期。

[42] 王书慧、姚桓:《新时代乡村振兴与农村基层党组织的革命性锻造》,《新视野》2021 年第 1 期。

[43] 徐晨光、王小萍:《调适与发展: 农村基层党组织组织力提升的政治逻辑》,《湖湘论坛》2021 年第 1 期。

[44] 肖光荣、盛文楷:《网络时代基层党组织的组织力建设: 机遇、挑战与路径选择》,《湖湘论坛》2021 年第 1 期。

[45] 王久高：《党的基层组织的组织力及其实现》，《湖湘论坛》2021 年第 1 期。
[46] 谈娅：《全力提升基层党组织组织力 建设新时代坚强战斗堡垒》，《党建》2021 年第 1 期。
[47] 陆铁之：《改革开放以来中国共产党硬实力和软实力建设分析——范畴 · 路径 · 经验》，《江西师范大学学报》（哲学社会科学版）2020 年第 6 期。
[48] 许忠明：《政治领导力：列宁建党学说中的重要资源》，《学术界》2020 年第 11 期。
[49] 郭光：《在应对重大风险挑战中提升基层党组织战斗力》，《红旗文稿》2020 年第 19 期。
[50] 李毅弘、孙磊：《习近平关于基层党组织建设的重要论述探析》，《思想理论教育导刊》2020 年第 9 期。
[51] 赵宬斐、杨传鑫：《基层治理中党的组织力评估研究》，《新视野》2020 年第 5 期。
[52] 祝灵君：《党领导基层社会治理的基本逻辑研究》，《中共中央党校（国家行政学院）学报》2020 年第 4 期。
[53] 黄相怀等：《新时代党的政治建设与治理能力提升》，《中南民族大学学报》（人文社会科学版）2020 年第 4 期。
[54] 尹传政：《增强党的群众组织力探析》，《中国特色社会主义研究》2020 年第 2 期。
[55] 王久高：《组织力、政党组织力与中国共产党组织力内涵考辨》，《中国特色社会主义研究》2020 年第 2 期。
[56] 张戈：《党建引领基层治理：逻辑机理、价值表征和实践进路》，《云南社会科学》2020 年第 2 期。
[57] 王可园：《农村基层党组织组织力的困境及出路——基于“结构—过程—文化”视角的分析》，《江西师范大学学报》（哲学社会科学版）2020 年第 1 期。
[58] 孙会岩：《人工智能时代基层党组织组织力创新研究》，《探索》

2020 年第 2 期。
[59] 霍军亮、李嘉琪、王永杰：《乡村治理视域下的农村基层党组织建设》，《学习与实践》2020 年第 2 期。
[60] 郑琦、陶周颖：《提升基层党组织组织力的内在逻辑及实践路径》，《马克思主义研究》2020 年第 1 期。
[61] 李桂华：《加强基层党组织建设要提升五种能力》，《人民论坛》2020 年第 1 期。
[62] 胡小君：《从维持型运作到振兴型建设：乡村振兴战略下农村党组织转型提升研究》，《河南社会科学》2020 年第 1 期。
[63] 祝奉明、陈伟：《新时代农村党组织群众组织力的研究范畴及建设路径》，《东岳论丛》2019 年第 12 期。
[64] 刘渊：《西部农村党组织组织力建设的内涵解析、现实反思与实践进路——基于三个行政村的调研》，《探索》2019 年第 6 期。
[65] 王同昌：《基层党组织组织力内涵与提升路径》，《理论学刊》2019 年第 6 期。
[66] 齐卫平、金江峰：《基层党组织的组织密度与功能密度——兼论基层党组织组织力评估体系》，《华东师范大学学报》（哲学社会科学版）2019 年第 6 期。
[67] 王海荣：《新时代基层党组织建设：突出问题与解决路径》，《北京工业大学学报》（社会科学版）2019 年第 6 期。
[68] 赵大朋、简皎洁：《论新时代基层党组织组织力的内涵与建设路径》，《社会主义研究》2019 年第 5 期。
[69] 林星、王宏波：《乡村振兴背景下农村基层党组织的组织力：内涵、困境与出路》，《科学社会主义》2019 年第 5 期。
[70] 唐亚林：《新中国成立以来中国共产党领导的制度优势与成功之道》，《复旦学报》（社会科学版）2019 年第 5 期。
[71] 刘红凛：《党的组织力的内外向度与政治意蕴》，《当代世界与社会主义》2019 年第 4 期。
[72] 郑琦、陶周颖：《学习习近平关于基层党组织建设的重要论述》，《党

的文献》2019 年第 4 期。

[73] 肖长春、郑传芳：《提升村级党组织组织力：理论、现实与实现路径》，《江西财经大学学报》2019 年第 4 期。

[74] 李毅弘、杨雅涵：《新时代村级党组织组织力的生成：理论探析与现实观照》，《探索》2019 年第 4 期。

[75] 龚少情：《新时代党的群众组织力的生成逻辑和实践路径——党、国家与社会的关系视角》，《社会主义研究》2019 年第 3 期。

[76] 易丹妮：《基层党组织决不能弱化虚化边缘化》，《人民论坛》2019 年第 11 期。

[77] 栗智宽、俞良早：《新时代党的组织建设：逻辑进路、原则导向与实践要求》，《中国特色社会主义研究》2019 年第 2 期。

[78] 颜俊儒、梁国平：《乡村治理视角下新时代农村基层党组织组织力的提升》，《理论探讨》2019 年第 2 期。

[79] 刘蔚：《基层党组织何以引领乡村治理》，《人民论坛》2019 年第 8 期。

[80] 甘守义、李桂秋：《乡村振兴必须着力提升基层党组织组织力》，《党建》2019 年第 2 期。

[81] 郭为桂：《"再组织化"：全面从严治党的战略抉择及其制度化导向》，《经济社会体制比较》2019 年第 1 期。

[82] 齐卫平：《质量强党：新时代推进党的建设的战略新思维》，《新疆师范大学学报》（哲学社会科学版）2019 年第 2 期。

[83] 王秋准、秦德占：《组织力提升视角下国外政党的基层组织建设》，《新视野》2018 年第 6 期。

[84] 曹胜：《以基层组织力提升推进社区治理发展——新时代基础性政治建设的角度》，《新视野》2018 年第 6 期。

[85] 卢炜：《推动基层党组织释放强大组织力》，《人民论坛》2018 年第 31 期。

[86] 王怀超、张瑞：《改革开放以来中国共产党建设的新进展》，《当代世界与社会主义》2018 年第 5 期。

[87] 郑琦：《加强新时代基层党组织建设》，《理论视野》2018年第10期。

[88] 任爱芬、魏磊：《改革开放以来中国共产党群众组织力建设的基本经验及其启示》，《南京政治学院学报》2018年第5期。

[89] 郑中华：《基层党组织建设的政治逻辑》，《人民论坛》2018年第24期。

[90] 王同昌：《基层党组织组织力提升面临的挑战及路径选择》，《中州学刊》2018年第8期。

[91] 汪俊玲：《乡村振兴离不开农村基层党组织的引领》，《红旗文稿》2018年第15期。

[92] 郭华、文学禹：《新时代党的群众组织力提升的现实困境与制度创新》，《江西社会科学》2018年第7期。

[93] 张瑜、倪素香：《乡村振兴中农村基层党组织的组织力提升路径研究》，《学习与实践》2018年第7期。

[94] 刘红凛：《政治建设、组织力与党的建设质量——新时代党的建设三大新概念新要求》，《思想理论教育》2018年第7期。

[95] 苏彬：《多策并举提升基层党组织组织力》，《人民论坛》2018年第19期。

[96] 于涛：《从人心入手提升组织力》，《红旗文稿》2018年第12期。

[97] 刘炳超：《切实发挥基层党组织"领头雁"作用》，《人民论坛》2018年第17期。

[98] 高振岗：《新时代党的基层组织提升组织力的理论探源与实践路向》《探索》2018年第2期。

[99] 徐丙祥、乔克：《基层党组织如何提升组织力》，《人民论坛》2018年第4期。

[100] 郝宇青：《加强基层组织建设的政治逻辑》，《行政论坛》2018年第1期。

[101] 刘红凛：《管理、服务与治理功能的政治衡平——从历史变迁看新时代基层党组织功能的新定位新要求》，《治理研究》2018年第

1 期。
[102] 陈萍：《提高农民组织化程度的政策建议》，《经济研究参考》2013 年第 6 期。
[103] 郭亚丁：《党的建设与国家竞争力——党的建设在国家发展中作用的宏观思考》，《中共浙江省委党校学报》2011 年第 4 期。
[104] 李锡炎：《领导学的新视野：科学发展领导力》，《理论视野》2008 年第 12 期。
[105] 张弛：《中国共产党领导农村工作机构的沿革及运行机理》，《江淮论坛》2021 年第 5 期。
[106] 袁宇阳：《社会结构视角下乡村干部积极作为的多重困境及其破解路径》，《农林经济管理学报》2021 年第 5 期。
[107] 陈晓枫、陈瑞旭、裴文霞：《中国共产党农地产权制度改革理论的百年演进》，《河北经贸大学学报》2021 年第 6 期。
[108] 杜志雄、王瑜：《"十四五"时期的乡村基层治理体系建设与减贫治理转型》，《改革》2021 年第 11 期。
[109] 王禹澔：《共同富裕与中国特色反贫困理论对西方减贫理论的超越》，《中共中央党校（国家行政学院）学报》2022 年第 2 期。
[110] 吴易雄：《乡村全面振兴何以实现？——基于对"四大法宝"的理论与实践分析》，《当代经济管理》2021 年第 11 期。
[111] 鲍旭源、李红军：《乡村建设行动下农村基层党建的优化向度——基于中国共产党百年乡村建设视角》，《江西财经大学学报》2021 年第 5 期。
[112] 范根平：《马克思恩格斯城乡融合思想与中国特色城乡融合发展道路》，《江西财经大学学报》2021 年第 5 期。
[113] 陈荣卓、金静：《中国共产党领导农民政治参与的百年历程、经验与走向》，《当代世界社会主义问题》2021 年第 3 期。
[114] 蒋淑晴：《马克思恩格斯合作社思想的历史演进及当代启迪——基于经典文本的考量》，《当代世界社会主义问题》2021 年第 3 期。
[115] 杨德才：《"三农"发展的中国道路——中国共产党百年"三农"

思想历史演进及其规律分析》，《学海》2021 年第 5 期。
[116] 周定财：《中国共产党乡村治理的百年回望及经验启示》，《北方民族大学学报》2021 年第 5 期。
[117] 唐兴军、郝宇青：《乡村社会治理中的组织再造：价值、困境与进路》，《中州学刊》2021 年第 9 期。
[118] 李辉：《迈向党委统领的乡村善治：中国乡村治理范式的新飞跃》，《探索》2021 年第 5 期。
[119] 黄敏、丁娟、吴晓伟：《百年来中国共产党领导下的农村土地改革历程与展望》，《四川师范大学学报》（社会科学版）2021 年第 5 期。
[120] 童成帅、周向军：《提升农村基层干部治理能力的实现理路——基于乡村振兴战略的分析视角》，《西南民族大学学报》（人文社会科学版）2021 年第 9 期。
[121] 徐勇、刘义强：《发展党内民主是保持党长期执政地位的重要保证——中国共产党与苏联共产党比较研究》，《政治学研究》2009 年第 1 期。
[122] 徐勇：《“政党下乡”：现代国家对乡土的整合》，《学术月刊》2007 年第 8 期。

四　报纸文章

[1]《中共中央国务院关于实施乡村振兴战略的意见》，《人民日报》2018 年 2 月 5 日。
[2]《中共中央国务院关于坚持农业农村优先发展做好“三农”工作的若干意见》，《人民日报》2019 年 2 月 20 日。
[3]《中共中央印发中国共产党党员权利保障条例》，《人民日报》2021 年 1 月 5 日。
[4]《正确理解和大力推进中国式现代化》，《人民日报》2023 年 2 月 28 日。
[5]《中共中央国务院关于打赢脱贫攻坚战三年行动的指导意见》，《人民日报》2018 年 8 月 20 日。

[6]《处理好战略与策略的关系》，《人民日报》2023年2月22日。
[7]《锚定建设农业强国目标 切实抓好农业农村工作》，《人民日报》2022年12月25日。
[8] 夏莹：《中国式现代化的理论智慧》，《光明日报》2021年12月13日。

图书在版编目(CIP)数据

农村基层党组织组织力建设研究 / 孙志程著 . --
北京：社会科学文献出版社，2025. 6. --ISBN 978-7
-5228-5218-8

Ⅰ. D267. 2

中国国家版本馆 CIP 数据核字第 2025LS8342 号

农村基层党组织组织力建设研究

著　　者 / 孙志程

出 版 人 / 冀祥德
责任编辑 / 岳梦夏
文稿编辑 / 赵一琳
责任印制 / 岳　阳

出　　版 / 社会科学文献出版社 · 马克思主义分社（010）59367126
地址：北京市北三环中路甲 29 号院华龙大厦　邮编：100029
网址：www. ssap. com. cn
发　　行 / 社会科学文献出版社（010）59367028
印　　装 / 三河市尚艺印装有限公司

规　　格 / 开 本：787mm × 1092mm　1/16
印 张：16. 5　字 数：254 千字
版　　次 / 2025 年 6 月第 1 版　2025 年 6 月第 1 次印刷
书　　号 / ISBN 978-7-5228-5218-8
定　　价 / 98. 00 元

读者服务电话：4008918866